消费函数理论

〔美〕米尔顿·弗里德曼　著

陈明衡　译

A Theory of the Consumption Function

Milton Friedman

A THEORY OF THE CONSUMPTION FUNCTION

Copyright © 1957 by Princeton University Press

根据美国普林斯顿大学出版社 1957 年版译出

献给珍妮特和戴维

目 录

序言 ··· 1
第一章　导论 ··· 4
第二章　纯粹消费行为理论的含义 ················ 10
　第一节　完全确定条件下的情况 ················ 10
　第二节　不确定性的影响 ·························· 19
　　1. 无差异曲线图 ···································· 19
　　2. 持有财富的动机 ································ 20
　第三节　个体与总体消费函数的关系 ········· 22
第三章　永续收入假说 ································ 25
　第一节　理解家庭的收入与消费数据 ········· 26
　第二节　永续收入假说的正式表述 ············ 31
　第三节　量度消费与量度收入的关系 ········· 37
第四章　永续收入假说与消费-收入关系的现有预算研究
　　　　证据的一致性 ································ 46
　第一节　收入不平等的暂时变化 ················ 47
　第二节　不同时期、不同群体的消费-收入回归 ····· 49
　　1. 不同时期之间的差别 ························· 50
　　2. 国与国之间的差别 ···························· 66

3. 农户与非农户的消费 ·················· 70
4. 家庭的职业特征 ······················ 84
5. 黑人与白人家庭 ······················ 95
6. 局部相关在消费研究中的运用问题 ········ 103

第三节　储蓄与年龄 ······················ 109

第四节　收入变化的影响 ··················· 117
1. 农业安全局的数据 ···················· 122
2. 消费者财务状况调查的数据 ············· 125
3. 这些比较的重要性 ···················· 131

第四节附录：收入变化对消费-收入回归的影响 ······· 132
1. 永续收入相同绝对值的变化 ············· 132
2. 永续收入相同百分比的变化 ············· 137

第五章　永续收入假说与消费-收入关系的现有时序数据证据的一致性 ·········· 139

第一节　美国长期总储蓄的最新估计 ············ 140
1. 一般模式 ·························· 140
2. k^* 的稳定性 ······················ 144

第二节　消费对当期收入的回归 ·············· 150
1. 涵盖时期的影响 ···················· 152
2. 数据形式的影响 ···················· 156
3. 时序弹性与预算弹性的关系 ············· 163

第三节　消费对当期收入与以往收入的回归 ········ 166
1. 莫迪利亚尼、杜森贝利和麦克的函数 ······· 166
2. 拟合长期数据的其他函数 ··············· 172

第三节 附录：量度消费与当期量度收入的共同误差对多重相关的影响 …………………………………………… 186

第六章 永续收入假说与相对收入假说的关系 …………… 191
第一节 以量度收入-平均收入比衡量的相对收入地位 … 194
第二节 以收入分布的百分比位置衡量的相对收入地位 …………………………………………………… 199
第三节 相对收入假说的基础 ………………………… 203
第四节 相对收入假说与绝对收入假说 ……………… 207
  1. 连续的预算数据 ……………………………………… 208
  2. 地区之间的预算比较 ……………………………… 212
  3. 证据的简要评价 …………………………………… 221

第七章 永续收入与临时收入的相对重要性：来自收入的证据 ……………………………………………………… 223
第一节 P_y 的估计方法 ……………………………… 224
第二节 P_y 的经验证据 ……………………………… 227
第三节 P_y 估计值与消费的收入弹性估计值的比较 … 232
第四节 连续几年的储蓄率的相关性 ………………… 239
附录：连续两年的储蓄率之间的相关性 ……………… 241

第八章 其他相关问题 ……………………………………… 245
第一节 收入对消费的回归 …………………………… 245
第二节 永续收入假说在个别消费上的应用 ………… 252
第三节 假说之于收入分配分析的意义 ……………… 255
第四节 永续收入假说与财富分布的关系 …………… 256
第五节 永续收入假说的其他检验 …………………… 261

第九章　总结与推论 ·· 269
第一节　假说的概述 ··· 271
第二节　永续收入假说之可接受的证据 ····················· 274
第三节　假说得出的消费行为的一般规律 ·················· 276
第四节　假说之于调查研究的含义 ···························· 280
第五节　假说的实际含义 ·· 284
1. 经济发展 ··· 284
2. 经济波动 ··· 288

索引 ·· 292
关键词索引 ··· 292
人名索引 ·· 296

译后记 ··· 299

表 格 目 录

表 1　消费与收入的关系 …………………………… 51
表 2　当期物价与不变物价下回归线高度的比较 …………… 55
表 3　农户与非农户家庭的消费-收入关系 …………… 74
表 4　量度收入及其永续和临时部分相对于平均量度收入的离差 …………………………… 83
表 5　自主经营家庭、农户和其他家庭的消费-收入关系，1948—1950 年 …………… 87
表 6　不同职业群体的消费的收入弹性，量度收入及其永续、临时部分的相对离差 …………… 91
表 7　消费-收入关系，量度收入及其永续、临时部分的相对离差 …………………………… 101
表 8　储蓄、收入与户主年龄的关系，美国，1946 年 ……… 110
表 9　储蓄、收入与户主年龄的关系，英国，1953 年 ……… 114
表 10　各收入变化小组的观测值与推测值之比较 ………… 125
表 11　各收入变化小组的观测值与推测值之比较 ………… 130
表 12　消费与收入的关系 …………………………… 151
表 13　边际消费倾向 …………………………… 159
表 14　消费对当期及以往收入的回归关系 ……………… 170

表 15　美国的三种消费函数 …………………………………… 179

表 16　相对收入假说与绝对收入假说的比较 ………………… 217

表 17　相对收入假说与绝对收入假说的比较 ………………… 221

表 18　相同家庭、不同年份的收入之间的相关系数 ………… 229

表 19　表 18 三组主要非农户数据的相关系数摘要 ………… 231

表 20　P_y 及其他数据的另一种估计 ………………………… 238

表 21　量度收入与量度消费及其永续部分、临时部分的相对
　　　离差 …………………………………………………… 248

图 片 目 录

图1 假定的无差异曲线和预算线：一个消费者在两个时间单位里消费的情况 ………………………………………… 12
图2 永续收入的不同解释 ……………………………………… 30
图3 量度消费和量度收入之间的假定关系（临时部分平均为零） ………………………………………………… 42
图4 1888—1890年及1950年的消费-收入回归，以及8项研究中平均消费与平均收入的关系（折成1935—1939年物价） ……………………………………………… 57
图5 美国（1950年）和英国（1951—1952年）的消费-收入回归，单身或多人组成的家庭，城乡合并数据（美国的消费和收入以美元计，英国以英镑计） ……………… 69
图6 美国农户和非农户家庭的消费-收入回归，1935—1936年及1941年（折成1935—1939年物价） ……………… 71
图7 假设的农户和非农户家庭的消费-收入回归（假定k与P_y相同） …………………………………………… 78
图8 自主经营家庭和非农非经营家庭的消费-收入关系，1948—1950年（以1935—1939年物价计算） ………… 85

图 9	当地非救济的白人与黑人家庭的消费-收入回归,俄亥俄州的哥伦布市和佐治亚州的亚特兰大市,1935—1936 年 …………………………………………………… 97
图 10	按收入变化划分的各小组的假设回归(假设整体的平均变化为零) ……………………………………………… 120
图 11	家庭消费对农户收入的回归,五个收入变化组,1942年(针对 1940—1942 年收入变化) ………………………… 123
图 12	五个收入变化小组的消费-收入回归,基于 1947 年和 1948 年消费者财务状况调查(根据与上一年相比的收入变化分组) ……………………………………………………… 127
图 13	人均消费支出和人均可支配收入的关系,1897—1949 年(以 1929 年价格计) ………………………………… 141
图 14	量度人均可支配收入、量度人均消费,以及根据三种回归函数估计的人均消费,1905—1949 年 …………… 180
图 15	消费的收入弹性与收入永续部分的重要性之间的关系 …………………………………………………………………… 235

序　　言

　　本书提出的消费函数理论，乃是多年酝酿形成。其中大部分时间里，我并没有从事消费的实证研究工作。其实，自1935—1937年参与消费者购买行为研究计划后，到动手写这本书之前，我一直未重拾此事。但是，我与消费的实证研究，仍然保持了密切接触。这得益于多种机缘巧合，一是我妻子在这方面的偶然兴趣，二是我们与多萝西·贝蒂的共同友谊。贝蒂女士非常熟悉来自家庭预算数据的经验证据，对如何解释这些数据有深刻见识，对分析包含的科学问题有透彻理解。这引起了我们在解释消费数据上的一系列交流。随后，玛格丽特·里德加入了我们的交流讨论。里德小姐以特有的热忱、执着与灵巧，对交流中逐步形成的假说[①]进行了关键的检验（见第七章）。当假说看来非常出色地通过检验时，她催促我写下其背后的理论，以便她在一篇介绍自己结论的论文中引用。结果就成就了这本书。尽管书由我执笔，我对其中所有错误负全责，但它其实是这个团队的共同成果，每个人不仅参与了创作，而且在各个阶段阅读和评点了原稿。

---

① 现在我能找到的关于这个假说的最早书写版本，是一份注明日期为1951年6月8日的四页纸的打印稿。

正是这样的渊源,导致了本书的一些特征,特别是它广泛依赖二手资料,重要性的统计检验几乎完全阙如等。下面的假说,明显是最初实证工作的副产品;而这些初创工作是贝蒂女士和里德小姐所为,非我自己所作。真由我自己作的系统的实证工作,是在假说形成之后,而非之前,而且,我的实证工作定位于尽量收集各种数据,以便对照检验假说。这种对照检验有一个缺点,即它对重要性的客观统计检验用处寥寥。原因是多方面的:首先,很多数据不容易适用于重要性的统计检验。例如,在一些情况下,我们必须回溯到个别观测值,而不是像我所做的,满足于群体的平均值。其次,在我看来,抽样波动只是误差的一个次要来源,尤其在解释大样本的家庭预算数据时是这样。我认为更重要的来源,一是样本偏差,二是所用的定义与收集的信息不适应我的特定目的。因此,我宁可重点强调不同研究结果的一致性,宁可把大量证据简单地汇集进来,而不是在少数研究上追根究底。

感谢菲利普·卡甘,他指导了第五章第三节第二小节描述的总量消费函数的计算,并在决定"计算什么"这一点上,给予了很大帮助。感谢加里·贝克尔,他指导了第四章的一些计算,并对整个原稿提出了有益的评论和建议。雷蒙德·戈德史密斯慷慨地允许我从他的开创性的储蓄研究中取得很多资料——当时他的研究尚未公之于众;而且,他无保留地评点了本书的初稿。詹姆斯·托宾审阅了第六章第四节的初稿,纠正了其中的很多错误,提供了现在包含在那一节中的一些附加计算,并对原稿的其他部分提出了建设性意见。我非常感谢他的支持,也感激他科学与客观的精神为本书增色不少。詹姆斯·摩根爽快地提供了第四章用到的一些数据，并对这些数据作了重要解释；朱利叶斯·马戈利斯和劳伦斯·克莱因在这方面也有帮助。还要感谢联邦储备委员会的调查统计部，特别是霍默·琼斯、欧文·施韦格和约翰·弗雷希特林，他们为我提供了消费者财务状况调查的数据，并帮助我正确理解这些数据。弗雷希特林还审阅了整个原稿，提出了很多有益的批评。

还有很多朋友阅读了原稿的某个版本，并慷慨反馈意见。已故理查德·布鲁博格先生还审阅了一份较早版本的全稿，并就如何完善与扩展提出了很多宝贵的建议。同样需要致谢的还有：莫理斯·科普兰、所罗门·法布里肯特、马尔科姆·费雪、欧文·弗伦德、露丝·麦克、杰弗里·摩尔、S.J.普雷斯、乔治·斯蒂格勒和弗雷德里克·沃等。

最后，特别感谢国家经济研究局和普林斯顿大学出版社的编辑人员的工作，感谢 H.欧文·福尔曼编纂了书中的图表。

米尔顿·弗里德曼
1956 年 2 月 23 日

第一章 导论

总消费或总储蓄之与总收入的关系,一般被称为消费函数。自凯恩斯在《通论》中将之作为其理论体系的基石以来,消费函数在经济思想中担当了重要的角色。凯恩斯认为,当期消费支出理所当然高度依赖于当期收入,是当期收入的固定函数,即"消费总量主要取决于收入总量(两者都以工资单位量度)"。他认为,"当实际收入增加时,消费的绝对额不会同等数量地增加,这是任何现代社会的基本心理规律";他还不那么肯定地说,"一般说来,……当实际收入增加时,……用于储蓄的比例会上升"。[1]

理论兴趣激发了实证研究。具体的消费函数由两类数据估计得到:一是消费、储蓄、收入、物价及其他类似变量的时序数据(time series data),可得的主要是第一次世界大战以后的序列;二是个人和家庭的消费、储蓄、收入等预算数据[2],主要来自一个半

---

[1] J. M. 凯恩斯,《就业、利息与货币通论》(J. M. Keynes, *The General Theory of Employment, Interest and Money*)(纽约和伦敦:哈考特-布雷斯出版公司,1936年),第96、97页。

[2] 本书中的预算数据(budget data),是指横截面数据(cross-sectional data),即针对一个时点收集的数据。——译者注

世纪以来的各种抽样调查。[①] 初看起来，两类数据似都支持凯恩斯的假说：当期消费支出与当期收入密切相关，边际消费倾向小于1，并且小于平均消费倾向，因此，用于储蓄的比例随收入的增加而增加。但是，明显矛盾的证据接踵而来。库兹涅茨对美国1899年以来的储蓄所作的估计表明，在过去半个世纪中，尽管实际收入大幅增长，储蓄率却没有上升。据他估计，在这整个时期，储蓄率大体不变。相应的消费支出-收入比——既然该比值固定不变，那么既可视为消费的平均倾向，亦可视为边际倾向——要明显高于由时序数据或预算数据算出的边际倾向。[②] 考察更早时期的预算研究，就会发现矛盾更突出。在时间跨度很大的不同研究中，尽管实际平均收入差别很大，平均消费倾向却大致相同。但每一组预算研究分别而言，边际消费倾向都大大低于平均倾向。最后，第二次世界大战后的储蓄比例，远远低于考察发现的两次世界大战之间的储蓄-收入比水平。这项经验证据戏剧性地揭橥：只把消费或储蓄与当期收入挂钩的消费函数，显然是不恰当的。

证据的相互矛盾，又激发了很多更为复杂的假说。贝蒂和弗

---

① 参见费思·M. 威廉姆斯和卡勒·C. 齐默尔曼，《美国及其他国家的家计研究》(Faith M. Williams and Carle C. Zimmerman, *Studies of Family Living In the United States and Other Countries*)（农业部，第 223 号综合出版物，1935）；乔治·J. 斯蒂格勒，"消费行为实证研究的早期历史"，载《政治经济学杂志》(George J. Stigler, "The Early History of Empirical Studies of Consumer Behavior", *The Journal of Political Economy*)，第 LXII 卷（1954 年 4 月），第 95—113 页。

② 关于库兹涅茨的估计及其含义分析的摘要，参见西蒙·库兹涅茨，"资本形成与国民产值的比例"，载《美国经济评论》，论文与会议记录汇编(Simon Kuznets, "Proportion of Capital Formation to National Product", *American Economic Review*, Papers and Proceedings)，第 LXII 卷（1952 年 5 月），第 507—526 页。

里德曼认为,一个家庭的消费,不是取决于其绝对收入,而是取决于它在所属社会的收入分配上的地位。她们提出了大量主要来自预算数据的证据,以支持这种相对收入假说。① 杜森贝利提出了同样的假说,但他所依据的理论体系,更强调人们热衷于彼此仿效,强调人们在前卫的消费上会相互示范。而且他认为,只要把消费-收入比表示为当期收入-最高以往收入比的函数,就可用相对收入假说解释总量数据。② 杜森贝利根据美国1929—1941年数据计算这个回归,得到了很好的结果。关于总量分析,莫迪利亚尼独立提出了大致相同的意见,并进行了广泛而细致的统计检验,最终也认为结果很好。③

最近,托宾检验了相对收入假说、早期的绝对收入假说与有限的经验证据之间的一致性问题。尽管发现两种假说都不尽如人意,但他断言,大部分证据支持绝对收入假说,而且他推测,长期储

---

① 多萝西·S. 贝蒂和露丝·D. 弗里德曼,"储蓄与收入分配",载《收入与财富研究》(Dorothy S. Brady and Rose D. Friedman, "Savings and the Income Distribution", *Studies in Income and Wealth*),第 X 卷(纽约:国家经济研究局,1947年),第247—265页。

② 詹姆斯·S. 杜森贝利,《收入、储蓄和消费行为理论》(James S. Duesenberry, *Income, Saving, and the Theory of Consumer Behavior*)(剑桥,马萨诸塞州:哈佛大学出版社,1949年)。该书的关键一章,此前已刊于《收入、就业与公共政策:阿尔文·H. 汉森纪念文集》(*Income, Employment and Public Policy: Essays in Honor of Alvin H. Hansen*)(纽约:W. W. 诺顿公司,1948年),第54—81页。

③ 弗兰克·莫迪利亚尼,"储蓄-收入比的波动:一个经济预测问题",载《收入与财富研究》(Franco Modigliani, "Fluctuations in the Saving-Income Ratio: A Problem in Economic Forecasting", *Studies in Income and Wealth*),第 XI 卷(纽约:国家经济研究局,1949年),第371—441页。关于相对收入假说的进一步讨论,见后面第六章。

蓄率的大致稳定,可以由财富的变化来解释。① 本书后面(第六章第四节)将深入考察托宾的分析。

经验证据对凯恩斯消费函数的质疑,因为有关另一凯恩斯命题的理论争议而被加强。这个命题认为,一个货币经济体不能自动保持充分就业的均衡状态。哈伯勒、庇古②等很多经济学家都证明:如果把消费支出看作不仅是收入,而且是财富的函数,即平均消费倾向以某种方式取决于财富-收入比,那么,凯恩斯这个命题就是错。所谓的"庇古效应"③尤其要求消费对财富-收入比有依赖关系。这种意见被广泛接受,因为它不仅符合一般的经济学理论,而且为战后初期较高的消费-收入比,提供了一个看似合理的解释。

威廉·汉博格的一项实证研究发现,从两次世界大战之间和第二次世界大战后的总量时序数据来看,财富-收入比与消费-收入比密切相关。④ 其他像克莱因的一些研究,是运用预算数据,分

---

① 詹姆斯·托宾,"相对收入、绝对收入与储蓄",载《货币、贸易与经济增长:约翰·亨利·威廉姆斯纪念文集》(James Tobin, "Relative Income, Absolute Income, and Savings", in *Money, Trade, and Economic Growth, in honor of John Henry Williams*)(纽约:麦克米伦出版社,1951 年),第 135—156 页。

② 戈特弗雷德·哈伯勒,《繁荣与萧条》(Gottfried Haberler, *Prosperity and Depression*)第三版(日内瓦:国际联盟,1941 年),第 242、403、498—502 页;A. C. 庇古,"古典的稳定形态",载《经济学杂志》(A. C. Pigou, "The Classical Stationary State", *Economic Journal*),第 LIII 卷(1943 年 12 月),第 343—351 页。

③ 庇古效应,又称实际余额效应,是说:工资与物价总水平下降,使持有货币的实际价值增加,这会直接增加总需求,而不只是通过利率的降低,间接影响总需求。由此,庇古恢复了被凯恩斯否定的古典学派的一个基本命题:在竞争性工资政策的条件下,经济体最终必然实现充分就业的稳定状态。——译者注

④ 威廉·汉博格,"消费与财富"(William Hamburger, "Consumption and Wealth"),芝加哥大学未出版的博士论文;"消费与财富、工资的关系",载《计量经济学》("The Relation of Consumption to Wealth and the Wage Rate", *Econometrica*),第 XXIII 卷(1955 年 1 月),第 1—17 页。

析某些类型的财富特别是流动资产的影响。①

以上概述,给出了过去几十年间消费函数研究的一些脉络,但并没有完全展示这段时间里增加的关于消费行为的大量、详尽的经验证据,以及针对这些证据所作的纷繁芜杂的分析研究。

本书提出另一种假说,以解释观测到的消费支出与收入的关系。这样做,是因为新假说可能更加有效,而且,某种程度上,比相对收入假说,或财富-收入假说都更具普遍性。新假说完全包含了财富-收入效应,解释了为什么相对收入假说在某些情况下是正确的。它直接来自目前公认的纯粹消费行为理论,与现有经验证据相符,并且具有可观测的含义,从而存在被证伪的可能。它的基本想法,是把纯粹理论思辨提出的消费、财富与收入的关系,与解释观测到的收入数据的一种方法结合起来——这种方法是我以前提出的,乍看起来像是为完全不同的目的,即分析相对收入地位变化之用的。② 这种解释收入数据的方法,可以推广运用于消费数据;而且在此过程中,相对收入地位变化的问题,可与消费支出之决定

---

① 劳伦斯·R.克莱因,"由抽样调查数据估计储蓄行为的模式",载《计量经济学》(Lawrence R. Klein, "Estimating Patterns of Savings Behavior from Sample Survey Data", *Econometrica*),第 XIX 卷,No.4(1951 年 10 月),第 438—454 页;乔治·卡托纳、劳伦斯·R.克莱因、约翰·B.兰辛和詹姆斯·N.摩根,"利用调查数据对经济关系的统计估计",载《经济学调查方法文稿》(George Katona, Lawrence R. Klein, John B. Lansing, and James N. Morgan, "Statistical Estimation of Economic Relations from Survey Data", *Contributions of Survey Methods to Economics*)(纽约:哥伦比亚大学出版社,1954 年),第 189—240 页。

② 米尔顿·弗里德曼和西蒙·库兹涅茨,《自由职业的收入》(Milton Friedman and Simon Kuznets, *Income from Independent Professional Practice*)(纽约:国家经济研究局,1945 年),第五章。

因素的问题紧密联系起来。从而,新假说可使各种关于收入分配的统计证据,直接用于解释消费行为。①

---

① 在完成本书初稿之后,我读到了弗兰克·莫迪利亚尼和理查德·布鲁博格关于消费函数的两篇新作,其中包含了非常相似的方法,但推导出来的含义大相径庭。我想,方法的相似性,反映了共同思想环境的影响。见莫迪利亚尼和布鲁博格,"效用分析和消费函数:横截面数据的一种解释",载肯尼思·K. 栗原主编,《后凯恩斯主义经济学》(Modigliani and Brumberg, "Utility Analysis and the Consumption Function: An Interpretation of Cross-Section Data", in *Post-Keynesian Economics*, ed. by Kenneth K. Kurihara)(新不伦瑞克:拉特格斯大学出版社,1954年),第383—436页。另见"效应分析和总量消费函数:两者结合的尝试"(Utility Analysis and Aggregate Consumption Functions: An Attempt at Integration)(载《计量经济学》增刊)。

第二章 纯粹消费行为理论的含义

我认为,我们还不够重视消费研究中的理论概念(theoretical constructs)与用以近似这些概念的可观测量值(observable magnitude)之间的关系问题。因此,这里有必要不避讳老调重弹,先就纯粹消费行为理论的含义作一详细阐述。

第一节 完全确定条件下的情况

首先考虑完全确定条件下的消费行为。假设我们确切知道,一定时期内,消费者[①]每期将获得一个确定的收入;每期的消费品价格和借贷利率也都已知。在这样的条件下,消费者某一期消费比收入多一些或者少一些,无非两种目的:一是"熨平"支出流,即哪怕各期收入波动很大,消费者仍可以通过选择适当时机进行借贷,而保持支出相对稳定;二是在利率为正时,通过放贷获得利息收入;或者在利率为负时,通过借款取得好处。当然,消费者出于这些目的将如何行动,又取决于他的品味(tastes),即他认为在不

[①] 在本章中,我们把 consumer unit 译为消费者,而在其他主要涉及实证的章节,根据汉语习惯,大多译为家庭,与 family 等不加区分。——译者注

第二章 纯粹消费行为理论的含义

同时点上消费的相对效用如何。[①]

为便于图示,我们来看只有两个离散时点——第一年与第二年的特殊情况。[②] 在这种情况下,某一时点(如第一年)上消费者品味的特征,可归结为一条二维的无差异曲线,如图 1 所示。其中,纵轴上标示的 c_1,是第一年消费的货币价值(以当年的物价算);横轴上标示的 c_2,是第二年消费的货币价值(也以当年的物价算)。图中任一点,代表两年消费的某种组合。每一点的背后,都包含了一个最优化过程:假设相应的 c_1 与 c_2 值表示的支出,是给定物价条件下各种消费服务的最优分布。像通常说的,一条无差异曲线,就是消费者在第一年认为无差异的各种 c_1 与 c_2 组合的轨迹。某一点上无差异曲线的斜率,是消费者愿意以第二年的消费替代第一年消费的比率。一般而言,无差异曲线为负斜率,并凸向原点。

以 R_1 和 R_2 分别表示消费者两年的预期所得,i 表示利率。如果消费者在第二年节衣缩食,一分不花,他在第一年可花的最大金额为 $R_1 + [R_2/(1+i)]$,即当年所得加上在第二年可以偿还的前提下的最大借款。如果消费者在第一年一分不花,他在第二年可花的最大金额为 $R_1(1+i) + R_2$,即上年所得加上该所得全部贷出的利息,再加上第二年所得。于是,连接这两点的直线(图 1

---

① 参见欧文·费雪,《利率问题》(Irving Fisher, *The Rate of Interest*)(纽约:麦克米伦出版社,1907 年),特别是第六章,第 87—116 页;《利息理论》(*The Theory of Interest*)(纽约:麦克米伦出版社,1930 年),特别是第十和十一章。

② 关于这种特殊情况的分析,与费雪、博尔丁给出的分析基本相同。见费雪,《利率问题》,第 387—392 页;肯尼思·E. 博尔丁,《经济分析》(Kenneth E. Boulding, *Economic Analysis*)修订版(纽约:哈珀出版社,1948 年),第 734—741 页。

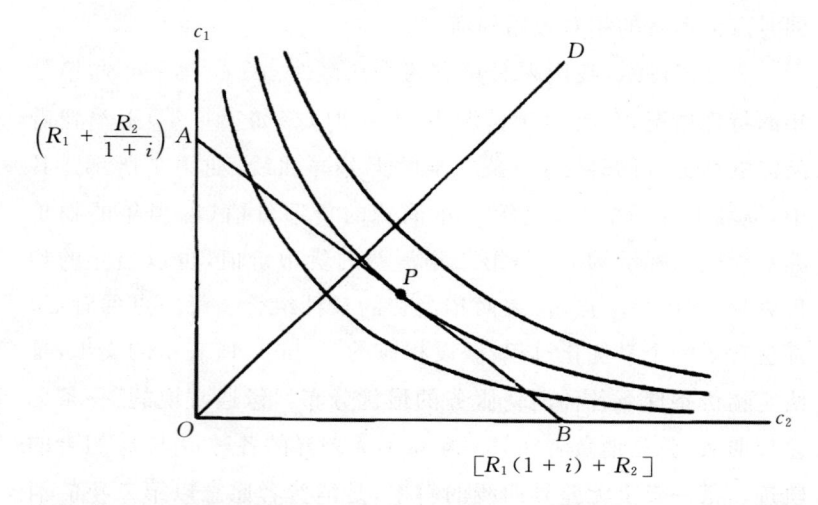

图 1 假定的无差异曲线和预算线：一个消费者在两个时间单位里消费的情况

中的 AB），就界定了可供消费者选择的两个年度的消费组合；三角形 OAB 中任何一点都是可实现的。如果我们假设"两个年度"代表了计划中的全部未来，或者说，即使消费者在两年后仍有结余，也毫无裨益，那么，应选择的组合就在预算线 AB 上。显然，最优组合就是预算线与无差异曲线的切点，即图 1 中的 P 点。

上面，我们用三个变量 R_1、R_2 和 i，描述消费者的际遇（opportunities）。但图 1 清楚表明，决定第一年消费的，其实不是三个变量，而是两个，即预算线的斜率和位置。R_1 或 R_2 的变化，只有在影响到另一个因素时，才会影响第一年的消费——这个因素可称为"消费者在第一年的财富"，即

$$W_1 = R_1 + \frac{R_2}{1+i}。 \qquad (2.1)$$

第二章　纯粹消费行为理论的含义

R_1 和 R_2 的变化若不影响消费者在第一年的财富,就不会影响消费。换言之,要确定 c_1,看似需要知道 R_1、R_2 和 i 三个变量,实际上只须知道两个变量,即 R_1、R_2 和 i 的特定组合,以及 i 本身。这里,我们能够采用 R_1、R_2 和 i 的不同组合,就是说,可以用不同方式将三个原始变量化约为两个。正如前文所述,一种方式是以 W_1 和 i 作为两个变量,①把消费函数写作:

$$c_1 = f(W_1, i)。 \tag{2.2}$$

这个基本公式已经清楚揭示了关于消费函数的一般观点。通常,特别是统计预算研究中,我们把第一年的所得(receipts)R_1,或略加修改后的结果——称为"收入"(income)——作为决定消费的变量。而在上述简单模型中,第一年的消费显然不直接取决于 R_1;R_1 的变化要想影响消费,只能先影响 W_1,如果 R_2 有一个适度的反向变化,消费可能根本不受影响。如果消费者知道他在某一年的所得较高是异常的,预计所得随后就会变低,他的明智做法当然是根据"正常"所得量入为出,而不是仅以当期所得决定消

---

① 这相当于通常在货币收入与其他商品价格给定的条件下,把某种商品的需求曲线写作其价格的函数。财富的变化会平移预算线,相应切点的轨迹给出了财富变化对消费的影响。利率的变化会使预算线围绕 A 点旋转,相应切点的轨迹给出了财富给定时利率变化对消费的影响。但是,这种方法与通常的需求曲线方法有着相同的缺点,即它们都没有把替代效应与际遇的一般变化的影响(即通常需求分析中的收入效应)完全区分开来。另一种方法(相当于我在别处已讨论过的真实收入的需求曲线),是规定财富可变,从而使得利率变化的结果,是预算线围绕初始均衡点 P 旋转。由于这里我们感兴趣的主要是 c 与 W 的关系,而非 c 与 i 的关系,因此,这些问题在正文中略去不谈。参见"马歇尔需求曲线",载《政治经济学杂志》("The Marshallian Demand Curve", *Journal of Political Economy*),第 LVII 卷(1949 年 12 月),第 463—495 页,重印于我的《实证经济学论文集》(*Essays in Positive Economics*)(芝加哥:芝加哥大学出版社,1953 年),第 47—99 页。

费。另一方面,如果把储蓄定义为当期所得和当期消费之差,它倒确实取决于当期所得。因为根据(2.2)式,储蓄是:

$$s_1 = R_1 - c_1 = R_1 - f(W_1, i)。 \qquad (2.3)$$

通常说储蓄是一种"结余"(residual),(2.3)式就是这种说法的正式表述。

把当期所得当作统计研究中的"收入",只是迫于数据所限的权宜之策。理论上,收入通常定义为:消费者在保持财富不减的前提下,能够(或认为能够)消费的总额。[①] 在我们的分析中,消费正是这样定义的收入概念的函数。就这里的简单例子来说,W_1 是消费者第一年的财富,iW_1 是这种意义上的第一年的收入。如果第一年的所得高于 iW_1,超出部分就得作为"减值准备"(depreciation allowance)追加到第二年的所得中,以保持第二年的财富与第一年相同;如果第一年的所得低于 iW_1,不足部分就是在保证第二年的财富不少于第一年的前提下,消费者在第一年能够借入以增加开支的金额。[②]

---

① 由此定义带来的著名问题,与下文分析无关。其中一些问题的讨论,见 J. R. 希克斯,《价值与资本》(J. R. Hicks, *Value and Capital*)(牛津大学,1939 年),第 171—188 页。

② 运用离散的时点,会引起时间确定的困难;如果所得视为连续的,这种困难就不复存在。展示离散情况的算术方法,最简单莫过于假定 R_1 和 R_2 是在各期初始获得,而支出是在各期末尾发生。这样,R_1 在第一期期末,已变成 $R_1(1+i)$。减值准备是 $R_1(1+i) - iW_1$,或者

$$R_1(1+i) - i(R_1 + \frac{R_2}{1+i}) = R_1 - \frac{iR_2}{1+i}。$$

第二期期初的总财富,就是这个金额加上第二期期初的所得 R_2,由此得到:

$$W_2 = R_1 - \frac{iR_2}{1+i} + R_2 = R_1 + \frac{R_2}{1+i} = W_1。$$

第二章 纯粹消费行为理论的含义

类似问题也出现在"消费"(consumption)的内涵上。我们用"消费"的概念表示计划在某个时期内消费的服务价值,在确定的条件下,也就等于实际消费的服务价值。而在统计研究中,这个概念一般是指在商品和服务上的实际支出。因此,它与计划消费的服务价值之间,存在两点不同:第一,来源于消费品存量增减的不同;第二,来源于计划与计划实现情况分歧的不同。

我们可以用"永续收入"(permanent income)和"永续消费"(permanent consumption)等术语表示与理论分析相关的概念,从而避免混淆于收入(与当期所得同义)和消费(与当期支出同义)的通常用法。分别记二者为 y_p 和 c_p,并追加数字下标代表年份。[①] 因为 $y_{p1} = iW_1$,我们可以把消费函数写作:

$$c_{p1} = f\left(\frac{y_{p1}}{i}, i\right) = g(y_{p1}, i) = g(iW_1, i)。 \qquad (2.4)$$

但就目前两年期的简单例子来说,这种方法似乎有些牵强。因为这时,最初的财富应在两年间花光,而不是原封不动。如果把(2.4)式看作由这个特例推广到更长时期的一种普遍情况,那就更加在理了。[②]

---

① 就目前的分析而言,用"计划"而不用"永续"一词可能更合适。用"永续"一词的理由,将在后面第三章中说明。

② 当 $i = 0$ 时,把(2.2)式转换为(2.4)式会有困难。因为这时,如果财富能带来一个永久的收入流,那它对消费者的价值就是无限的,消费者在当期消费上就可以无所约束,为所欲为——如置身天堂,经济问题不复存在。如果收入流的持续时间有限,财富的价值也会是有限的。这时,一定水平的消费只能保持一个有限的时期;而此时从(2.2)式到(2.4)式暗含的推导,可以看作是指:不存在能获得无限期稳定流量的永久稳定状态。如果假设所有资源都是零利率,就会出现上述困难。如果只有部分资源如非人力资源是零利率,则这些困难就可能不会出现。

至此，关于这条无差异曲线，仅有的经验限定是斜率为负，并凸向原点。负斜率，是因为没有人会随随便便放弃自己的财富；凸向原点，是因为没有人会倾其所有，用于一时的消费。这两点对(2.2)式或(2.4)式描述的消费函数的形状，只是给予了很弱的限制。为了对消费函数的形状作出更明确的假设，我们必须再进一步。

假设两年的物价不变，则图 1 中 45 度线 OD 上的点，代表两年的际遇相同。再假设两年中消费者也不变（从而回避了诸如"年龄老化"等问题）。这样，我们就有理由认为：如果消费者在第一年能够正确估定两年消费的相对价值，则其无差异曲线会以 OD 线为轴对称，c_1 和 c_2 可以对换而不改变无差异曲线——换言之，这可看作不含"时间偏好性"（time preference proper）的定义。[1]

这样的对称，意味着所有无差异曲线在与 OD 线相交的点上，斜率都是−1。即是说，如果两年中货币的购买力相同且实际的消费量相同的话，则不管消费水平如何，消费者都会愿意以第一年的一美元消费代替第二年的一美元消费。无差异曲线凸向原点表示，当消费者的第一年消费比第二年更多时，他会愿意在第一年放弃多于一美元的消费，以换取第二年的一美元消费；反之，当第一年消费比第二年更少时，要他第一年放弃一美元消费，需要在第二年补偿他多于一美元的消费。因此，当 $R_1 = R_2$，即初始状态位于 45 度线上时，如果利率为负，消费者第一年的消费将大于所得；如果利率为零，正好等于所得；如果利率为正，将小于所得——最后一种情况，就是图 1 中假设的预算线 AB。

---

[1] 请注意，我们的特殊假设，排除了时间偏好的一些常见理由，如：消费者可能活不到来年再消费，或者由于种种原因，同样令人满意的消费品，此时可得彼时却不可得。

在零利率情况下,上述条件,会使财富无论多少,每期消费的份额彼此都相同(在上例中是财富的1/2)。我们可以把这种关系扩展到其他利率水平,即假设所有无差异曲线,不仅与45度线相交时有相同斜率,与任何其他从原点出发的射线相交时,斜率也都相同——数学上说,即假定效用函数之于 c_1 和 c_2,不仅对称,而且齐次。在上例中,这一点意指,个人愿意以第二年消费替换第一年消费的替代率,只取决于两年的消费之比,而与绝对消费水平无关。比如,如果第一年消费水平翻番,某种意义上,这一年再追加消费的紧迫性就下降,这本身会使为补偿消费者放弃第一年的一美元消费而须追加的第二年消费也趋减少。但是,如果第二年的消费水平同时翻番,则有相反的效应,即第二年追加消费的紧迫性相对下降,而这又会增加为补偿消费者放弃第一年的一美元消费所须追加的第二年消费量。两种效应不一定刚好完全相互抵消。但是,似乎也没有先验的理由认为,第一种效应会系统、普遍地超过第二种效应,或者相反。所比较的是相同的东西,不同的只是时间;很难看出这种时间之不同,何以会有非对称的影响。① 因此,

---

① 由此看来,我们需要质疑一个最初觉得可信的推测,即如果收入被恰当定义为一个永续的流量,消费-收入比会随收入增加而下降。换言之,消费-永续收入比的大小,应与任何绝对计量单位在维度上无关(dimensionally free);即使分子与分母不是价值量,而是商品实物量,鉴于两者实物单位一样,亦应如此。由此我们推测,消费-收入比应取决于维度上相似的变量,或至少是与分子、分母的共同实物单位无关的变量(如利率,其倒数只有时间单位的维度)。既然如此,它为什么会显著取决于维度不同的变量,如绝对收入水平呢?但请注意,上述讨论未能证实:一种消费与另一种消费之比,也可能与绝对收入水平无关。从实物数量的角度看,一种消费与另一种消费之比的维度——以每磅鲜肉制成腊肉的磅数为例——可简单地取决于维度可比的变量,如鲜肉与腊肉的绝对价格比值(该比值有同样的维度,即每磅鲜肉制成腊肉的磅数),或者取决于绝对收入(可以看作可供消费的腊肉或鲜肉的总磅数,从而有了腊肉或鲜肉重量的维度)。

假设两种效应正好完全相互抵消,应不无道理,而且无疑是最简单的假设。我们可以暂且接受这个假设。当然,和通常一样,如果找到与之不符的经验证据,就需要进一步补充完善这个假设。

对于满足这些假设的无差异曲线,消费函数(2.4)式以一种特别简单的形式出现,即

$$c_{p1} = k(i,u) \cdot y_{p1} = k(i,u) \cdot iW_1。 \qquad (2.5)$$

可认为这个函数不仅适用于两年期,也适用于无限长期。其中,k显然不取决于财富或永续收入水平,而是取决于利率,以及决定无差异曲线形状的其他各因素,这些因素在(2.5)式中以变量 u(代表效用)表示。[①]

如果 u 包含诸如年龄、家庭构成等因素的话,我们就可以放弃上述关于消费者在两年或更长时期内保持不变的假设,以及相应的对称假设,即在两年期的情况下,如果 $i=0$,则 $c_1 = c_2$。也即是说,以上分析可以理解为是指一类消费者在某一年中的情况。[②]

(2.5)式虽然简单,虽然源于这般粗浅而又抽象的考量,但它是本书所说的消费函数理论的基石。我们将会看到,引入不确定性,不会从根本上改变它;而且,它与消费行为的现有经验证据也没有矛盾——只要其中的变量恰当地对应于可观测的量值。

[①] 杜森贝利根据略为不同的推理得出了相同的结论,也认为在长期比较静态模型中,消费与收入成比例。见《收入、储蓄和消费行为理论》(剑桥,马萨诸塞州:哈佛大学出版社,1949年),第32—37页。

[②] 即上述由时序分析得出的消费函数,也可运用于横截面的预算分析。——译者注

第二节 不确定性的影响

未来的不确定性,对上述分析有两点影响:第一,它使无差异曲线图理解起来更加复杂;第二,它引入了储蓄的另一种动机,这种动机需要根据财富类型不同加以区分。

1. 无差异曲线图

确定性条件下,消费者一旦确定了第一年的消费水平,第二年的选择,即第二年可得的最高实际消费水平,或图 1 中预算线 AB 的横坐标,就可由单一的数字完整描述。不确定条件下,这样简单的描述不再可能。取而代之的,是第二年各种可能的最高实际消费水平的概率分布。各种可能水平的分散,反映了未来所得与未来物价的不确定性的直接影响,以及这种不确定之于借贷可能性的间接影响。

假设未来的品味(在现在看来)没有不确定性,且 c_2 轴仍然表示实际消费。那么,引入不确定性,不会影响无差异曲线。但是,这时预算线的含义明显改变了。第一年的每个消费水平,都对应一组未来可能消费的概率分布,这组概率分布对消费者有一个效用值;而且一般来说,会有某些特定的消费量也对应相同的效用值。这种"确定性等价物"(certainty equivalents)的轨迹,就勾画出了一条类似预算线的曲线,它与无差异曲线的切点就是最优点。但这条线不会是直线,也不是仅仅根据消费者的际遇就能算出来,它还取决于消费者品味。确定性条件下无差异分析的主要优势,就是品味与际遇泾渭分明——这一点在这里被破坏了。

或者,我们可以把图 1 的 c_2 轴理解为第二年的期望消费——这里的"期望"(expected)是"平均值"的意思,而不是"预期"(anticipated)的意思。如果大家对概率分布没有异议,从而期望所得可以某个固定的利率借入或贷出,那么,预算线就不会受到影响,仍为直线。但是这时,无差异曲线的含义已大相径庭。某个期望值的效用,依赖于产生这个期望值的概率分布。因此,只有确定了产生每个期望值的概率分布,才能画出无差异曲线。这里,同样不复存在际遇与品味的井水不犯河水。

总之,不确定性的引入,使上述分析中的明确界线变模糊了,并提出了可能使消费函数形状不同于(2.5)式的新的因素。不过在目前的分析水平上,我们还无法判断:随着财富绝对值增加,这些新因素会使财富用于消费的比例提高,还是降低。因此,不确定性的这种影响,尚不足以反对上述消费函数的形状,也不会损害其令人称道的简洁性。

2. 持有财富的动机

确定条件下,持有财富的动机有二:熨平消费流,获得利息收入。不确定性的引入,使持有财富的动机再增加一项,即用作应急储备,以应付意外的低收入或高消费。如果各种财富都同样适合当作应急储备,那么,这项动机可以看作只是改动一下图 1 中无差异曲线的形状而已。这时,任何没有用于当期消费的财富,都可以用作应急储备。从而,为未来消费所做的准备,其价值不仅在于消费目的本身,还在于它提供了这样一种应急储备。结果,无差异曲线在每一点上都比原来更陡;因为消费者为增加一美元的未来消费,会愿意放弃更多的当期消费。

但是,并非各种财富都同样适合当作应急储备,主要区别是在人力财富和非人力财富之间。在一个非奴隶制社会中,并没有与非人力资本市场相对应的人口市场。一般来说,如果是有形的实物资产或以对其的索取权为基础进行借贷,要比以未来的收入能力为基础方便得多。因此,当期消费可能不仅取决于永续收入总量和利率水平,还取决于永续收入中来自非人力财富的比重,或者非人力财富与永续收入之比——如果利率给定,两者是一回事。这个比值越高,需要的新增储备越少,当期消费可能就越多。① 关键变量是非人力财富-永续收入比,而不是非人力财富的绝对值。储备,是为了应对可能使原定的消费水平无法实现,或者使实际消费水平不得不提高的意外事件。如果非人力财富和永续收入同幅增长,可得的储备和消费水平就可以同时提高,这就像依比例尺缩放一样。因此,没有先验的理由认为,非人力财富和永续收入的同幅增长,会系统地、普遍地提高或者降低增加储备的重要性。② 可见,不确定性的这种影响,同样不足以反对(2.5)式的消费函数。它只要求我们把非人力财富-永续收入比作为一个变量,加入决定消费-永续收入比 k 的各因素中。这样,(2.5)式可转化为:

$$c_p = k(i,w,u,)y_p = k(i,w,u)iW, \qquad (2.6)$$

其中 w 代表非人力财富-永续收入比。鉴于所有变量指的都是相

---

① 为了在图 1 中反映这种影响,需要增加一条表示非人力财富数量的坐标轴。
② 上一节脚注中关于维度的讨论也适用于此。

同时点,简洁起见,我略去了 c、y、w 和 W 的下标。

当然,应急储备的重要性,取决于消费者预估的不确定程度。变量 u 可用以囊括所有影响其预期的客观因素。例如,社会财富或收入的不平等程度,可能与所得的预期不确定程度密切相关,从而也是有关的变量。

各种非人力财富作为应急储备的适用性,也不是等齐划一的。一些实证研究对某些非人力财富,如所谓"流动资产",给予特别的关注,原因就在于此。但是,其他财富类型的差别,没有一种像人力与非人力财富的差别那样具有普遍性和根本性,或者说具有足够的根本性,值得包括在现阶段的消费函数中。

不同财富的差别,也意味着不同利率的相应差别。个人凭借其未来收入向外告贷,或者凭借非人力资本向外告贷,利率可能不同。而且,个人可借入的利率,也可能不同于他可贷出的利率。不过,我们不做这些复杂的讨论,而是以 i 代表各种利率的综合。

第三节　个体与总体消费函数的关系

以上理论分析都是针对个体消费者的。表面上看,上述分析得出的(2.6)式,描述的是一个消费者在各变量的不同值下的行为。为了用这个等式解释群体行为,我们必须增加一个步骤,即认为群体的所有成员适用相同的等式——不仅等式形式相同,函数关系也要相同。这一步看似难以企及,实则不然。因为(2.6)式中的变量,特别是 w 和 u,正是考虑了消费者之间差别的而设计的。如果若干消费者的 i 与 w 都一样,u 的具体内容也一样,而他们的

第二章 纯粹消费行为理论的含义

消费-永续收入比仍然差别很大，对目前讨论的议题有影响的话，那①一定是等式本身出了问题，或者 u 的具体内容不恰当。因此，如果(2.6)式和 u 的具体内容，对于个体消费者而言可以接受，则对于一个消费群体的所有成员，也是可以接受的。

假定(2.6)式适用于一个消费群体的每个成员，但不同消费者的消费-永续收入比 k 值，仍然会因 i, w 和 u 值不同而异，消费绝对量还会因 y_p 值不同而异。因此，群体总消费不仅取决于(2.6)式的确切形式，还取决于根据这些变量划分的消费者分布。令

$$f(i,w,u,y_p)didwdudy_p \qquad (2.7)$$

代表该群体的消费者数量。他们的利率在 i 与 $i+di$ 之间，非人力财富-永续收入比在 w 与 $w+dw$ 之间，品味的决定因素在 u 与 $u+du$ 之间，永续收入在 y_p 与 y_p+dy_p 之间。那么该群体的总消费是：

$$c_p^* = \iiiint_{iwuy_p} f(i,w,u,y_p)k(i,w,u)y_p didwdudy_p。 \qquad (2.8)$$

假设根据收入划分的消费者分布独立于根据 i、w 和 u 划分的消费者分布，即

$$f(i,w,u,y_p) = g(i,w,u) \cdot h(y_p)。 \qquad (2.9)$$

则(2.8)式可简化为：

$$c_p^* = k^*(\ ) \cdot y_p^*, \qquad (2.10)$$

其中 c_p^* 是永续总消费；y_p^* 是永续总收入；而且

$$k^*(\ ) = \iiint_{iwu} g(i,w,u)k(i,w,u)didwdu。 \qquad (2.11)$$

---

① 原文为 than，应是 then。——译者注

k^* 取决于 k 函数,也取决于 g 函数——后者描述根据 i、w、u 划分的消费者分布。k^* 可以被近似地表示为 i、w 和 u 的平均值、方差、协方差,或描述分布的其他类似参数的函数。这些变量 i、w、u 的系数由 k 的参数决定。在(2.10)式和(2.11)式中,包含这些变量的括号被留作空白。这是因为在目前的一般化程度上,还无法指定有限的变量来表示 k 与 g 函数。

如果(2.10)式两边除以相同数字,如总人口或物价指数等,等式显然不变。因此,在运用(2.10)式时,c_p^* 和 y_p^* 可以指货币化的总量、实际的总量、货币化的人均量或实际的人均量等。

据以从(2.8)式推到(2.10)式的假设,即根据收入划分的消费者分布,与根据 i、w 和 u 划分的消费者分布彼此独立的假设,显然不合乎事实。例如,变量 u 涵盖了诸如年龄、家庭大小,可能还有教育等因素,这些因素显然都与收入分配有系统的联系;而且,后面我们还需要运用其中一些联系,解释消费行为的某些可观测的特征。不过,尽管这些变量与收入分布的相互关联性对于某些问题也许很重要,但对整体而言可能并不重要。引入关联性牵涉到非常复杂的方法;而且,即使这种关联性被引入,(2.10)式仍为近似的表达式。如果像我们将要看到的一样,(2.10)式是观测值之间关系的一种很好近似,那我们就应认为,这种关联性是次要的。

第三章 永续收入假说

被称为"永续收入"和"永续消费"的量值,在理论分析中起关键作用,但不能从任何个别消费者身上直接观测到。可观测的主要是某个有限时期的实际所得和实际支出,可能还有关于未来预期的一些口头陈述。理论概念是事先的量值,而经验数据是事后的。但是为了用理论分析解释经验数据,我们必须建立理论概念与观测值之间的对应关系。

最直接方法,也是类似情形下常用的方法,是在原始的所得与支出数据上,调整一些比较明显的缺陷,形成每个消费者的永续收入与永续消费的估计值;然后,就把这些经过调整的事后量值,当作想要的事先量值。例如,某个时期内,为取得收入而付出的现金支出,可以直接从当期现金所得中扣减;对于一些或全部收入项目,可以用权责发生制的会计处理方法,而不用收付实现制;耐用消费品的支出可以视为资本支出,只把它所提供服务的估算价值[①]纳入消费;如此等等。这些调整显然会缩小统计估计与理论概念之间的差距,因而非常可取。但是,即使这些调整悉数做到,最终当作永续收入与永续消费估计值的量值,仍然不符合(2.6)

[①] imputed value,或译为归咎价值、归属价值。——译者注

式。具体表现为，量度收入（measured income）越高，其中量度消费（measured consumption）的占比就越小；即便是消费者群体之间比较——没有理由将之归因于 i、w 或 u 值不同——情况亦复如此。

因此，我们只能或者放弃(2.6)式，或者以更加间接的方式，建立理论概念与观测值之间的对应关系——前者是以往研究者的做法，后者是我想要做的。一种间接方式，是利用其他时期、其他消费者的证据，去解释某个时期某个消费者的数据。例如，如果甲的量度收入年度波动很大，而乙的很小，那就可以认为，甲的量度收入是永续收入的较差指标，乙的是较好指标。又如，如果某个时期甲的量度收入明显低于一个群体的平均值——这个群体中，每个个体都有与甲相似的特征，如年龄、职业、门第、居住地等，这些特征据信会显著影响他们的潜在收入——那就可以认为，甲的量度收入低于他的永续收入。

下面关于理论概念与观测值之间关系的形式，就是为了便于运用这种证据。其关键是把经验数据理解为本身不可直接观测的理论概念的可观测的表现。

第一节　理解家庭的收入与消费数据

我们以 y 代表一个家庭[①]在某个时期如一年内的量度收入。再把这个收入一分为二：一是永续部分（y_p），对应理论分析中的

[①] 基于中文习惯，从本节开始，我基本上把 consumer unit 译为家庭，不再译为消费者。——译者注

永续收入,二是临时部分(y_t),[1]即

$$y = y_p + y_t。 \qquad (3.1)$$

永续部分,可理解为反映了家庭认为决定其资本或财富的因素的影响,包括家庭拥有的非人力财富,收入者的个人属性,如他们的培训、能力、性格等,收入者经济活动的属性,如从事的职业、经济活动的地点等。永续部分类似于一个概率分布的"期望"值。临时部分则可理解为所有"其他"因素的影响,这些因素容易被家庭视为"意外"或"偶然"事件,尽管从另一个角度看,它们可能是某些因素(如经济周期性波动)的可预见的影响。[2] 在统计数据中,临时部分还包括测量上的偶然误差。可是,通常没有办法把这些偶然误差与家庭认为的临时部分区分开来。

引起收入的临时部分的因素中,有一些是因人而异的,例如生病、对买入或卖出时机的决策失误等;同样,还有测量上的偶然误差。对一个足够大的家庭群体来说,由这些因素引起的临时部分会相互抵消,因此,如果永续收入与量度收入之间的差别都由这些因素解释的话,这个群体的平均量度收入将等于平均永续部分,平均临时部分则为零。但是,并非所有引起临时部分的因素都属这一类。一些因素对群体中各家庭的影响可能有很大的普遍性,例如异常的天气(如果群体由同一地区的农户组成);或者市场对某

---

[1] 这个术语以及后面的很多分析,来自弗里德曼和库兹涅茨,《自由职业的收入》,第 325—338 页和 352—364 页。

[2] 当然,这种划分有随意性,界限具体划在哪里,很大程度上取决于具体的应用。同样,永续部分与临时部分的两分法,也是一种很特别的情况。参见上引书,第 352—364 页,那里给出了有更多分部的一般情况。

种产品的需求突然发生变化(如果群体中的家庭都受雇于生产该产品的行业)。如果这些因素在某个时期内是有利的,平均临时部分就为正;如果是不利的,就为负。① 同样,即便临时因素的影响平均为零,测量上的系统性偏差,也可能使记录数据的平均临时部分非零。

类似地,我们以 c 代表一个家庭在某个时期的支出,并把它分为永续部分(c_p)和临时部分(c_t),即

$$c = c_p + c_t。 \tag{3.2}$$

同样,引起临时消费的因素中,有一些因人而异,例如罕见的疾病、特别有利的购买机会等;还有一些会普遍地影响家庭群体,如严寒的气候、好收成等。前者的影响一般会相互抵消,但后者会给家庭群体带来或正的或负的平均临时部分;测量上的偶然性与系统性误差亦复如此。

人们很容易把永续部分理解为对应于终生的平均值,临时部分则是这个平均值与特定时期量度值之差。这样理解大错特错了。理由有二:首先,一户家庭的情况,只是一个更大的假设全域中的一个样本而已,没有理由认为,一户家庭终生的临时部分会相互抵消为零。其次,也是更重要的,事先决定赋予"永续"的确切含义,既无必要也不可取。永续与临时的区分,是为了解释实际行为。下面我们将假定,家庭会把他们的收入和消费分为永续、临时两部分,并且永续收入与永续消费之关系,正是我们理论分析所说

---

① 请注意这里与上引书第 326 页的不同:在那里,平均临时部分可视为零而不失其普遍性。这种不同反映了上引书的临时部分定义更窄,并且是用这样的概念比较相同群体在两个年度内的情况。

第三章 永续收入假说

的那种关系。因此,永续与临时部分之间的确切界限,最好是交由数据本身决定,以契合于消费行为。

图2可更加明了地展示关于永续收入的各种可能解释。这幅图画的是一户假定户主在当前(1956年)为30岁的家庭。我们可以假设,当户主20岁时,这户家庭已经组成。从他20岁到30岁的量度收入是已知数,在图中以锯齿状实线表示。当然,图中没有表示出来的其他情况,如拥有的非人力财富量、户主及其他成员的职业、居住地等,也都是已知的。未来的量度收入则不确定。30岁以后的散点,表示家庭自认为的各种可能性:在未来的每个时点上,都存在量度收入的某种预期概率分布。由于平面图形的局限,这个散点图在一个重要方面没有真实反映实际情况,即从该图看,不同年龄上的概率分布彼此独立,而一般来说,它们应该是相互依赖的。比如说,如果31岁时的量度收入一个高、一个低,那么,预期40岁上的量度收入概率分布应该也会不同。① 不过,就我们现在的目的而言,这个问题尚不严重。

还有一种散点图,是根据很多户主年龄不同的家庭的同期收入绘制成的。概念上,两种散点图不可混为一谈。我们说的散点图,是一户家庭的预期情况,而不是很多家庭的实际经验。一户家庭在形成预期时,很可能会考虑其他家庭同期的经验——这些家庭只是户主年龄不同,其他方面如职业、非人力财富等都很相似。而且就某些目的而言,简单地把这种同期性的差别,当作描述自己

---

① 最一般的描述,应该用另一种称为年龄-量度收入函数(age-measured-income functions)的概率分布。请注意,上引书第352—364页给出的一般分析公式,充分考虑了这种相关性问题。

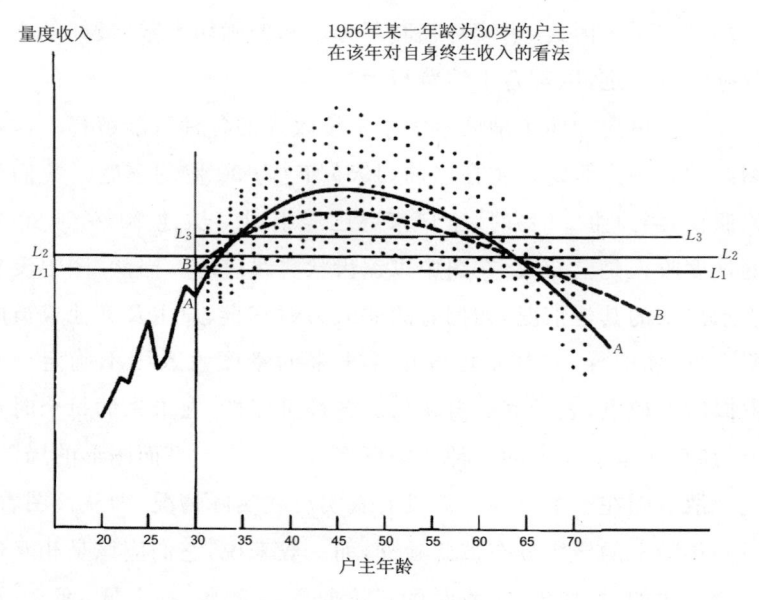

图 2 永续收入的不同解释

的未来可能性,也是可行的。但是在概念上,不能排除这户家庭还会考虑其他信息的可能性。①

图 2 中的实线 AA 是未来年度预期概率分布的平均值。该线是消费据以确定的永续收入的一种可能解释。水平线 L_1L_1 是 20 岁时预计的一生平均收入;L_2L_2 是在考虑了 20 至 30 岁的实际收入情况后,30 岁时预计的一生平均收入;L_3L_3 则是 30 岁时预计的今后的平均收入。每条水平线都是永续收入的另一种可能解释,

---

① 例如在后面的第四章第三节,我们就认为,家庭会根据长期收入趋势的信息,修正同期性的经验。

与 AA 线的解释几乎处于两个极端。直觉上,没有一条线特别适合于表示消费据以确定的永续收入。AA 线不适合,是因为它代表一个非常短的时间视野(time horizon)①;L_1L_1、L_2L_2 和 L_3L_3 不适合,不仅因为它们代表的是非常长的时间视野,还因为它们意味着:家庭可以相同的利率水平,按照自己的人力与非人力财富的预期所得,先行借入消费,或者贷出自己累积的非人力财富,推迟消费。L_3L_3 线还有一个问题,即假定 30 岁以前的收入-消费情况,会使 30 岁时既无欠债也无结余。虚线 BB 是一种居间的解释,代表 AA 和 L_1L_1 或 L_2L_2 的某种平均。直觉上,类似 BB 的曲线似乎是最合理的解释;但是,虽然直觉上合理,它对该平均值的准确性质、时间视野长短等问题都不甚了了。因此,我们必须依靠经验证据(见第七章,在那里,我们根据现有证据作了一个初步估计)。

图 2 是针对某一个时点而画的。它与永续收入的概念无关,因为,永续收入的概念需要图中相关部分此后一直保持不变。除了上述因素——未来任何时点的概率分布,事先都取决于此前实际经历的量度收入——之外,整个联合概率分布还可能因为一些在讨论时完全没有料到的意外情况而发生变化。在实证研究中,有时我们可以假设,永续收入(或永续收入的年龄模式)会保持多年不变,但是应该清楚,这只是更一般概念的经验上的特例。

第二节 永续收入假说的正式表述

我们关于消费函数的假说,即后面所说的永续收入假说,最一

---

① 参见第八章第四节最后一段。——译者注

般的形式由下列(2.6)式、(3.1)式和(3.2)式给出：

$$c_p = k(i, w, u,) y_p, \quad (2.6)$$

$$y = y_p + y_t, \quad (3.1)$$

$$c = c_p + c_t。 \quad (3.2)$$

其中(2.6)式定义了永续收入与永续消费之间的关系。该式说明，永续消费-永续收入之比，不取决于永续收入的大小，而取决于其他变量，特别是：(1)家庭可据以借入、贷出的利率或利率集 i；(2)财产性与非财产性收入的相对重要性，可以用非人力财富-收入比 w 表示；(3)以合成变量(portmanteau variable) u 表示的各种因素，这些因素决定了家庭是消费还是积蓄的品味与偏好。其中最重要的因素，一是家庭成员的人数与特征，尤其是他们的年龄；二是影响收入与消费的临时因素的重要性，它可由临时部分的概率分布相对于相应永续部分大小的"离散程度"或标准差来衡量。(3.1)式和(3.2)式定义了永续部分与量度值之间的关系。

就这种最一般的形式而言，这个假说毫无意义，因为没有经验数据可以反驳它。(3.1)式和(3.2)式完全是定义性的；它们增加了两个等式，但同时增加了两个未知数——临时收入和临时消费。有很多方法可以把这个假说具体化，使之可能被观测数据证伪。我要用的方法，是明确临时部分概率分布的一些特征。一种特别简单，但足以解释现有证据的方法，是假设临时收入与临时消费彼此不相关，而且各自与相应的永续部分也不相关，即

$$\rho_{y_t y_p} = \rho_{c_t c_t} = \rho_{y_t c_t} = 0, \quad (3.3)$$

其中 ρ 代表下标变量之间的相关系数。

把(3.3)式的前两个相关系数——收入的永续与临时部分之

间、消费的永续与临时部分之间的相关系数——假定为零,似乎是很自然、很合理的。其实,这两个假定本身并无多少实质内容,大体上只是把临时与永续部分的定义略加完善,或换一种说法而已。"临时部分"所要体现的定性概念,就是收入的意外、暂时的增减,也就等于说,是与其他收入无关的增减。把量度误差并入临时部分,进一步增强了零相关性假设的貌似合理性。

就个体家庭而言,我们似可认为:临时部分的绝对大小,会与永续部分的绝对大小一同变化,就是说,对于永续部分大小不同的家庭,某个偶然事件会使他们的收入出现相同百分比的增减,而不是相同绝对值的增减。这一点可能会使下面提到的另一种临时部分定义①更适用;而且,这并不违背零相关性假设。零相关性只是意味着,无论永续部分为何值,临时部分的平均(指正负临时部分相互抵消的代数平均)都相同。例如,假设临时部分有相同概率等于永续部分的 + 10%,或 - 10%。那么,无论永续部分为何值,平均临时部分都是零,尽管临时部分绝对值(即不管其符号)的平均数与永续部分大小直接成正比。

根据我们的临时部分定义,"一组家庭"的前两个相关系数可以被认定为零。这是否合理,某种程度上取决于这组家庭的遴选标准。最明显例子是根据量度收入大小划分家庭的情况。在这样划分的每一组内,永续部分与临时部分一定负相关,因为既然有一个相同的量度收入,那么只有当临时部分较小时,永续部分才可能

---

① 指对数形式的定义。——译者注

较大,反之反是。[1]

(3.3)式中第三个相关系数——临时收入与临时消费之间的相关系数为零,则是一个强得多的假设。正是这个假设,把重要的实质性内容引入了假说,使之可能被大量可观测的现象证伪。我们的假说是否可接受,最终就取决于这样的假设现象能否被实际观测到。本书接下来的大部分内容,就是关于这一点的。不过,在进行更加精细的检验之前,我们有必要根据对自己与旁人的随意观察,粗略检验一下这个假设,看是否能够通过,或至少不致错得离谱。下面,我们就对这个假设的直觉上的合理性作一些讨论。

储蓄或至少储蓄的一部分,是"结余"。这种普遍的观念,有力支持了上述假设的合理性。因为这种观念意味着,消费是根据长期情况决定的,因此,收入的临时变化主要会引起财产增加,或者让家庭动用以前积累的财产,而不是相应改变消费。

换一个角度看,这个假设又似很不合理。一个人如果得到一笔意外之财(unexpected windfall),他岂不是至少会以其中一部分用于"放纵生活"的消费支出吗?他会全部用于增加财富吗?对此的回答,主要取决于如何定义"消费"。我想,随口做出肯定的回答,[2]很大程度上反映了人们是把"购买"(包括耐用品的购买)本身当作消费的定义,而不是购买商品所提供的服务价值。如果采用后一种定义——我们当然希望用来检验假说的经验数据是这样定义的,可惜只能够在很有限的程度上这样做——那么,很多原本

---

[1] 见上引书,第 326、327 页。
[2] 原文这里没有明确说明是对前面哪个问题的肯定回答。根据上下文,应是对第一个问题。——译者注

归为消费的项目,就须转为储蓄了。意外之财,一般不正是被用来购买耐用品的吗?或换言之,关于何时更换和增置耐用品的安排,某种程度上,不正是根据意外之财而定的吗?

　　还有两点理由,也支持临时收入与临时消费不相关的假设。第一,上面把意外之财视为临时收入,并不准确。例如,假定遗产包含在量度收入的概念中。考虑一户家庭,其所得在一段时期里始终不变,直到最后得到一笔遗产。如果这笔遗产是预计迟早会得到的,那它往往已被算进永续收入,而临时收入只是遗产超出这个永续收入的对应财产的部分。因此,没有理由认为遗产所得会使最后一期的消费不同于以前各期,除非是虽有遗产支持,但提前借款消费始终不可能。而在提前消费不可能的情况下,得到遗产会改变(2.6)式中的财富-收入比 w;因此,假说也已把它考虑在内。反之,即使遗产是意料之外的,也不会有本质差别。因为这时,得到遗产会增加家庭的永续收入,从而使得最后一期消费更多是合理的。同样,临时收入只是意外之财中超出这个永续收入的对应财产的部分,由此导致的当期消费增加直觉上不再那么明显。① 第二,确实存在收入临时增加带来消费临时增加的情况,但也存在收入临时增加带来消费减少的相反情况。最简单例子是,收入的临时增加,会减少消费的机会——比如说收入增加是通过工作更长时间,或者到落后国家工作获得的。这种负的和正的相关性会相互抵消。

---

① 这一点见于莫迪利亚尼和布鲁博格的"效用分析和消费函数",第 405—406 页。

以上讨论尚未涉及量度误差问题。但如上所述，统计分析中，量度误差通常是与正确量度的临时部分胶着在一起。它对统计中临时收入-临时消费之相关性的影响，关键取决于统计数据如何获得。如果收入与消费是分开量度的，两者的量度误差应该会相互独立，由此导致观测到的临时收入与临时消费之相关性，也会很小或为零。如果消费像往常一样，由单独量度的收入减去单独量度的储蓄得到，那么量度消费与量度收入就有共同的量度误差。这会使临时收入与临时消费之间出现正相关。

上述分析的目的不是证明零相关是唯一合理的假设。无论是上面提及的证据，还是其他证据，都不能证实这个结论。毋宁说，上述分析只是为了说明：通常观察认为，零相关假设可以得到一个与观测到的消费行为很近似的结果。当然，临时收入与临时消费零相关的假设，可以换成另一个限制性较小的假设，即相关性是一个在 0 与 1 之间的正数。但是这样一来会大大削弱我们的假说，降低它推测行为的潜在能力。这样做一般是很不可取的，除非是零相关假设与经验证据之间出现了重大矛盾。

如果在(3.3)式的基础上，假设平均临时消费与临时收入都为零，即

$$\mu_{y_t} = \mu_{c_t} = 0, \tag{3.4}$$

其中 μ 表示下标变量的平均值，那么，假说就有了一个特别简单的特例。当讨论的概率分布非常广泛时，这个假设是很有道理的。但是，通常我们会采用条件概率分布，例如某一年的临时部分分布，或者某个特定群体的临时部分分布等。这时，就像不能事后假设单一家庭的临时部分必定为零一样，一般也不能假设(3.4)式

第三章 永续收入假说

成立。

可取或者必要的做法,是在概率分布上设置附加条件,以便根据观测到的数据估计系统参数。不过,关于统计估计的问题,我将基本上略而不议,因此,我们也不需要进一步讨论这些附加条件。

为使我们的阐述简单,更重要的限制条件是:(3.1)式表示观测到的收入与永续收入、临时收入之间的加法关系,(3.2)式表示消费方面的相应关系。这种关系的形式很重要,因为它可能影响到如(3.3)式和(3.4)式等概率分布的特征规则,以及运用其他统计上便利的分布特征的规则,实证上是否正确。鉴此,我猜测,乘法规则(multiplicative specification)可能更适合收入与消费数据。如果我们以大写字母代表相应小写字母所指变量的对数,那么,假说的定义等式就是下面另一种形式:

$$C_p = K(i, w, u) + Y_p, \qquad (2.6')$$

$$Y = Y_p + Y_t, \qquad (3.1')$$

$$C = C_p + C_t, \qquad (3.2')$$

$$\rho_{Y_t Y_p} = \rho_{C_t C_p} = \rho_{Y_t C_t} = 0 。 \qquad (3.3')$$

下面很多结果,都同样适用于假说的两种形式,只是要求相同字母在一种情况下代表绝对值,在另一种情况下代表对数。如果有哪些重要结果并非如此,我们会将其对数表达式放在脚注里。

第三节 量度消费与量度收入的关系

假设我们已经观测到若干家庭的消费与收入信息,所有这些家庭的(2.6)式中的 k 值都可看作一般大小。像通常的家庭预算

研究一样,我们根据这些数据,估计消费与收入的关系。为简化起见,假设这个关系为线性,即

$$c = \alpha + \beta y, \tag{3.5}$$

其中 c 表示给定 y 值下的平均消费,即是说,每个家庭的消费,随机地散布在该值左右。[①] 根据 c 对 y 的回归关系,算出 α 与 β 的最小二乘法的估计值(称为 a 和 b)为:

$$b = \frac{\sum (c - \bar{c})(y - \bar{y})}{\sum (y - \bar{y})^2}, \tag{3.6}$$

$$a = \bar{c} - b\bar{y}, \tag{3.7}$$

其中 $\bar{c}$ 和 $\bar{y}$ 分别代表家庭群体的平均消费和平均收入,合计数也是针对这个群体。在 b 表达式的分子中,分别以(3.1)和(3.2)式的右边部分替代 y 和 c,并以相应平均值替代 $\bar{y}$ 和 $\bar{c}$,得到:

$$\begin{aligned}\sum (c - \bar{c})(y - \bar{y}) &= \sum (c_p + c_t - \bar{c}_p - \bar{c}_t)(y_p + y_t - \bar{y}_p - \bar{y}_t) \\ &= \sum (c_p - \bar{c}_p)(y_p - \bar{y}_p) + \sum (c_p - \bar{c}_p)(y_t - \bar{y}_t) \\ &\quad + \sum (c_t - \bar{c}_t)(y_p - \bar{y}_p) + \sum (c_t - \bar{c}_t)(y_t - \bar{y}_t)。\end{aligned} \tag{3.8}$$

根据(2.6)式,

$$c_p = k y_p。 \tag{2.6}$$

把(2.6)式代入(3.8)式,得到:

[①] 在我们的假说中,c 平均值与 y 平均值之间的关系,只有在特殊情况下才会是线性的。例如,当 y_p,y_t 和 c_t 按照三元正态分布时,会是线性关系。参见 D. V. 林德利,"回归线与线性函数关系",载《皇家统计协会杂志》(D. V. Lindley, "Regression Lines and the Linear Functional Relationship", *Journal of the Royal Statistical Society*)增刊第Ⅸ卷(1947年),第 218—244 页。

第三章 永续收入假说

$$\sum(c-\bar{c})(y-\bar{y}) = k\sum(y_p-\bar{y}_p)^2 + k\sum(y_p-\bar{y}_p)(y_t-\bar{y}_t)$$
$$+ \frac{1}{k}\sum(c_t-\bar{c}_t)(c_p-\bar{c}_p) + \sum(c_t-\bar{c}_t)(y_t-\bar{y}_t) 。$$

(3.9)

给定(3.3)式的零相关成立，则后面三项若不为零，只能是因为抽样波动：当样本量增加时，它们会趋于零，或者，当类似抽样很多时，它们该部分的平均为零。由于我们现在关心的不是统计估计问题，而是结果的理解问题，因此我们假设样本足够大，可以忽略抽样误差。这样，

$$b = k\frac{\sum(y_p-\bar{y}_p)^2}{\sum(y-\bar{y})^2} = k \cdot P_y , \quad (3.10)$$

其中 P_y 是一个群体的收入总方差中由永续收入引起的比例。当然，更一般地，b 可以看作是(3.10)式右边的估计值。[①]

(3.10)式的代数关系，正好符合由永续收入假说给出的有意义的解释。一般而言，回归系数 b 量度的是：当两个家庭的量度收入相差一美元时，消费相应相差多少。根据我们的假说，消费相差多少，取决于两方面：第一，量度收入差别中，有多少是永续收入的差别，因为只有后者才会系统性地影响消费；第二，永续收入中，有多少用于消费。P_y 量度第一项，k 量度第二项，两者乘积等于 b。如果 P_y 等于1，即临时性因素完全阙如，或者同等地影响群体中所有家庭的收入，那么，量度收入相差一美元，意味着永续收入相差一美元，由此导致消费相差 k，因此 b 等于 k。如果 P_y 为零，即

[①] 在上一脚注所说的特殊情况下，$\beta = kP_y$。

永续收入没有差别,量度收入相差一美元,只是意味着临时收入相差一美元,而临时收入被认为与消费无关,那么,量度收入差别所对应的是消费上的非系统性差别,因此 b 等于零。可见,尽管 P_y 的定义是永续收入方差与总收入方差之比,但它也可以理解为:量度收入的差别中,来自永续收入差别的平均占比。这一点下面还要进一步阐述。

把(3.10)式代入(3.7)式,以 $\bar{c}_p + \bar{c}_t$ 代 $\bar{c}$,以 $\bar{y}_p + \bar{y}_t$ 代 $\bar{y}$,以 $k\bar{y}_p$ 代 $\bar{c}_p$。则表达式可以相应写作:

$$a = \bar{c}_t - kP_y\bar{y}_t + k(1-P_y)\bar{y}_p。 \quad (3.11)$$

在 (c, y) 点上,消费的收入弹性是:

$$\eta_{cy} = \frac{\mathrm{d}c}{\mathrm{d}y} \cdot \frac{y}{c} = b \cdot \frac{y}{c} = kP_y \cdot \frac{y}{c}。 \quad (3.12)$$

假设平均临时收入与平均临时消费都为零,因此 $\bar{y} = \bar{y}_p$,$\bar{c} = \bar{c}_p$。在这种特殊情况下,

$$\frac{\bar{y}}{\bar{c}} = \frac{1}{k}。 \quad (3.13)$$

因此,如果是在样本平均值对应的点上求弹性,则

$$\eta_{cy} = P_y。 \quad (3.14)$$

现在来看 y 对 c 的回归:

$$y = a' + b'c。 \quad (3.15)$$

同样道理,不考虑抽样误差,我们可以得到:

$$b' = \frac{1}{k}P_c, \quad (3.16)$$

其中 P_c 是指消费总方差中由永续消费引起的比例;并且

第三章 永续收入假说

$$a' = \bar{y}_t - \frac{1}{k} P_c \bar{c}_t + \frac{1}{k} (1 - P_c) \bar{c}_p \text{。} \tag{3.17}$$

由这种回归关系计算,消费的收入弹性是:

$$\eta'_{cy} = \frac{\mathrm{d}c}{\mathrm{d}y} \cdot \frac{y}{c} = \frac{1}{b'} \cdot \frac{y}{c} = \frac{k}{P_c} \cdot \frac{y}{c} \text{。} \tag{3.18}$$

同样,假设 $\bar{y}_t = \bar{c}_t = 0$,如果是在样本平均值对应的点上求弹性,则

$$\eta'_{cy} = \frac{1}{P_c} \text{。} ① \tag{3.19}$$

以上一部分结果,即临时收入与临时消费平均都为零的特殊情况下的结果,见于图 3。

我们来看这样一组家庭:他们拥有的量度收入为 y_0,高于整个群体的平均量度收入。假定这些家庭的永续收入与临时收入不相关,平均永续收入小于量度收入,即是说,平均临时收入为正。这些家庭被归为一类,正是因为他们的量度收入高于群体平均。相对较高的量度收入,尽管在不利的临时条件下也可能出现,但显然,在有利的临时条件下更有可能;任何一场竞争中,赢家都确有

---

① 对于另一种由(2.6′)式、(3.1′)式、(3.2′)式和(3.3′)式给出的对数形式,与正文相应的结果是:

$$B = P_Y , \tag{3.10′}$$

$$A = K + \bar{C}_t - \bar{Y}_t P_Y + \bar{Y}_P (1 - P_Y) , \tag{3.11′}$$

$$\eta_{cy} = \frac{\mathrm{d}C}{\mathrm{d}Y} = B = P_Y , \tag{3.12′}$$

$$B' = P_C , \tag{3.16′}$$

$$A' = -K + \bar{Y}_t - \bar{C}_t P_C + \bar{C}_P (1 - P_C) , \tag{3.17′}$$

$$\eta'_{cy} = \frac{1}{P_C} \text{。} \tag{3.19′}$$

这些结果在某些方面比正文的更简单、更吸引人,因为这里无须假设临时部分平均为零,即可得出消费的收入弹性处处相同,等于 P_Y 或 $1/P_C$。

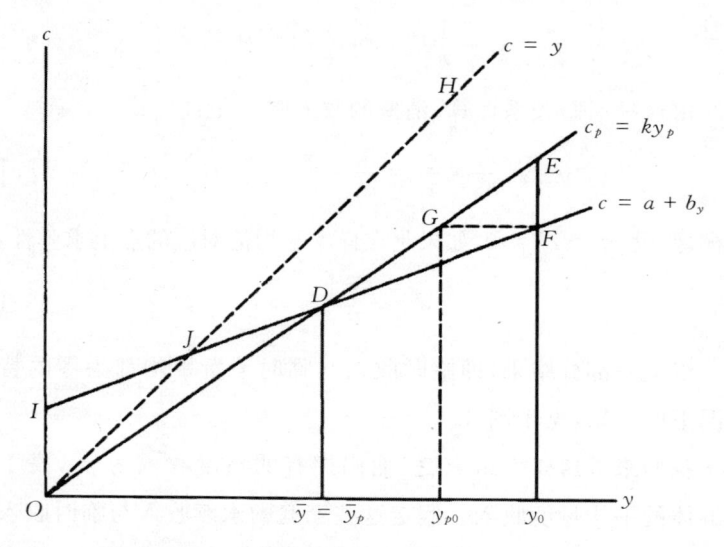

图 3 量度消费和量度收入之间的假定关系(临时部分平均为零)

可能比输家更优秀,但也有可能是他们运气更好。更严格地说,临时收入与两个因素正相关:它自身的加总,以及一个与它不相关的变量(即永续收入)。[1] 这些家庭的平均临时消费又如何呢?这些家庭相应的收入部分为正,因为我们根据临时收入确定哪些家庭的量度收入为 y_0,并将其归为一类;但是,如果临时收入与临时消费无关,根据收入作出的分类,在临时消费方面,就是无章可循的。临时消费会相互抵消,达到整个群体的平均水平,即假定的零值。因此,量度收入为 y_0 的家庭的平均消费等于他们的平均永续消费,根据我们的假说,即等于 k 乘以他们的平均永续收入。如果

---

① 参见弗里德曼和库兹涅茨,上引书,第 327—332 页,特别是脚注 10 和 13。

y_0 不仅是这些家庭的量度收入,还是他们的永续收入,那么,他们的平均消费就是 ky_0 或 y_0E。由于他们的平均永续收入小于量度收入,因此,他们的平均消费 y_0F 也小于 y_0E。

同理,收入等于群体平均值($\bar{y}$)的家庭,临时收入与临时消费平均都为零,因此,回归线的纵坐标等于 OE(即永续消费与永续收入关系线)的纵坐标。收入低于平均值的家庭,平均临时收入为负,平均量度消费大于 OE 的纵坐标。因此,回归线交 OE 于 D 点,在 D 点左边高于 OE,右边低于 OE。

我们回到量度收入为 y_0 的那类家庭。画出一条通过 F 点的水平线,这条水平线与 OE 的交点 G 的横坐标即代表与永续消费 y_0F 相对应的永续收入。这个收入(图中的 y_{p0})就是量度收入为 y_0 的家庭的平均永续收入;$(y_0-y_{p0})/(y_0-\bar{y})$ 就是这些家庭的平均收入与群体平均收入的离差中由临时部分引起的比例。如果这个比例对所有收入阶层都一样,IF 就是一条直线,该共同比值就是 $1-P_y$。① 比值越大,IF 越平坦,反之,IF 越陡。一个极端,如果 $P_y=0$,即群体中所有家庭都有相同的永续部分,那么所有收入阶层的平均消费都一样,IF 为水平线。另一个极端,如果 $P_y=1$,那么临时部分都等于零,IF 与 OE 重合。

如果 k 小于 1,永续消费就小于永续收入。但如图所示,由此不能推出量度消费必然小于量度收入。图中 OH 线为 45 度线,线上 $c=y$。这条线与 IF 线的垂直距离就是平均量度储蓄。J 点为

---

① 见上引书,第 332—336 页、358 页。这里的图 3 与上引书第 333 页的图 28 本质上是一样的。

"收支平衡"点("break even" point),在这点上,平均量度储蓄为零。J 点左边的平均量度储蓄为负值,右边的为正值;随着量度收入增加,平均量度储蓄与量度收入之比也增加。由此,我们的假说给出了量度消费与量度收入的关系,这种关系再现了由观测数据算出的相应回归的最普遍特征。

就图 3 所画的特殊情况而言,根据一组家庭的量度消费与量度收入的观测数据,即可方便算出 k 值,因为这时的平均量度消费与收入就等于平均永续消费与收入。因此,图中 OE 线穿过表示群体平均收入与平均消费的点,而 $k = \bar{c}/\bar{y}$。根据 $c-y$ 回归线(IF 线)和 OE 线之间的关系,可以算出 P_y;[①] 相应地,根据 $y-c$ 回归线和 OE 线之间的关系,也可以算出 P_c。[②]

如果平均临时消费不为零,IF 线会垂直移动相应的幅度:平均临时消费为正,就上移;为负则下移。显然,这种位移和由 k 值变化引起的位移没有办法区分。同样,平均临时收入为正,IF 线会右移,为负则左移。就一条直线而言,这种水平位移和由平均临时消费引起的垂直位移也没有办法区分。因此,如果平均临时部分不能确定为零,一个群体在一段时期内的数据是不足以估计所有参数的,必须还得有其他信息来源。

我们的假说特别强调了一些在消费研究中被普遍忽视的收入

---

① 即 $P_y = 1 - (y_0 - y_{p0})/(y_0 - \bar{y})$。——译者注

② 这项估计是典型的"相互回归"(mutual regression)或"两变量都有误差"的回归问题。见 D. V. 林德利上引书有关该问题的精彩分析和文献综述。我们的很多等式都是从他的论文中复制而来。正如林德利指出的,根据样本数据估计模型的所有参数的统计方法是不存在的。因此,正文中所说的方法也不是统计上有效的。通常的解决方案,是假设 y_t 的方差与 c 的方差之比为已知,这样就可以得到有效的统计方法。

分布特征。假说断言,消费-收入回归的一些最明显一致的特征表明,把量度收入当作长期收入状况的指标是不合适的。因此,我们观测到各群体之间边际消费倾向的差别,可能根本不能反映他们对消费与储蓄的潜在偏好不同,而是主要反映各种随机因素(包括量度误差)对量度收入的影响大小不同。可幸的是,通过研究个人或家庭相对收入状况的时序变化,我们可以得到关于临时收入重要性的大量证据。我们假说一个吸引人的特征就是:据此假说,我们可以用这个独立的证据体系解释消费行为;当临时收入与临时消费不能假定为零时,这些证据可以提供所需的一些额外信息。[1]

但是,在检验这些数据之前,我们应该先检验永续收入假说与消费行为实证研究中一些重要的一般发现是否一致,以及它与贝蒂-弗里德曼、杜森贝利以及莫迪利亚尼提出的相对收入假说是何关系。这样做可以一举两得:既能更完整地给出假说的含义,又能说明为什么是它暂时胜出。

---

[1] 见第七章。——译者注

第四章 永续收入假说与消费-收入关系的现有预算研究证据的一致性

本章与下一章的目的之一,是用资料证明我们的假说与大量经验发现相一致。这些经验发现明确反对消费是实际收入绝对值的固定函数的说法,否认可以根据由预算研究或时序数据算出的消费-收入回归确定这种函数。这样的发现,本书第一章即已列出几项:(1)过去半个世纪,尽管美国的实际收入大幅增加,但根据时序数据计算的平均消费倾向大体不变;(2)间隔很长的不同时期,尽管实际平均收入差别很大,但在预算研究中,其平均消费倾向大体相似;(3)二战后,美国储蓄率急剧下降,与根据两次世界大战之间的数据算出的收入-储蓄关系相去甚远。还有一项性质相同的发现:(4)收入不平等随时间推移而明显下降,尽管时序或预算数据反映的消费-收入关系,可能被理解为富者愈富、穷者愈穷。

但是,与这些发现相一致本身,并不足以说明我们的假说就是可取的。下面几章就是要检验永续收入假说与消费行为的更详细证据之间的一致性。这一章探讨来自预算研究的证据,下一章探讨来自时序数据的证据。相关经验证据虽然远未完备,但确已涵盖了相当大的时间跨度和相当广的现象范畴。主要缺陷是来自美国的证据太多。这既是因为关于美国的实证工作确实更多一些,特别是最近几年;也是因为我对其他国家所作的实证工作所知更为有限,而在本书中,我主要依靠容易得到的资料。

如上一章所说,永续收入假说解释了由预算数据算出的量度消费-量度收入回归的共同、普遍的特征,即:收入低时,支出超过收入;收入超过某个水平后,支出低于收入;收入越高,消费占收入的比例一定越低。接下来我们讨论这个假说与下面几点的一致性:(1)收入不平等的暂时变化(temporal[①] changes);(2)间隔很长的不同时期的回归、不同国家的回归、农户和非农户的回归、不同职业群体的回归、黑人和白人家庭的回归等之间的差别;(3)储蓄与年龄的关系;(4)收入变化对量度消费-量度收入关系的影响。

第一节 收入不平等的暂时变化

由预算数据算出的消费-收入回归,常常让人觉得,收入的不平等性会与时俱增。因为这些回归显示,当量度收入水平很低时,储蓄为负,随着量度收入越来越高,储蓄占收入的比重越来越大。如果量度收入低等同于"贫穷",量度收入高等同于"富裕",那么确实可以认为,穷者愈穷而富者愈富。

但是,要把量度收入低等同于"贫穷",把量度收入高等同于"富裕",前提是可以把量度收入视为一生(或一生大部分时间)的

---

① 这里的 temporal,是指暂存的、短暂的、非永恒的(与 eternal 相对);在本章第二节第一小节标题"不同时期之间的差别"(Temporal Differences)中,是指时间的(与 spatial 相对),两处翻译不同。——译者注

预期收入估计值。而把预算数据算出的回归当作消费-收入之间稳定函数关系的估计,实际上就是朝这方向迈进了一步。因为,根据我们的术语,这样做相当于把这些回归看作是永续消费-永续收入之间关系的估计。只需再进一步,即赋予"永续收入"指一生大部分时间的预期收入的特殊含义,就可以根据观测到的回归,名正理顺地推导出,收入不平等会与时俱增。

根据永续收入假说,观测到的回归并没有给出收入不平等性之长期走势的证据。低量度收入时的负储蓄,正好说明量度收入并不是财富的有效指标。很多人会在某一年因临时原因而收入偏低,但可以预期在其他年份有较高收入。他们的负储蓄由高收入年份的大额正储蓄来弥补,并正因如此,在量度收入高的年份,会有较高的储蓄-量度收入比。大量负储蓄的存在表明,观测到的量度收入不平等严重夸大了永续收入的不平等。它并不是贫富差距扩大的征兆。

经验数据并未显示出收入不平等扩大的趋势,毋宁说,最近几十年中,收入不平等倒像是缩小了。[①] 这个事实已得到广泛认同,因此,我们可以根据与假说很相似的一些意见,把这个事实与观测

[①] 见西蒙·库兹涅茨(伊丽莎白·詹克斯协助),《高收入阶层的收入和储蓄》(Simon Kuznets (assisted by Elizabeth Jenks), *Shares of Upper Income Groups in Income and Savings*)(纽约:国家经济研究局,1953 年);塞尔玛·戈德史密斯、乔治·嘉西、海曼·凯茨和莫里斯·利本伯格,"三十年代中期以来的收入分配",载《经济与统计学评论》(Selma Goldsmith, George Jaszi, Hyman Kaitz, and Maurice Liebenberg, "Size Distribution of Income since the Mid-Thirties", *The Review of Economics and Statistics*),第 XXXVI 卷第 1 期(1954 年 2 月),第 1—32 页。

到的消费-收入回归统一起来。而在其他情形下，如果可得证据的矛盾不明显，我们还是可以认为，观测到的回归描述了永续部分之间的关系。

第二节　不同时期、不同群体的消费-收入回归

表1汇总了针对不同时期、不同家庭群体的预算研究的一些重要发现。本节将要检验的证据，主要就来源于这些研究。

表1显示，在美国，无论是仅针对非农家庭的研究，还是针对所有家庭的研究，得到的平均消费倾向都非常近似。九个平均消费倾向值中，有八个在0.89—0.92，而其涉及的时间跨度达60年之久；唯一例外是1944年，反映了二战期间不同寻常的高储蓄。时序数据（见下一章表12）显示了不同时期平均消费倾向的相同相似性，且平均消费倾向大小也大致不差。依照这些预算研究中的"消费"定义（即把除住房之外的耐用消费品支出都当作消费），根据雷蒙德·戈德史密斯的估计计算，1897—1949年的平均消费倾向为0.892。对我们的目的而言，更合适的消费定义，是只把耐用品使用掉的价值（use value）当作消费，而将其存量增加当作财富增长。根据戈德史密斯估计的数值，按照这种定义计算的平均消费倾向，只比上述值略低一点，其在1897—1949年的平均值是0.877。[①]

[①]　时序估计值的来源，见后面表12。

研究显示,英国与瑞典的平均消费倾向比美国高得多,且两国彼此非常一致;瑞典不同时期、可比群体之间的平均消费倾向也很一致。由于这些研究只包括个人的消费与储蓄,因此,即使统计上可靠,美国与其他国家的平均消费倾向差别也不一定意味着总收入中用于储蓄或资本形成的比例存在相应差别。所有国家中,资本形成不仅来自个人储蓄,还来自企业和政府储蓄,而且,国与国之间,不同储蓄来源的相对重要性无疑不一样。

不同研究之间,边际消费倾向差别都比平均消费倾向差别大一些,消费的收入弹性(等于边际倾向与平均倾向之比)差别亦复如此。不过主要差别是在农户与非农户之间、不同国家之间,而不是在不同时期之间。就美国而言,如果排除掉两组农户的回归,九个边际倾向值中,有八个是在 0.67—0.79;九个弹性值中,也有八个是在 0.74—0.87。例外的仍然是 1944 年,这一年的边际倾向值和弹性值都远低于其他年份。当然,时期差别也不是微不足道,下面我们将分析为何会有这些差别(见第一小节)。但这个差别确实很小,以致可以认为:边际消费倾向大约 0.75,消费的收入弹性大约 0.83,是美国广泛的非农户群体的合理代表值。对于英国与瑞典来说,相应的值都要高一些(见第二小节)。而美国农户的相应值都要低一些(见第三小节)。遗憾的是,我们无从得到其他国家农户与非农户的对比情况。

1. 不同时期之间的差别

表 1 中每一项回归,边际消费倾向都小于平均消费倾向,从而消费的量度收入弹性无一例外小于 1。正因如此,我们不可能把

这些回归当作消费与收入之间稳定关系的估计。因为收入弹性小于1,意味着收入增加,消费-收入比会下降;而表1所涉的60年间,尽管平均收入增长了五倍,平均消费倾向却一成不变。因此,平均消费倾向的稳定性,与边际倾向-平均倾向之间关系的稳定性,是相互矛盾的。

表1 消费与收入的关系
——基于不同国家、不同时期、不同家庭群体的预算数据

	时期	家庭群体	平均收入	平均消费倾向	边际消费倾向	消费的收入弹性
		美国（收入以美元给出）				
1.	1888—1890	抽选的工资收入家庭	682	0.90	0.67	0.74
2.	1901	抽选的工资收入标准家庭	651	0.92	0.68	0.75
3.	1917—1919	抽选的工资收入家庭	1,513	0.91	0.78	0.86
4.	1935—1936	非救济、非农户家庭	1,952	0.89	0.73	0.82
5.	1941	城市家庭	2,865	0.92	0.79	0.87
6.	1944	城市家庭	3,411[a]	0.82	0.57	0.70
7.	1947	城市家庭	3,323[a]	0.92	0.78	0.85
8.	1950	非农户家庭	4,084[a,b]	0.91	0.73	0.80
9.	1950	单身或多人家庭,城乡合并	3,220[a,b]	0.92	0.75	0.82
10.	1935—1936	非救济农户家庭	1,259	0.87	0.57	0.65
11.	1941	农户家庭	1,680	0.83	0.57	0.69
		英国（收入以英镑给出）				
12.	1938—1939	单薪中产阶级家庭				0.89
13.	1951—1952	单身或多人家庭,城乡合并	369	0.99	0.86	0.87

续表

		瑞典 （收入以瑞典克朗给出）				
14.	1913	产业工人与低级雇员	744	0.99	0.90	0.91
15.	1923	产业工人与低级雇员	1,232	1.00	0.96	0.96
16.	1923	中产阶级家庭	2,692	1.00	0.92	0.92
17.	1933	产业工人与低级雇员	1,236	0.98	0.94	0.95
18.	1933	中产阶级家庭	2,341	0.96	0.88	0.91
19.	1933	小型农户	577	0.95		
20.	1933	农业与林业工人	504	0.99		

a 指扣除个人税赋后的收入。
b 差别不仅反映了包括或是剔除农户与单身家庭之不同，还反映了家庭定义的不同。第 8 行是根据亲缘关系定义的家庭（families），第 9 行是根据收入共享定义的家庭（spending units）。第 9 行消费者财务状况调查中的"家庭"概念，与第 8 行相比，家庭成员更多。①

综合说明：
1. 不同研究之间，消费与收入的概念并不一样。所有研究中，消费全都包括除自有住房之外的其他耐用消费品支出。美国的数据中，消费包括赠予、捐助和个人税赋（已注明的除外）；不包括人寿保险费支出（计入储蓄）。收入是指个人税前的收入（另有注明的除外）。
2. 平均消费倾向，是群体的平均消费与平均收入之比。
3. 消费的收入弹性，是消费对数与收入对数的回归直线的斜率。大部分研究中，回归线是根据图示估计的。
4. 边际消费倾向，是平均倾向与收入弹性的乘积。因此，它是群体平均收入附近的点上的边际倾向。
5. 不同研究之间，家庭的定义不同。所有研究中家庭都指住在同一住所的两个或更多人组成的群体；但一些研究用的是亲缘关系的标准，另一些研究用的是收入共享的标准。

资料来源：
美国：
第 1、2、3、6、7 行
用以计算弹性的各收入阶层的收入和消费，来自多萝西·S. 贝蒂，"1888—1950 年

---

① 标题和表头中家庭的原文为 Consumer Units，第 9 行原文为 Spending Units，第 13 行原文为 Income units，这里都简单译为"家庭"。下同。——译者注

家庭储蓄",见雷蒙德·W.戈德史密斯、多萝西·S.贝蒂和豪斯特·门德休斯的《美国的储蓄研究》第三卷第二辑(Dorothy S. Brady, "Family Saving 1888 – 1950", Part Ⅱ of Raymond W. Goldsmith, Dorothy S. Brady, and Horst Mendershausen, *A Study of Saving in the United States*, Ⅲ)(普林斯顿大学出版社,1956年),第182—183页;所有收入阶层的平均收入和平均支出,由贝蒂根据相同资料算出。
第4、5、10、11行
　　见下面表3的注。收入和消费都包括非货币项目,只有第4、5行的弹性,是根据各收入阶层剔除非货币项目的数据算出。
第8行
　　由联邦储备委员会的调查部根据1951年消费者财务状况调查的结果提供。"家庭"(family)根据亲缘关系定义,不同于第9行消费者财务状况调查中定义的"家庭"(spending unit)概念。
第9行
　　H. F. 莱德尔,"个人收入与储蓄的国别调查:第四部分",载《牛津大学统计学会公报》(H. F. Lydall, "National Survey of Personal Incomes and Savings: Part Ⅳ", *Bulletin of the Oxford University Institute of Statistics*)第ⅩⅤ卷(1953年10月与11月),第388页,根据附表8给出各收入阶层的基础数据;"1952年消费者财务状况调查,第三部分",载《联邦储备公报》("1952 Survey of Consumer Finances, Part Ⅲ", *Federal Reserve Bulletin*),1952年9月;"1951年消费者财务状况调查,第三部分"表1,同上,1951年8月;"1951年消费者财务状况调查,第四部分"附表1,同上,1951年9月。单位是根据收入共享定义的"家庭"(spending unit)。根据税前总收入划分家庭;弹性则根据这样划分的收入阶层的消费与税后收入的关系计算。我们针对英国的相应数据,比较了作这样划分、计算的结果和根据净收入划分、计算的结果,发现两者并无二致。这可能是因为,税收(根据调查算出)与总收入之间,有着极其密切的关系。
英国:
第12行
　　H. S. 霍萨克,"家庭预算的计量经济学",载《皇家统计协会杂志》(H. S. Houthakker, "The Econometrics of Family Budgets", *Journal of the Royal Statistical Society*),系列A(综合)第ⅭⅩⅤ卷,第一辑,1952年,第20页。
第13行
　　莱德尔给出平均收入与支出,以及各税后收入阶层的平均收入与储蓄。弹性根据图示拟合的对数直线的斜率算出。
瑞典:
　　各项研究的平均收入和平均倾向,见赫尔曼·沃尔德(与拉尔斯·尤林合作),《需求分析》(Herman Wold in association with Lars Jureen, *Demand Analysis*)(斯德哥尔摩:阿姆奎斯特和维克塞尔出版社,1952年),第20页;弹性,同上,第226页。这里的弹性通过"直接合并"(direct pooling)得到。

为了更详尽地分析这些不同时期之间的差别（temporal differences），这里只关注表 1 的前八行，即美国工薪家庭、非农家庭，或城市家庭的情况。这些回归，除 1944 年之外，边际消费倾向、弹性都很相似，我们要据以算出共同平均倾向的这些回归线之间的差别主要在于高度。高度变化见于表 2 第（4）列，该列显示，如果收入都是 2,000 美元，根据各项研究的回归估计的消费分别是多少。结果，根据 1901 年研究项目估计的消费，与平均收入一样，低于 1888—1890 年的水平；而后消费稳步上升（1944 年除外），从 1901 年的 1,360 美元上升到 1950 年的 2,160 美元，或者说，从收入的 68％上升到 108％。[①]

回归高度的差别，很大一部分可由各年度物价水平的差别来解释，因而只是反映了量度单位之不同。表 1 所示并重见于表 2 第（2）列的平均收入，指的是当期物价（即研究时的物价）下的收入。如果以不变价格表示，收入差别会显著缩小，从大小相差六倍，缩小到略高于二倍的程度〔见表 2 第（3）列〕。同样，如果以一个共同单位——如一美元在 1935—1939 年的购买力——表示回归，也会显著缩小回归高度的差别。收入都是 2,000 美元时，算出的消费从 1901 年的 1,565 美元上升到 1950 年的 1,945 美元，或从收入的 78％上升到 97％。

---

① 取值"2,000 美元"没有什么特殊重要性，我们选用这个值是很随意的，它大体上是测得收入的中间值而已。根据类似这样的数值所作的比较，要优于相同条件下根据对数回归（即收入为 1 美元时的消费对数）所作的比较，因为后者受制于更大的抽样误差。

第四章 永续收入假说与消费-收入关系的现有预算研究…… 55

表2 当期物价与不变物价下回归线高度的比较
——1888—1890年到1950年的八项研究

时期	平均收入		收入为2,000美元时的消费估计值[a]		平均收入水平上的消费-收入比（基于1935—1939年物价，分别由1888—1890年或1950年回归线算出）		消费的收入弹性
	当期物价	1935—1939年物价	当期物价	1935—1939年物价	1888—1890年	1950年	
(1)	(2)	(3)	(4)	(5)	(6)	(7)	(8)
1. 1888—1890	$682	$1,236	$1,385	$1,610	0.91	1.07	0.74
2. 1901	651	1,135	1,360	1,565	0.94	1.09	0.75
3. 1917—1919	1,513	1,402	1,755	1,735	0.89	1.04	0.86
4. 1935—1936[b]	1,952	1,980	1,875	1,880	0.82	0.98	0.82
5. 1941[b]	2,865	2,723	1,945	1,930	0.76	0.93	0.87
6. 1944	3,411	2,714	1,625	1,915	0.75	0.92	0.70
7. 1947	3,323	2,082	2,055	1,920	0.80	0.97	0.85
8. 1950	4,084	2,376	2,160	1,945	0.77	0.94	0.80

[a] 由消费对数-收入对数的回归算出。
[b] 第二列与第三列的值是指货币收入加非货币收入。其他各列的值只以货币收入与货币消费的回归和平均值为基础。不包括非货币收入的影响很小。

尽管物价变化可以解释很大一部分回归高度差别，但即便是以共同单位表示回归，差别仍然不可小觑。表2第(5)列所示

1901—1941年的消费,就表现为稳步上升。这一点还在第(6)和第(7)列中以略微不同的形式展现出来,该形式与观测到的平均消费倾向的稳定性有更密切的联系。如果1888—1890年回归对整个时期、对不同群体都是适用的,那么,算术平均收入下的消费,会从1901年占收入的94%,下降到1950年的77%;如果是1950年的回归都能适用,则消费会从1901年占收入的109%,下降到1950年的94%。当然,实际上,由于回归线的移动,消费大体保持了平均收入的相同百分比。[①]

根据我们的假说,回归线一定会正好移动这样一个程度,使消费保持平均收入的相同百分比。这种移动并不表示品味或其他影响消费的潜在因素有何变化,而是实际平均收入变化的直接后果。我们的假说对这些结果的解释可见图4。该图与前面各图刻度不同,用的是对数形式,因为假说的对数形式与观测到的数据更加相符。粗线表示永续部分之间的假定关系:

$$\text{永续消费} = 0.9 \times \text{永续收入},$$

或 $\log c_p = \log 0.9 + \log y_p$。

如果每项研究分别而言,平均临时收入与临时消费都为零,且如果k值由于其决定因素的变化微不足道或相互抵消而一直保持不变(关于这一点的进一步讨论,见本节第四小节和第五章第一节的第

---

① 请注意,算术平均收入下的消费-收入比,并不等于平均消费倾向——我们已经把平均消费倾向定义为算术平均消费与算术平均收入之比。原因是,我们所用的是对数回归。算术回归线一定经过由平均消费和平均收入确定的点,因此,由平均收入点上的回归算出的消费与平均收入之比,一定等于平均消费倾向。而对数回归线经过由几何平均值确定的点,但一般不经过由算术平均值确定的点,因而不再相等。

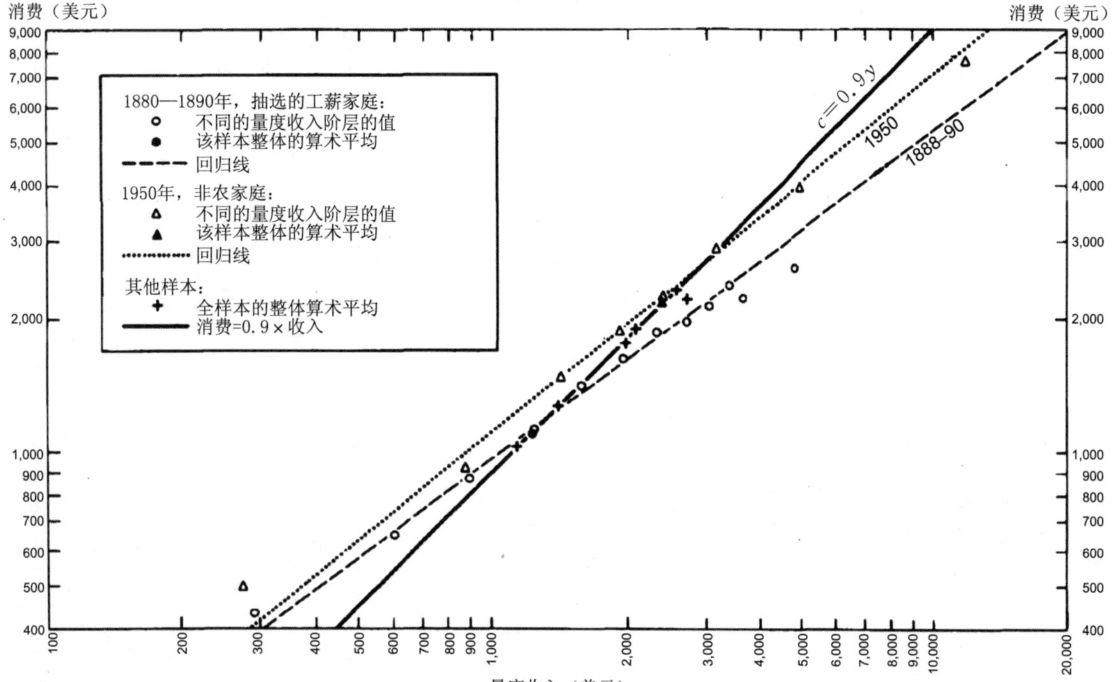

图4 1888—1890年及1950年的消费-收入回归，以及8项研究中平均消费与平均收入的关系（折成1935—1939年物价）

资料来源：见表1及表2。

二小节),那么,根据我们的假说,由平均收入和平均消费确定的点,将会落在这样一条粗线上。图中标示这些平均值的十字点和实心点,显然紧挨着这条粗线。明显偏离这条线的是 1944 年——这一年,平均临时收入几乎肯定为正,平均临时消费几乎肯定为负;该点偏离粗线的方向,就是由一正一负的平均临时部分决定的。[①]

现在来看某一年中不同量度收入阶层的平均消费问题,如图 4 所画 1888—1890 年和 1950 年的各点。这些点估计不会紧挨着那条粗线,因为这些阶层的平均收入并非平均永续收入。量度收入低的阶层,平均量度收入小于平均永续收入,但平均消费等于平均永续消费,因此观测到的各点会在粗线之上,量度收入高的阶层则相反。这样,消费-量度收入的回归线会比粗线平坦,并在平均量度收入附近与粗线相交。[②] 我们的假说认为,这些回归线的斜率,道出了随机因素在收入分配中的重要性的一些信息,但无关乎消费行为。当平均量度收入与消费沿着粗线上升时,会拉动相应

[①] 该图的一个特征及其理解应予注意。我们所画的平均值是指算术平均,而与对数图相一致的好像应该是几何平均。实际上不是这样的,问题只在于明确临时部分的"平均"是什么意思。假设 $c_p = k y_p$ 的关系对每一户家庭都成立,那就无所谓永续部分的算术平均,还是几何平均。于是,问题变成如何根据量度收入和量度消费的数据,估计永续部分的算术或者几何平均。这一点又取决于是把临时部分本身的算术平均值视为零更合适,还是把对数临时部分的算术平均值视为零更合适。目前情况下,选择余地不大;因为我们不能简单、准确地算出现有数据的几何平均。

[②] 同样,算术平均与几何平均之间的差别应予注意。这里的回归线是某种混合:针对各收入阶层标出的平均收入与平均支出,是指算术平均;而回归线拟合(fit)的是它们的对数,因而,回归线是经过各阶层平均值的几何平均所对应的点,而不是经过算术平均对应的点。更可取的可能也是始终使用对数和几何平均(但对此也不完全肯定)。但是,除非回到原始数据,否则无法做到这一点。不过,从各算术平均点与拟合回归线之间的接近程度即可看出,其中的差别并不大。

的消费-量度收入回归线一同上升。

为了保持图形清晰易识,图4只画出最早与最近两次研究的每个量度收入阶层的相应点。如果其他研究项目的各点也画出来,大部分会落在两条回归线之间——当然也难免有一些例外。各项研究得到的一般景象都会是一样的,只是被很多随机的变化搞模糊了。每项研究的点线,低收入的部分都在粗线之上,高收入的部分在粗线之下,在平均量度收入附近与粗线相交;一般来说,研究针对的时期越迟,点线越高。

1888—1890年和1950年点线有一个细节上的特征,也可说是这类回归数据的特点,即最低与最高量度收入阶层的点偏离了其他各点的轨迹,表现为最低收入阶层,消费异常高,最高收入阶层,消费异常低。表2和图4所列的八项回归中,有六项是这种情况;另外两项,其一是两点中的一点符合,只有一项没有一点符合。

根据我们的假说,如果随机因素同等地影响各收入阶层,即是说,各阶层量度收入与群体平均量度收入的离差中,由临时收入离差引起的比例如果在各收入阶层都一样的话,那么像1888—1890年和1950年研究所标示的各点就会落在一条直线上。① 值得回顾的是,这个意义上的共同影响表明:量度收入比平均值低越多,量度收入本身(而非量度收入与平均值的离差)就越大比例地低估永续收入;反之,量度收入比平均值高越多,其本身就越大比例地高估永续收入。最低收入阶层异常高的消费表明,这个阶层的永续收入,远高于随机因素共同影响下的水平。同样,最高收入阶层

---

① 如果是对数线,所有数值都应以对数表示。

异常低的消费也表明,这个阶层的永续收入,远低于随机因素共同影响下的水平。因此,最低与最高收入阶层的离差,反映了在永续收入等级的两端,临时收入特别重要。

对于这种现象,可有两种不同的解释:一是反映了社会收入结构的一种重要而基本的特征;二是其反映的是样本没有代表性,或者调查反馈中有误差,而非某种社会特征。[①] 尽管第一种解释不能被排除,但预算研究本身并不能为此提供多少支持或者反对的证据。而第二种解释在预算研究中是如此重要,以致问题仅在于它能否说明一切。[②]

[①] 对于上面这个问题,有一部分还可以用纯粹的技术因素解释,即由图形和回归中混合了算术与几何运算导致的技术因素。假设所有量都以对数表示时,所有收入阶层都受到临时因素的同等影响,那么,对数回归曲线会始终是一条直线。现在就量度收入高于某个值的家庭,计算其算术平均收入与消费。当对数回归直线的斜率小于 1 时,由算术平均收入与消费的对数确定的点,会在对数回归直线下方;等于 1 时,在直线上;大于 1 时,在直线上方。讨论中的回归线,斜率无一例外小于 1,因此,如果对数之间的关系完全是线性的,这样算出的点会落在直线下方。这种偏差影响所有点,但中间各点受到的影响要小,两端受到的影响更大,因为通常端点所代表的阶层收入没有上限或下限,变动幅度较大。

[②] 关于第一种解释,有一些独立的证据。特别是弗里德曼和库兹涅茨,《自由职业的收入》,第 309—319 页和 325—352 页;豪斯特·门德休斯,《大萧条时期的收入分配变化》(Horst Mendershausen, *Changes in Income Distribution during the Great Depression*),收入与财富研究第Ⅶ卷(纽约:国家经济研究局,1946 年),第 101—113 页;弗兰克·A. 汉纳,"会计周期与收入分配",见弗兰克·A. 汉纳、约瑟夫·A. 佩奇曼、西德尼·M. 勒纳,《威斯康星州的收入分析》(Frank A. Hanna, "The Accounting Period and the Distribution of Income", in Frank A. Hanna, Joseph A. Pechman, Sidney M. Lerner, *Analysis of Wisconsin Income*),收入与财富研究第Ⅸ卷(纽约:国家经济研究局,1948 年),第 241—250 页。

但是证据很混乱:第一篇文献中的证据与这种解释相矛盾;第二篇有力支持了这种解释;第三篇只是轻微支持。很有必要对现有关于这个问题的零乱证据作一个透彻的分析。

第四章　永续收入假说与消费-收入关系的现有预算研究……　　*61*

我们先看最低收入阶层。最低收入阶层偏差的一个来源，是所谓"资格条件"(eligibility requirements)，即决定什么家庭可入选样本的因素。1935—1936年研究是最明显的例子。这项研究中，主要支出数据来自非救济家庭，救济家庭不包括在内，借以排除大萧条刚刚过后的"反常"状态。这样，即使抽样很有代表性，构成最低量度收入阶层的家庭，也是不会长期"属于"这个阶层的家庭。在线性回归中，这种影响已经被考虑在内。对限于非救济家庭的样本而言，最低量度收入阶层一般都由那些"属于"较高永续收入等级的家庭构成；因此毫不奇怪，他们的平均消费明显高于根据中间收入阶层的回归算出的消费水平。三项早期的工薪阶层研究——1888—1890年、1901年和1917—1919年研究，在资格条件上都有类似的标准，尽管细节不同，效果如何也不很清楚。很可能效果也会大同小异，虽然1917—1919年研究中，最低收入阶层与其他阶层的消费模式并无二致。1917—1919年研究之所以如此，可能是因为与其他研究相比，它的资格条件限制更大，以致把临时收入多的家庭也排除在外，从而抵消了把永续收入特别低的家庭排除在外的偏差。[①] 后来的研究，例如1941年、1944年、1947年和1950年研究等，在采集典型样本上有了更加明确的定向，无须再用早期研究中的那些资格条件。但是，即使没有明确条件，实地

---

①　见《美国的生活成本》，劳动统计局第357号统计公报(*Cost of Living in the United States*, Bureau of Labor Statistics Bulletin 357)(华盛顿，1924年)，或H.格雷格·刘易斯和保罗·H.道格拉斯，《消费支出研究》(H. Gregg Lewis and Paul H. Douglas, *Studies in Consumer Expenditures*)的摘要(芝加哥：芝加哥大学出版社，1947年)，第7页。

抽样与访谈也会得到大体相同的结果。由于临时低收入家庭更容易处于暂时稳定状态，更容易成为抽样对象等，因此，他们比持续低收入家庭更可能成为样本；而且，他们可能更有意愿、更有能力作出反馈。而由于永续收入很低而异常的家庭，其他方面也很可能是异常的。

最高收入阶层的问题很不一样。他们可能不愿接受调查或拒绝回答等；因此，对于这个阶层，我关于最终样本偏差来源的解释更像是猜测性的。可以肯定，这一类家庭调查，拒绝率会随量度收入而上升，高收入阶层的拒绝率特别高。就我们的目的而言，重要的是关键变量是量度收入本身还是永续收入。如果是永续收入，那就意味着，拒绝率随量度收入上升，只是因为永续收入随量度收入上升之故。后一种看法似乎更合理，因为若一个人在某一年运气好而获得了高收入，使量度收入比平常的水平高很多，另一个人有同样的量度收入，但他的这个收入水平与通常相差无几，则相比之下，前者更可能会作出反馈。前者往往生活于不同街坊，融入于不同的社会圈子，生活习惯一般与他的文化上、地理上的邻里相仿，而不是与偶然的量度收入意义上的同伴相像。如果拒绝率不同真的可以作此解释，那么，那些接受调查的高量度收入家庭，与该量度收入阶层的全部家庭相比，从临时因素中的得益就要更多一些。因此，这些家庭的消费往往低于整个阶层。这就解释了为什么观测到的最高收入阶层的点，一般都在根据中间各点拟合的回归线之下。①

---

① 这些关于始点与终点之意义的怀疑，部分解释了为什么在确定表格中的弹性

第四章 永续收入假说与消费-收入关系的现有预算研究…… 63

这些数据还有一个特征须加解释,即消费的收入弹性。它是消费-收入对数回归线的斜率。根据我们的假说,这个弹性度量的是,量度收入方差中,由永续部分变化引起的比例:[①] 弹性越大,说明在引起群体内部的收入差别上,临时因素的相对重要性越小(相对于永续因素),反之则相反。排除 1944 年不说,其他研究,最早的,弹性最小,时间次之,弹性也次之。对此,一种解释是,它反映了在我们的经济生活中机遇或临时因素的重要性,长期看这些因素的重要性是下降的。1888 年至一战期间,这种下降尤为迅速。鉴于一战之前一段时期私人经济的特征的变化,与之后一段时期政府社会保障政策的变化,这种判断看似非常有道理。但是,各项研究之间估算弹性(imputed elasticity)不同,也有可能只是由包含的群体类型不同、数据收集的方法不同等引起的。在最初两项研究中,几乎可以肯定的是,资格条件的作用更多是限制了永续收

时如此广泛地运用图解方法。我尝试对所有各点拟合最小二乘法的回归线,并对剔除始点与终点的其他各点拟合最小二乘法的回归线。通常情况是,给予端点某个权重,使之不致扭曲回归,这样画出的图形,在我看来拟合得更好、更接近。下面关于三项研究的比较,展示了这个问题的数量大小:

研究项目	消费的收入弹性,根据:		
	计算得出的回归线		用图解方法拟合的回归线
	用所有各点	剔除始点与终点	
1935—1936	0.767	0.840	0.825
1941	0.851	0.892	0.868
1944	0.630	0.698	0.701

得出这些数据的种种困难,正好坐实了弗雷德里克·麦考利(Frederick Macaulay)的说法:曲线拟合的最佳方法是徒手绘制;唯一麻烦是太过费时。

① 见第三章第三节。——译者注

入的变化幅度,而非临时收入的变化幅度。例如,把样本局限于工薪阶层、某些行业、某些家庭(指一定结构的家庭)等,都会带来这种效果。按照不同收入阶层列表比较"全部"家庭和"标准"家庭(normal families),就可以得到 1901 年这个因素之重要性的某种量化指标。这里所谓"标准"家庭,是指:"(1)丈夫有工作;(2)有妻子;(2)子女不超过五个,且都在 14 岁以下;(4)没有需要赡养的人、寄膳者、寄宿者或佣人;(5)记录的支出包含房租、燃料、照明、食品、衣物及其他杂项费用。"[①]前四项条件都会减少永续部分的变化;而减少临时部分变化的,只有第一项。正如假说所料,"标准"家庭的弹性要小于"全部"家庭,具体数值为 0.75 比 0.81。[②]只是,我们不能把这个差别看作只是所列因素的影响。"全部"家庭的基本观测值,是各家庭子集观测值的平均,而不是每个家庭数据的平均,这一点也会使"全部"家庭的弹性高于"标准"家庭。"全部"与"标准"家庭之间的弹性差别,与表 1 中 1888—1890 年研究和 1935—1936 年研究之间的弹性差别几乎一样,并且与其他大部分弹性之间的差别也差不多大小。由此可见,尽管有证据表明收入临时变化的相对重要性在缩小,但要说有什么根本性的长期变化趋势,并无多少依据。

---

① 引自刘易斯和道格拉斯,上引书,第 6 页。
② 标准家庭的值(0.75)来自表 1。全部家庭的值(0.81)是消费-收入对数回归直线的斜率,通过以下来源的数据以图解拟合的方法得到:多萝西·S. 贝蒂,"1888—1950 年家庭储蓄",载雷蒙德·W. 戈德史密斯、多萝西·S. 贝蒂和豪斯特·门德休斯,《美国的储蓄研究》第三卷第二辑(Dorothy S. Brady, in "Family Saving, 1888—1950", Part II of Raymond W. Goldsmith, Dorothy S. Brady, and Horst Mendershausen, *A Study of Saving in the United States*, III)(普林斯顿大学出版社,1956 年),第 182 页。

1944年弹性特别低,按照我们的假设也很好解释。因为那是战争时期,出现了收入者在地理、行业和职业上前所未有的大迁移。这样的环境下,临时部分解释大约30%的收入变化,而不是和平年代的15%,是很有道理的。

但是,对1944年弹性的这种解释,使1917—1919年的弹性看起来非常另类。那时也是战争时期,但其弹性高于其他有关工薪阶层的研究。这可能还是要从资格条件方面寻求解释。资格条件对这项研究特别要紧,并且其中一些是专为排除大额临时部分而设的,如要求所调查的家庭在整个调查期内一直保有当地的住房等。1917—1919年研究的高弹性,很可能只是因为样本中保留的永续部分的变化,远远大于临时部分的变化。一项未列于表1的研究,即工薪阶层与职员在1934—1936年中的某一年(群体不同,具体年份也不同)的货币支出研究支持了这种解释。这项研究与1917—1919年研究很有可比性,并都用到了非常相似的、同等约束性的资格条件。这项研究得出的弹性是0.89,[1]明显高于另一项针对非救济、非农户家庭的研究。后者与其研究时期相同,为1935—1936年,弹性为0.82,详见表1。这一研究的对象比前者要广得多,而且资格条件的限制也较少。前者的弹性还略高于

---

[1] 数据来源于费思·M.威廉姆斯和爱丽丝·C.汉森,《1934—1936年工薪阶层与职员的货币支出(缩写本)》,劳动统计局第638号公报(Faith M. Williams and Alice C. Hanson, *Money Disbursements of Wage Earners and Clerical Workers, 1934-36, Summary Volume*, Bureau of Labor Statistics Bulletin No.638)(华盛顿,1941年),第12和22页。

该报告还有一个特殊表格,该表格通过选取部分样本,尽可能与1917—1919年研究的样本,在所涉城市、家庭类型等方面形成对比(见第345—346页)。这个选取的子样本集与全样本集有着相同的弹性(0.89)。

1917—1919年研究的弹性0.86（见表1），符合战时弹性下降的判断。

1935—1936年研究的弹性低于1941年和1947年研究（这两年的研究同样也包括所有职业阶层），显然是因为前者排除了救济家庭，从而减少了由永续部分引起的收入变化。

上面关于消费的收入弹性的讨论很可能是画蛇添足。因为除1888—1890年和1944年之外，其他各研究的弹性明显都很相似。我深深觉得，差别可能只是由于抽样变化引起，尽管我没有想过要对此说法作正式的检验。因此，我们要注意避免过度解释。

有一点可能还应明确指出：平均消费倾向在一个时期内固定不变，这诚然与我们的假说相符，但并非假说之所必需。根据我们的假说，对于临时部分平均可视为零的消费群体及相应时期，其平均消费倾向取决于利率、财富-收入比、预期的不确定程度等变量。没有理由认为这些变量会保持不变，或者其变动会相互抵消。下面第二小节和第五章的第一节第二小节将更详细地讨论这一点。

2. 国与国之间的差别

表1中，消费的收入弹性也好，平均消费倾向也罢，都是英国与瑞典高于美国，而且表中瑞典的收入弹性又要高于英国。至于瑞典与英国的平均消费倾向，由于资料太少，不足以判断孰大孰小。

根据我们的假说，消费的收入弹性不同，反映了在引致量度收入的差别上，临时因素的相对重要性彼此不同。因此，从表面上看，表1的弹性值说明，临时因素的重要性，是美国大于英国，英国大于瑞典。这个结论与一般的观察正相契合。

不过,表1所列瑞典的数值,与美、英两国的数值并不是严格可比。因为:(1)它所包含的群体比较窄,只包括特定社会经济阶层的家庭;(2)计算回归所用的数据,是按照家庭大小不同调整后的数据,即把数据转换为等价(equivalent)家庭的消费与收入,而不再是原始的家庭消费与收入。可以料想,第(1)点会使弹性比更广群体的小,因为把研究对象限于同一社会经济阶层,应会缩小由永续部分引起的方差,但不会系统影响临时部分引起的方差。第(2)点的影响方向不确定,取决于所选标准(scale)的具体特征。根据美国的类似数据,我推测,最有可能的结果是:针对大小不同的各种家庭,我们将其转换为等价家庭时,家庭数目上的变化很可能比平均收入上的变化要大。如果真是这样,那么,把原始数据转换为以等价家庭为基础的数据,就会放大不同大小的家庭之间的平均收入差别。由于我们把这种差别看作是永续部分的差别,因此,最终影响是加大了永续部分相对临时部分的方差,进而弹性也变大。[①] 如果以上推测正确,上述两点对弹性的影响方向相反,那我们就无从得知,其综合效果会使表中所列弹性与直接可与英、美比较的弹性相比更高还是更低。

英、美两国的比较就没有这些麻烦。实际上,第9行和第13行两项研究是最大限度可比的。美国的研究由密歇根调查研究中心实施,联邦储备委员会赞助。英国的研究由牛津大学统计学会实施。后者明显模仿前者,采用了几乎一模一样的定义、抽样方法及表式等。一项需要指出的差别是家庭的定义:英国的定义不太强调收入的"共享"(pooling),因此,一些情况下,根据美国的定义只会

[①] 遗憾的是,沃尔德没有给出可用以检验这种推测的基础数据。

产生一户家庭的,根据英国的定义却得出两户甚至更多家庭(对此差别更详尽的讨论,见后面第三节)。我们根本不清楚这项差别对弹性的影响是使其变大还是缩小,只是影响程度看来不致太大。

这两项研究的一些数据标示在图 5 中。图 5 的刻度已经作了相应调整,以便使两项研究的算术平均收入彼此重合。美国研究中以美元表示的平均收入,是英国研究中以英镑表示的平均收入的 8.73 倍,因此,图中美元、英镑的值,按照 8.73 美元兑 1 英镑的假定汇率画出。有意思的是,两组数据的起点都在根据中间各点画出的回归线上方,终点都在下方——这是前一节讨论过的这类数据的一个特征。

数据显示,美国的弹性为 0.82,英国的弹性为 0.87,表明美国的量度收入方差中,因临时因素引起的约占 18%,英国的只占 13%。由于两国量度收入相对于平均值的总方差差别不大,即有差别,也是英国小一些,[1]因此,英国收入的临时变化一定相对次要一些。无论是临时变化与总的收入变化之比,还是与平均收入本身之比,都如此。根据第二章的理论分析,这就意味着,英国所需的应急储备比美国少,并可能意味着英国的 k 值比美国大,即平

---

[1] 两国总收入、净收入分配的比较,见 H. F. 莱德尔,"个人收入与储蓄的国民调查",载《牛津大学统计学会公报》,第 XV 卷,第 2、3 号(H. F. Lydall, "National Survey of Personal Incomes and Savings", *Bulletin of the Oxford University Institute of Statistics*, XV, Numbers 2 and 3)(1953 年 2 月与 3 月),第 35—84 页,特别是表 10;"1952 年消费者财务状况调查,第三部分,消费者的收入、选择性投资和短期债务",载《联邦储备公报》("1952 Survey of Consumer Finances, Part Ⅲ, Income, Selected Investments and Short-Term Debt of Consumers", *Federal Reserve Bulletin*)(1952 年 9 月),特别是表 8。

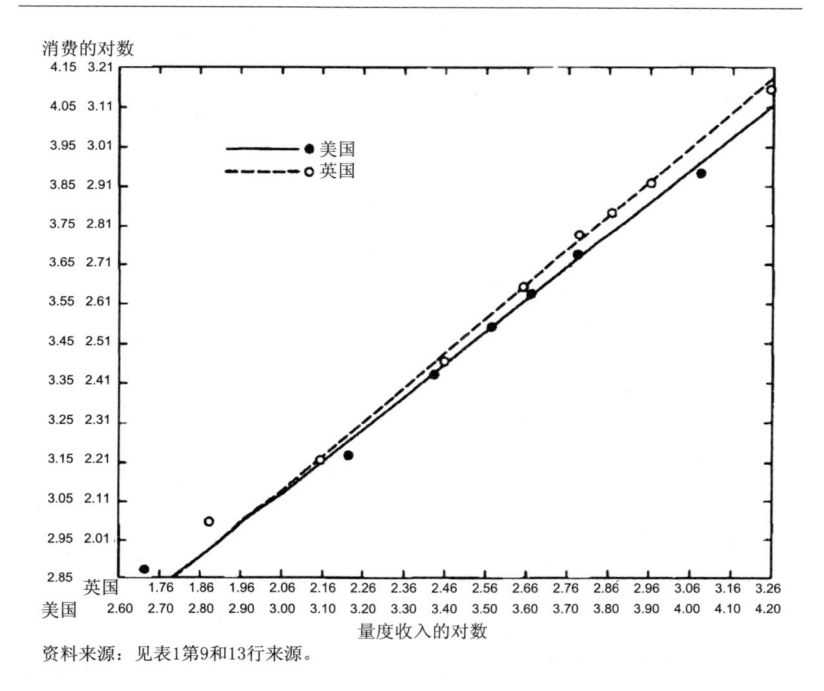

图 5 美国(1950年)和英国(1951—1952年)的消费-收入回归，
单身或多人组成的家庭，城乡合并数据
（美国的消费和收入以美元计，英国以英镑计）

均消费倾向更高。① 观测到的 k 值确实是英国明显较大。其中一

---

① 较低的储备需求和较高的 k 值之间，有一点疏漏应予关注。严格说来，在其他情况相同的条件下，临时因素越小，说明非人力财富相对总财富或收入的均衡水平越低。如果是完全稳定的均衡，不管临时因素多大，k 值都等于1，因为它已作了充分调整。k 值大小取决于非人力财富的均衡水平与实际水平之间的差别，或该差别的重要性。我们说收入的临时变化越小，k 值越高，其实隐含假设了：(1)我们所说的是非均衡状态；(2)非人力财富的均衡水平越高，现实状态与完全均衡状态之间的差异越大，从而把现有资源用于增加非人力财富水平的压力也越大。

个重要原因,可能正是收入弹性所透露的:英国的相对收入状况,具有更强的历时(temporal)稳定性。

关于英国的平均消费倾向较高这一点,我们马上可以想到另外两个原因:(1)英国政府提供更多的社会保障(security);(2)英国没有资本利得税,从而激励了法人投资。这两点都不利于个人储蓄,而表1所列的各项研究只包含个人储蓄。

临时因素在美国之所以相对更重要,一个原因可能是农户样本占比较高——美国约为10%,英国仅为1%。[①] 但是,这一点不大可能解释两国的大部分差别。因为美国非农家庭单独的弹性是0.80(见表1第8行),而全部美国家庭的弹性是0.82,全部英国家庭的是0.87。

3. 农户与非农户的消费

图6给出了美国农户与非农户家庭的一些对比数据,来源于1935—1936年和1941年两项研究。这两项研究在涵盖范围、数据采集方法和所用的概念上,都具有可比性。图6中两组数据的重要差别只是:(1)1935—1936年数据仅针对非救济家庭,而1941年针对所有家庭;(2)1935—1936年的非农户数值包含所有非农户家庭,而1941年的非农户数值只包含城市家庭,不包含农村的非农户家庭。表3汇总了这两项研究的一些数据,并补充了一些1948—1950年研究的数据。1948—1950年的数据来自密歇根调

---

① "1951年消费者财务状况调查,第三部分",载《联邦储备公报》("1951 Survey of Consumer Finances, Part Ⅲ", *Federal Reserve Bulletin*)(1950年8月),表7;莱德尔,上引书,第61页。

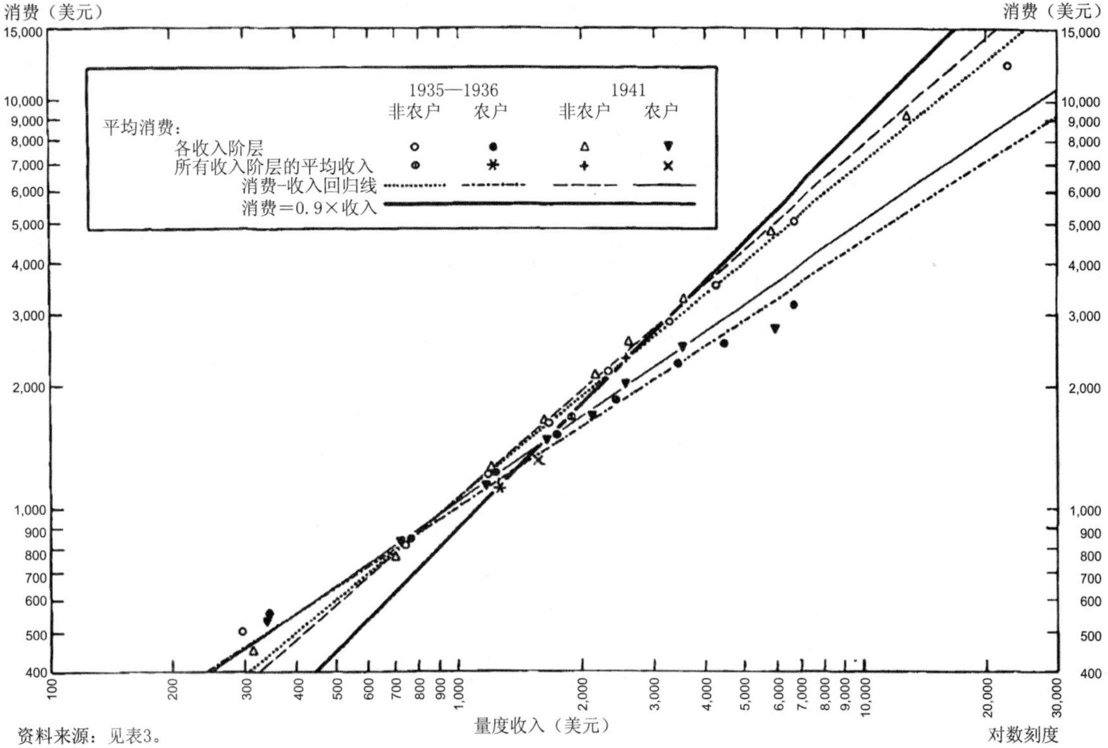

图6 美国农户和非农户家庭的消费-收入回归，1935—1936年及1941年（折成1935—1939年物价）

查研究中心所作的联邦储备委员会消费者财务状况调查。这组数据与前两组数据有几个重要不同：(1)数据的采集不同。前两项研究分别采集消费、储蓄和收入数据；这项研究只采集储蓄和收入数据。(2)这项研究的数据针对的是支出单位（spending units），而非家庭（families）。一个支出单位由生活在一处、在"主要"开支上共享收入的所有相关个人组成。一般来说，它比仅根据眷属关系确定的家庭小。根据调查，1950年，支出单位比家庭大概多15%。[①] 用支出单位而不用家庭，不影响平均消费倾向，但确实改变了平均收入和平均消费水平，并会影响消费-收入的回归关系。(3)这组数据涵盖了各种大小的支出单位，包括单身户，而表中其他数据，除1941年的农户数据之外，都不包括单一个人的情况。以支出单位代替家庭和包含单一个人这两点，都会使非农户之间的差别明显比农户之间的差别大，[②]因此之故，表3针对非农户家庭，只记录了其平均消费倾向。(4)数据只是指货币形式的收入。(5)最后一点同样重要：公开出版的数据，总是不能像1935—1936

[①] "1955年消费者财务状况调查"，载《联邦储备公报》("1955 Survey of Consumer Finances", *Federal Reserve Bulletin*)（1955年5月），第472页。

[②] "1951年消费者财务状况调查，第三部分"（载《联邦储备公报》，1951年8月）表7和表8显示：户主务农的家庭，在所有支出单位中占9%，在所有家庭中占10%。可惜这些百分数经过四舍五入之后，对于有效估计农户的支出单位超过家庭单位多少，已无甚意义：如果百分数确切地是9%和10%，就意味着支出单位多了2%；考虑到四舍五入的误差，根据前面脚注引用的估计，就1951年整个国家而言，超出程度可能是15%以内的某个值。

表3的注释f给出了农户中单身户之相对重要性的一点数据。可以肯定，在已出版的消费者财务状况调查资料中，没有类似的数据。

年或1941年研究的数据那么充分、适用。① 尽管有这些不同，1948—1950年的数据还是体现了二战后的一些情况。当时的形势，特别是农户的收入状况方面，已完全不同于1935—1936年或1941年。

图中，非农家庭的数值是指货币收入和货币消费支出；农户的数值则囊括货币与非货币两方面。就非农家庭而言，非货币收入与消费的唯一重要来源，是自有房屋的估算收入（imputed income），即租金价值大于当期房屋开支与折旧的部分。因此，货币收支与广义收支（包含非货币项目）之间的差别，尚不至于明显影响到我们刚刚考虑的那些结果，如表3所示，非货币项目大约只占总收入的5%。因此，我们尚无必要区分这两种概念。而就农户而言，房屋的估算收入比非农家庭要重要一些；而且，自给自足的食品价值，对非农家庭无关紧要，对农户却重要得多。结果，非货币项目（各个细项都同时被算作收入与消费），大约占了全部量度

---

① 确实，再没有其他调查资料可资利用，因为，就我们的研究目的而言，有关收入与储蓄的出版物都很不符合要求。《联邦储备公报》中有关消费者财务状况调查的年度出版物，主要给出了频数分布（frequency distributions），而且其中多半只是单因子（one-way）分布；同时，给出的有效值太少，除了简单重复引用之外，无法进一步加以运用（上一脚注就是突出例子）。平均数或合计数刊行得很少，而且刊行的主要是整个国家的情况。即便有了某些子群（例如不同职业群体）的平均数，加总所需的权重因为所用抽样方法的缘故，也不能根据报告的"案例数目"推定，而必须根据频数分布得到，但给出的频数分布有效值太少，也无法使用。各收入阶层的平均数则付之阙如。

因为公开出版的资料有这些缺陷，我只能完全依靠经过特别申请取得的资料，或与消费者财务状况调查的特定分析相关的二手资料——后者多由密歇根调查研究中心的人员出版。对于我的申请，联邦储备委员会的研究人员已经给予极力配合和帮助，使我受惠良多。不过，我这样做只是一种不得已的替代，最理想的当然是得到研究者可以自己开展分析的基础数据。通过上述途径得到的很有潜在价值的资料，之所以在本书中远未发挥其应有的作用，之所以只是偶一提及，主要原因就在于此。

收入的 1/3。① 这种广义概念看来对两组家庭更具可比性,因此图中就用广义概念。表 3 包含两种数据:单独的货币收入与货币消费;包括货币和非货币项目的总收入与总消费。

表 3 农户与非农户家庭的消费-收入关系
——1935—1936 年、1941 年和 1948—1950 年研究(折成 1935—1939 年物价[a])

群体和年份	算术平均 收入	算术平均 消费	收入为 1,500 美元时的消费估计值	平均消费倾向[b]	消费的收入弹性[c]	边际消费倾向[d]
			货币收入与消费			
非农户或城市家庭:[e]						
1. 家庭,1935—1936	$1,896	$1,676	$1,479	0.88	0.82	0.73
2. 家庭,1941	2,554	2,325	1,503	0.91	0.87	0.79
3. 支出单位,1948—1950				0.94		
农户:						
4. 家庭,1935—1936	816	657	1,035	0.80	0.63	0.50
5. 家庭,1941[f]	1,103	828	1,110	0.75	0.64	0.48
6. 支出单位,1948—1950				0.88	0.69	0.61
			货币加上非货币的收入与消费			
非农户或城市家庭:[e]						
7. 1935—1936	1,980	1,760		0.89		
8. 1941	2,723	2,494		0.92		
农户:						
9. 1935—1936	1,278	1,118	1,309	0.87	0.65	0.57
10. 1941[f]	1,597	1,322	1,374	0.83	0.69	0.57

---

① 除了住房的估算收入和自给自足的食品价值之外,农户的非货币收入,还包括其他一些次要项目,如燃料和供冷、馈赠或实物支付等。

ᵃ 原始数值都已根据劳动统计局的消费物价指数折算成 1935—1939 年物价下的数值。
ᵇ 指算术平均消费-算术平均收入之比。其中 1948—1950 年平均收入是指个人税后的可支配收入。
ᶜ 指消费对数-收入对数的拟合回归直线的斜率。
ᵈ 平均倾向乘以弹性。
ᵉ 1935—1936 年和 1948—1950 年是指非农户家庭，1941 年是指城市家庭。
ᶠ 包括一般家庭和单身户。但在 762 户农户样本中，只有 29 户为单身户，因此，只包含一般家庭的结果与此相差无几。

资料来源：
第 1、4、7、9 行
　　平均收入和平均消费来自国家资源规划局，《美国的家庭支出》(National Resources Planning Board, *Family Expenditures in the United States*)(华盛顿，1941 年)，第 119、123、124、125、127、128、130 和 131 页。第 9 行的消费-收入回归数据，来自上引书第 51 页；第 1、4 行，来自多萝西·贝蒂，《储蓄研究》，第三卷(Dorothy Brady, *Study of Saving*, Vol. Ⅲ)，第 182 页。消费都包含馈赠和个人税负。
第 2、5、8、10 行
　　平均收入和平均消费来自美国劳动统计局，第 822 号公报，《战时的家庭开支和储蓄》(U. S. Bureau of Labor Statistics, Bulletin No. 822, *Family Spending and Saving in Wartime*)(华盛顿，1945 年)，第 71 和 73 页；所用的收入值，是这些表格记录的收入项加上遗产及其他货币收入；消费包括馈赠和个人税负。第 2、5 行的消费-收入回归数据，来自多萝西·贝蒂，《储蓄研究》，第三卷，第 182 页；第 10 行，来自农业部，第 520 号综合出版物，《战时农村家庭的支出和储蓄》(Department of Agriculture, Miscellaneous Publication No.520, *Rural Family Spending and Saving in Wartime*)(华盛顿，1934 年)，第 161 页。
第 3 行
　　来自表 5 经营性家庭和其他家庭的平均收入、消费值的加权平均，经营性家庭的权重为 0.07，其他家庭的权重为 0.93。这些权重大致根据表 5 中三组家庭各自的平均值和三组合计平均值，加上户主为"农业经营者"家庭的占比估算出来。后者见"1951 年消费者财务状况调查，第三部分"，载《联邦储备公报》，1951 年 8 月，表 7；"1950 年消费者财务状况调查，第三部分"，载《联邦储备公报》，1950 年 8 月，表 15。
第 6 行
　　见表 5 注。

　　如上第一小节所述，根据我们的假说，1935—1936 年与 1941 年研究的主要差别，源于后者的平均收入高于前者，即：无论农户还是非农户家庭,1941 年的消费-收入回归线都略微高于 1935—1936 年。消费的收入弹性(即图中回归线的斜率),也都是 1941 年略高。这些差别不大,很可能只是抽样波动的结果(当然,从差别的一致性来看,还是不能作此解释)。一旦差别超出了抽样波动结果的程度,就意味着临时因素在 1935—1936 年数据中更为重要。如上所述,这可能是因为 1935—1936 年的数据局限于非救济家庭。① 1948—1950 年数据中,农户与非农户都有比以前更高的平均消费倾向。我们不清楚这仅仅是方法与定义不同的结果,抑或是两个时期之间一个有意义的差别(对此的进一步讨论,见下一节)。关于 1948—1950 年农户的较高弹性和较高边际倾向,都有相同问题存在,因为以支出单位代替家庭,会提高这些参数的值。但是,不同年度的研究之间的差别,与这些研究展示的农户与非农户之间非常一致的差别相比,就是小巫见大巫了。农户的消费支出有以下特点:(1)在任何绝对收入水平上,消费支出都较低,唯一可能的例外是在农户样本中观测到的最低收入水平上;(2)消费支出的增长速度比量度收入慢——无论是边际消费倾向,还是支出的收入弹性,都明显较低;(3)消费支出一般只占平均收入的较小份额,在我们的术语中,即 k 值较小。如果我们就货币与非货币加总的结果作比较的话,农户与非农户之间的消费支出差别要小很

---

① 这个因素可能也有助于解释,为什么非农户家庭的弹性差别比农户要大: 1935—1936 年,非农户家庭估计共有 17% 接受救济,而农户只有约 9% 接受救济。见美国国家资源委员会,《美国的家庭收入》(U. S. National Resources Committee, *Consumer Incomes in the United States*)(华盛顿,1938 年),第 74—75 页。

多；但无论如何，总是存在同方向的差别。①

下面我们依次分析上述各点。根据我们的假说，第(1)点乃是源于几项研究中农户的平均量度收入低于非农户。为把这一点影响凸显出来，我们先不考虑图 6 的实际数据，代之以假设性的图 7。该图中，假设第(2)(3)点差别不复存在，并为便于表述，假设该图是算术形式而非对数形式。暂时假定，无论农户还是非农户群

---

① 关于这些数据的进一步讨论，见玛格丽特·G. 里德，"收入概念对农户支出曲线的影响"，载收入与财富研究联合会，《收入与财富研究》(Margaret G. Reid, "Effect of Income Concept upon Expenditure Curves of Farm Families", in Conference on Research in Income and Wealth, *Studies in Income and Wealth*)第 XV 卷（纽约：国家经济研究局，1952 年），第 133—174 页；贝蒂和弗里德曼，"储蓄与收入分配"(Brady and Friedman, "Savings and the Income Distribution")，第 252—253 页；詹姆斯·N. 摩根，"个人储蓄总量的构成"，载《政治经济学杂志》(James N. Morgan, "The Structure of Aggregate Personal Saving", *Journal of Political Economy*)第 LIX 卷（1951 年 12 月），第 528—534 页，特别是 531 页。

戈德史密斯在他的储蓄时序研究中（该研究提供了下一章分析的大部分证据），分别估计了非农业家庭与农业家庭的储蓄和储蓄-收入比。他给出的数值，乍看起来让人觉得，预算研究显示的农户相对高储蓄只是 1930 年代中期之后一段时期的特殊情况，并不适用于此前。他估计了 1934 年以前的储蓄-收入比，结果是农户明显低于非农户，有些时期甚至为负值〔见 R. W. 戈德史密斯，《美国的储蓄研究》，第一卷(R. W. Goldsmith, *A Study of Saving in the United States*, Vol. I)（普林斯顿大学出版社，1955 年），第 76 页和第 102 页〕。但是，这个矛盾只是表面的，主要是因为戈德史密斯把资本收益和损失排除在收入与储蓄之外了，而这一点对农业影响特别大，因为本世纪前几十年土地增值巨大。不管这样处理对全国的总量来说是否正确，在比较不同群体的储蓄倾向上肯定有误。戈德史密斯意识到了这点麻烦，他指出，因为还有为购置增值的土地而积累的债务，即负储蓄，情况甚至会更糟。为了体现这种处理方式的影响，戈德史密斯估计了一些时期各个储蓄群体的财产净值变化情况。"财产净值变化"的概念，比戈德史密斯的"储蓄"概念，更适用于不同群体之间的比较，更符合预算研究的含义；从这些估计与储蓄估计的关系来看，显然，运用"财产净值变化"的概念，在他研究的整个时期（可能 1923—1933 年除外），都会使农业家庭的储蓄-收入比高于非农业家庭。见上引书，第 136—137 页。

体,永续部分之间的关系都是 $c_p = ky_p$,临时收入、临时消费的平均都为零。这样,两个群体的平均支出和平均收入都会落在 $c = ky$ 线上,比如说 P_1 点是非农户的,P_2 点是农户的。正如我们在第三章第三节看到的,观测到的消费-收入回归线,如图 7 标示的 NF(非农户)线和 F(农户)线,往往比 $c = ky$ 线更平坦,并与之相交于相应群体的平均收入-平均支出点上。

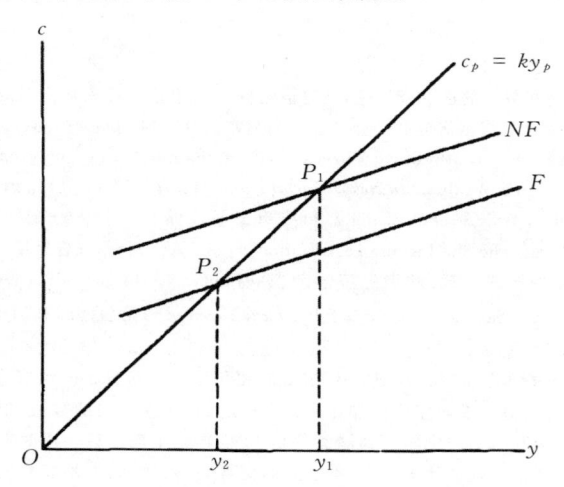

图 7 假设的农户和非农户家庭的消费-收入回归(假定 k 与 P_y 相同)

对于这种观测结果的不同解释,与时间间隔很长的两条回归线之间的不同解释(见上面第一小节),彼此是一样的。不过,这种更容易说清楚。我们先来看收入等于 y_1 即非农户平均观测收入的情况。在所有处于这个收入水平的非农户中,一些是"属于"这个水平的,即他们的永续收入就是这个水平;另一些只是因为有利因素意外提高了他们的收入;还有一些是因为不利因素意外压低

第四章　永续收入假说与消费-收入关系的现有预算研究……

了收入。因为 y_1 是所有非农户的平均收入，可以预期，后两组家庭数量大体相同，其影响相互抵消。平均而言，y_1 恰当地反映了这个收入水平的非农户阶层的永续收入，因此，至少平均而言，他们的消费会适应于这个收入水平。现在来看收入为 y_1 的农户。他们同样可以分为三组——一些"属于"该水平，一些因为运气好而处于该水平，另一些因为运气差而处于该水平。但 y_1 对农户来说是很高的收入，显然在全部农户的平均值之上。因此，运气好而处在该收入水平上的农户，比运气差但仍处于该水平的农户，应该要多一些。从而，这个收入水平的农户阶层的平均永续收入低于 y_1；他们的消费平均上是根据永续状态调整的，因而会小于收入同为 y_1 的非农户的平均消费。同样，我们也可以看收入等于 y_2 即农户平均观测收入的情况。平均而言，y_2 就是这个量度收入水平上的农户阶层的"永续"或"正常"收入，因而他们的消费平均就是 y_2 的 k 倍。但是对于非农户，这是过低的收入，这个量度收入水平上的非农户阶层的平均永续收入高于 y_2，他们的平均消费也要高于 y_2 的 k 倍。

根据我们的假说，第(2)点所说的农户边际消费倾向较低，可以理解为是由两种更基本的因素引起的：一是消费的收入弹性较低，二是第(3)点所说的平均消费倾向较低。因为假说告诉我们：消费的收入弹性等于 P_y，即总的收入方差中由永续收入方差引起的比例；[1]边际消费倾向等于 kP_y。[2] 因此，在讨论这一点时，我

---

[1]　如果回归是算术线性的，当临时部分平均为零时，P_y 就是平均收入上的弹性。
[2]　如果回归是对数线性的，当临时部分平均为零时，kP_y 就是平均收入上的边际消费倾向。

们应该认识到,较低的消费的收入弹性有其独立的贡献。这个较低的收入弹性在图6中体现为农户的回归线比非农户平坦。两条回归线在更低的收入水平上相交,这说明,当观测到的收入很低时,农户的消费支出反而超过非农户。

根据我们的假说,消费的收入弹性本身又取决于两个更基本的量:(a)临时或短期因素带来的家庭量度收入差别;(b)永续因素带来的家庭量度收入差别。一般来说,前一差别是农户比非农户大。在收入绝对值上,当农户的平均收入很低时,可能不尽如此,但在收入百分比上一定是这样。气候异常等情况,都是对农户收入的影响大于非农户。农户收入中存在很大的经营性因素,而大多数非农户收入来源,如工资和薪水,都比较稳定。第二个差别谁大谁小则不是很清楚:非农户群体内部的多样性较大,永续收入差别也较大;但农户收入的经营性特征,可能又有相反影响。农户的收入弹性较低,告诉我们(或反映了如下事实):上述(a)临时差别之于(b)永续差别的相对值,是农户较大,非农户较小——这一点虽非以上推测所必需,但与之相一致。不过,这一点本身,并没有告诉我们两个差别各自的大小。

结合收入弹性的估计值和观测到的家庭之间量度收入的变化情况,我们可以分别估算出这两个差别的大小。结果见表4。其中,第(2)列是表3收入弹性的重复,这里可看作是度量了量度收入方差中,由永续收入方差引起的比例。第(3)列是量度收入对数的标准差,由于它是根据对数计算的,因此是相对离差(relative dispersion)的一种量度。它可以看作是原始观测值的变异系数

(即标准差-平均值之比)的一个估计。① 这种量度方式的优点是量度单位或平均收入可以彼此不同——在上面讨论第(1)点时,我们已经考虑到了这些不同。第(3)列数值的平方,是收入对数的方差;将之与第(2)列的值相乘,积是永续部分的估计方差,其平方根就是第(4)列的值。同样,收入对数的方差,乘以第(2)列数值的补数(complement),积是临时部分的估计方差,其平方根就是第(5)列的值。因此,第(3)列的平方,一定等于(4)(5)两列的平方和。当然,这个结果是基于假说的一个假定,即收入的永续部分与临时部分互不相关。在理解这些数值时,还应注意:永续部分和临时部分的离差,是相对于总收入度量的。总收入应该是合适的基础,因为,比方说临时部分相对于其本身平均值的离差(临时部分平均值很可能为零或负数),就没有什么意义。

1935—1936 年研究和 1941 年研究有很强的一致性。两者的差别应是由于 1935—1936 年的数值有更严格的资格条件,特别是仅限于非救济家庭。而且,1935—1936 年的数值包含了农村非农户家庭和城市家庭,而 1941 年的数值只含城市家庭。这两点都会使 1941 年的数据变化大于 1935—1936 年,如表 4 所示。

---

① 如果我们用的是自然对数(即以 e 为底的对数),那么,对数的标准差直接就是原始观测值的变异系数的估计。如果用的是常用对数(即以 10 为底的对数),对数的标准差必须乘以 $\log_e 10$,转换为变异系数的估计。

假定观测值服从对数正态分布,那么,变异系数的最大似然估计就是 $(e^{s^2}-1)^{1/2}$,其中 s^2 是观测值的自然对数的方差。当 s 值很小时,该式就约等于 s。我没有运用变异系数的更精确的估计值,只是因为,在衡量相对离差时,我们没有必要用原始观测值的变异系数的估计值,而不用对数的标准差。这两者可以看作是互为估计值。

农户与非农户之间的比较，更有意义的是货币与非货币收入总和的比较。非农户家庭只给出一组数值，是因为两种概念的收入彼此差别很小。通过这种比较，可以看出农户与非农户在临时部分离差上的预期差别：非农户或城市家庭，临时部分的标准差约为其平均收入的30%；农户家庭约为其40%—50%。永续部分的差别适为其反：非农户或城市家庭，永续部分标准差至少是其平均收入的70%；农户家庭的最多是70%。这就意味着，农户的收入弹性较小，既来自临时部分的变化较大，又来自永续部分的变化较小。货币收入的数值表明，尽管农户的货币永续收入变化更大，最终结果还是一样。

就农户而言，货币收入比总收入（货币加非货币）分布更分散。这一点在意料之中，因为不同家庭之间来自住房和自给食物的非货币收入，一般不会有像货币收入那么大的变化。

农户收入的临时变化比非农户更大，这一点可能还有助于解释上述第（3）点，即农户的平均消费-平均收入较低。其原因与上一小节关于英国家庭的平均消费倾向比美国高的原因一样，即：农户的临时收入变化较大，意味着他们对应急储备的需求也较大，从而应有一个较小的 k 值。另一个经常被提及、很可能有其影响的因素是：农户直接投资于自己的产业，比非农户通过金融中介间接投资，可能会有更高的平均收益率。不过，我的印象是，即使在农业相对属于夕阳产业的时期，农户的储蓄率还是会比非农户高。如果确是如此，那就说明，较小的 P_y 值，是提高储备率的一个独立的、重要的因素。

表4 量度收入及其永续和临时部分相对于平均量度收入的离差
——1935—1936年和1941年农户与非农户比较

群体、年份、收入概念	量度收入方差中,由永续部分引起的比例[a]	相对离差 量度收入的[b]	永续部分的[c]	临时部分的[d]
(1)	(2)	(3)	(4)	(5)
非农户或城市家庭:				
1935—1936	0.82	0.78	0.70	0.33
1941	0.87	0.82	0.76	0.29
农户:				
货币收入:				
1935—1936	0.63			
1941	0.64	1.04	0.83	0.62
货币收入加非货币收入				
1935—1936	0.65	0.70	0.57	0.41
1941	0.69	0.85	0.70	0.48

[a] 即表3中消费的收入弹性。

[b] 即量度收入自然对数的标准差。它是量度收入本身变异系数(即标准差除以算术平均收入)的粗略估值。

[c] 等于第(2)列的弹性乘以量度收入对数的方差[即第(3)列的平方]所得乘积的平方根。这个结果是平均临时收入假定为零时,永续收入绝对值的变异系数的粗略估值。

[d] 等于第(2)列弹性的补数[1-第(2)列]乘以量度收入对数的方差所得乘积的平方根。这个结果是临时收入标准差与平均量度收入之比的粗略估值。

量度收入分布的资料来源:

1935—1936年:国家资源规划局,《美国的家庭支出》(*National Resources Planning Board, Family Expenditures in the United States*)(华盛顿,1941年),第120页。

1941年:城市居民,美国劳动统计局第822号公报(U. S. Bureau of Labor Statistics, Bulletin No.82),第68页;农户,美国农业部第520号综合出版物(U. S. Department of Agriculture, Miscellaneous Publication No.520),第26、27和161页。

在划分负收入和最高收入阶层的收入时,我们以很随意的近似值替代了详尽的信息。当然,如果收入为负,就不能算出对数方差。我们把负收入和收入小于500美元的家庭合为一组,视同其中每个家庭都有该组的平均收入,由此规避了这个难点。

4. 家庭的职业特征

农户的两个特征,是上一小节消费行为分析的关键:第一,他们的平均收入,至少在所研究的年份,明显较低。这解释了他们在一定的量度收入上,通常会有较低的消费。第二,农户收入来源的经营性特征。这使临时性变化成为农户收入变化中相对重要的来源,从而有助于解释较低的消费的收入弹性和较低的平均消费倾向。非农个体经营(nonfarm unincorporated businesses)的业主家庭在第一个特征上不同于农户,他们的平均收入比全部家庭平均水平高;①但第二个特征很相似。因此,如果我们的假说正确,应该看到,他们的平均消费倾向比非经营性家庭(nonentrepreneurial families)低,而且按照我们的测量,他们的临时部分应有较大的相对离差。在这小节中,我们就检验是否如此。另外,黑人家庭作为一个群体,在第一个特征上与农户相似,即平均收入一般比白人家庭低很多;但第二个特征不同。因此,我们应该看到,在给定的量度收入上,黑人家庭观测到的消费应低于白人家庭;但根据上述特征,观测到的弹性或平均消费倾向不应有所不同。我们将在下一小节检验是否如此。

图 8 和表 5 汇集了自主经营家庭(independent business

---

① 见下面的表 5;《美国的家庭收入》(*Consumer Incomes in the United States*),第 26 页;"1952 年消费者财务状况调查,第三部分,消费者的收入、选择性投资和短期债务",载《联邦储备公报》("1952 Survey of Consumer Finances, Part Ⅲ, Income, Selected Investments and Short-Term Debt of Consumers", *Federal Reserve Bulletin*)(1952 年 9 月),表 2。

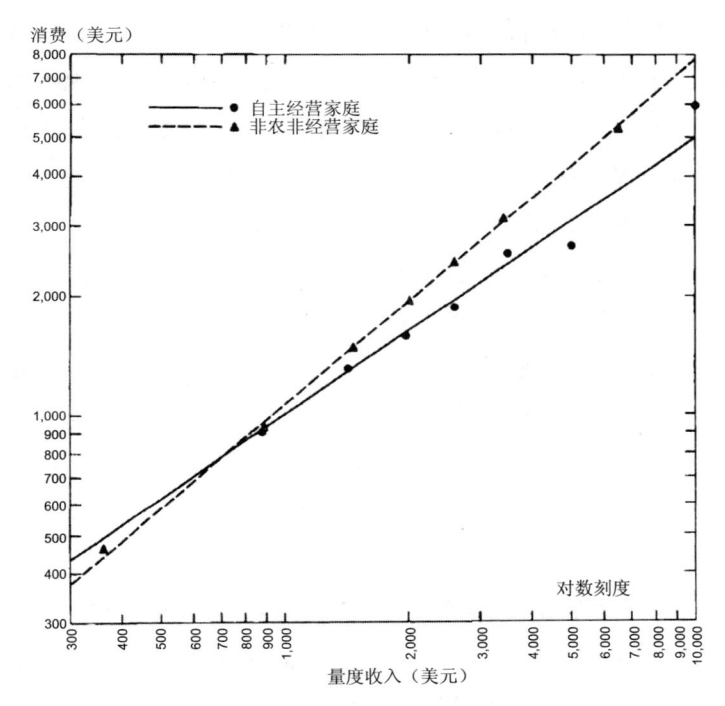

图 8 自主经营家庭和非农非经营家庭的消费-收入关系，
1948—1950 年（以 1935—1939 年物价计算）

数据来源：L. R. 克莱因和 J. 马戈利斯，"个体经营的统计研究"，载《经济与统计学评论》(L. R. Klein and J. Margolis, "Statistical Studies of Unincorporated Business", *Review of Economics and Statistics*)（1954 年 2 月），表 13，第 41 页。

spending units)和其他家庭(other spending units)的消费-收入关系的一些证据。这些数据来自全国性的消费者财务状况调查，涵盖了 1948、1949 和 1950 年收入。为与前面图表有可比性，图 8 中的收入和支出数据已经平减至 1935—1939 年物价。图中两条回归线与图 6 中农户和非农户的回归线非常相似:自主经营家庭的回归线较为平坦,开始时高于另一条回归线,随着收入不断增加而与之相交,然后低于后者。如表 5 所示,自主经营家庭的弹性为 0.70,明显低于表中非农-非经营性家庭的弹性 0.86,但比表 3 中农业家庭(或支出单位)0.63—0.69 的弹性略高一点。

农户与自主经营家庭的弹性彼此相似,这一点很有意思,但并非我们假说之所必需。根据假说,我们应该看到,农户与自主经营家庭的临时收入的相对离差比其他家庭大。然而弹性的大小还取决于永续部分的相对离差。自主经营者比起农户,永续部分应该差别更大。因为自主经营者从事的活动比农户更具多样性,而且相关条件(如用于经营的资金额)也有更大不同。同理,自主经营家庭比起非农-非经营性家庭,永续部分也应该差别更大。而关于弹性的关键问题是:永续部分离差的差别,与临时部分离差的差别相比,是更大还是更小。对此,我们没有先验的依据可以给出明确预期。上述弹性值说明,如果经营性家庭(busniess units)的永续部分的离差超过农户,临时部分的离差也应如此,只是程度较小;如果经营性家庭的永续部分的离差超过非农-非经营性家庭,临时部分的离差也应如此,而且程度更大。可惜,我们没有关于量度收入总离差的可比较的估计值,因此不能像在表 4 上所做的那样,将之与弹性相结合,分别估计出永续部分与临时部分的离差。[①]

---

① 克莱因和马戈利斯追问:这里关于经营性家庭与非经营性家庭之间消费的收入弹性差别的解释,以及上一小节关于农户与非农户之间消费的收入弹性差别的解释,其本质是什么? 他们反对这种解释,认为:"这些发现(农户的边际消费倾向低于非农户)的可能解释是农村的生活方式不同,农民把积蓄投入农业生产的积极性很高,或

表5 自主经营家庭、农户和其他家庭的消费-收入关系,1948—1950年

职业群体	平均可支配收入 按当期物价	平均可支配收入 按1935—1939年物价	平均消费倾向	消费的收入弹性
自主经营家庭	$4,789	$2,795	0.77	0.70
农户	2,404	1,403	0.88	0.69
其他家庭	3,038	1,773	0.95	0.86

注:表中数据指货币消费和可支配货币收入。
资料来源:
平均可支配收入和平均消费倾向:来自联邦储备委员会提供的资料。这些资料给出了每个职业群体1948—1950年平均储蓄和平均总收入,但平均可支配收入只有1948年和1950年。我根据其他数值,加上各个收入阶层的平均总收入和可支配收入,估计了1949年的平均可支配收入。表中平均消费倾向是三年平均消费与三年平均可支配收入之比,三年的平均值又是每年相应数值的简单平均。

自主经营家庭和其他家庭的消费弹性:消费对数-可支配收入对数的拟合回归直线的斜率,基于图8以图解估计的方法得到。农户的消费弹性:消费对数-可支配收入对数的拟合回归直线的斜率,基于联邦储备委员会提供的1948—1950年数据得到。这些数据针对的都是总收入阶层,而不是可支配收入阶层,并分别针对每年而言。

者农户在调查访谈前刚刚取得了较快的收入增长。如果储蓄与收入变化正相关,最后一点将有助于解释上述差别。一定程度上事实确是如此。但是,大幅收入增长带来较低储蓄率的情况也有发现,并且也可以作出貌似合理的解释。据信,农户作为经营者,收入的波动性比非经营性群体大;因此,收入变化对农户应是一种更关键的变量。

"类似的考虑也适用于个体经营户的研究。个体经营户与非农-非经营性家庭相比,也会有较低的平均消费倾向和边际消费倾向。"(第41页)之后,他们写道:"表7和表8中的数据,以及收入变化对储蓄的边际效应不确定(大小不定、正负不定)的事实,使我们无法根据两个群体收入变动性上的差别来解释观测到的差异"。(第42页)克莱因与马戈利斯论文中的表7和表8,给出了自主经营家庭和所有家庭的以往收入变化分布,以及很多其他项目的分布。

克莱因和马戈利斯给出的证据,看来并不足以证明其结论。后面第四节,我们将会看到,关于收入变化与消费-收入回归之关系的数据,包括克莱因和马戈利斯所用的数据,都与我们的假说正好相符;很难理解克莱因和马戈利斯为什么认为这些数据与我们的假说是有间接矛盾的。见 L. R. 克莱因和 J. 马戈利斯,"非公司制企业的统计研究",载《经济与统计学评论》(L. R. Klein and J. Margolis, "Statistical Studies of Unincorporated Business", *Review of Economics and Statistics*),第ⅩⅩⅩⅥ卷(1954年2月),第33—46页。

表 5 中,经营性家庭的平均消费倾向(0.77)明显低于非农-非经营性家庭(0.95),这一点是与预期相符的。[①] 农户的消费倾向则难以解释得多,它相对更接近于非农-非经营性家庭,而不是经营性家庭。而且,表 5 中农户的消费倾向只是就货币项目而言;如果把非货币项目也包括进来,可能会有一个更大的值,使农户的倾向与"其他"家庭更接近。如果 1948—1950 年非货币项目与货币项目之比与表 3 中 1935—1936 年和 1941 年研究都一样,且所有非货币项目也都由实物消费组成,那么,货币项目上 0.88 的平均消费倾向,就相当于全部项目上 0.92 的倾向。[②] 但 1948—1950 年非货币项目的重要性可能小于较早时期,而且 1948—1950 年研究排除了一些非货币的储蓄项目。[③] 因此,所需的调增应小于上述值。此外,1948—1950 年农户的消费倾向,无论是否就非货币项目作了调整,它与以前研究所得倾向之间的差距,都比非农户的相应差距大(见表 3)。1941 年和 1935—1936 年研究所得农户货币项目的消费倾向是 0.75 和 0.80,非货币项目的倾向是 0.83 和 0.87。这种分歧是反映不同时期之间的变化,还是反映各项研究在方法、技术和定义上的大不同呢?我不得而知。但不管哪种解

[①] 戈德史密斯估计了非公司制企业的储蓄-收入比(上引书,第一卷,第 169 页),其值要低于他对非农家庭的估计。但是,这些数据不能反驳我们的发现,因为:(1)上一小节(原书第 63 页)脚注讨论的资本收益没有包含在内;(2)他的估计是针对企业,而非业主,因此没有包括业主家庭除投资于企业之外的其他储蓄。

[②] 0.92 不知从何而来。我的判断,根据以上假设,似乎应该是 0.95—0.96 左右。——译者注

[③] 特别是农户存货的变化,它在 1948—1950 年是增加的。见"1949 年消费者财务状况调查,第八部分",载《联邦储备公报》(1950 年 1 月),脚注 7;《国民收入》(*National Income*)(华盛顿,1954 年),第 167 页。

释,各项研究都同意:农户的平均消费倾向,低于非农-非经营性家庭(只是在 1948—1950 年的数据中,两者差距很小),而高于自主经营家庭(如果早期研究中货币项下的数值可以与表 5 的数值相比较的话,这个差距就不复存在)。

除此之外,我所知的根据职业分类的批量数据只有 1935—1936 年消费者购买行为研究的数据。它也是本章前面引用 1935—1936 年各种数据的来源。由此得出的证据见表 6。比起消费者财务状况调查,这些数据有其优势:它的消费支出数据是直接采集的,而财务状况调查由收入减去储蓄得到;它公布的原始数据更加完备、更加详尽;从中还可以得到个别城市的数据,以及界定更细的职业群体的数据等。但是,对于我们现在的目的而言,这些数据又有两种严重缺点:(1)就自主经营家庭来说,量度收入本质上就是从经营活动中撤回的资金(withdrawals from business)。[①]这样的概念一定会降低临时收入的相当重要性。因为,当量度收入(包括经营收入)特别低时,消费超出当期收入的部分,至少可以从经营撤资中获得一部分来源;相反,当量度收入特别高时,其中一部分会留在经营活动中。记录的收入仅限于撤回资金,还可能使平均消费倾向比基于另一种收入概念的平均消费倾向要高,因为经营者的很大一部分储蓄可能都是以经营投资的形式存在的。同样的收入定义,也适用于自由职业家庭(independent professional

---

① 例如,参见劳动统计局第 647 号公报,《1935—1936 年东南地区的家庭收入和支出,第一卷,家庭收入》(Bureau of Labor Statistics, Bulletin No. 647, *Family Income and Expenditure in Southeastern Region, 1935-36*, Vol. I, Family Income),第 505、506 和 509 页。

families),但对这类家庭影响较轻,因为职业活动与经营活动相比,直接投资或者撤回资金的余地通常要小很多。(2)收入数据来自有代表性的家庭样本(当然也有一些资格条件);而消费数据来自小得多的、并故意使之不具代表性的样本。这就导致这项研究的主要报告没有给出涵盖所有收入阶层的整个群体的消费平均值。计算这样一项平均值,需要估计每个收入阶层的消费,再算出其加权平均。但是,由于一些收入阶层根本没有包含在支出样本中,对于他们的估计,就需要由其他阶层推而得之。① 这里面需要的计算实在太多,以致我打消念头,不再计算消费者购买行为研究中的平均消费倾向。只有当它作为其他研究的一部分已经算出来时,我才记录在案。

表 6 消费者购买行为研究的证据来自三座城市:纽约市、俄亥俄州的哥伦布市,以及佐治亚州的亚特兰大市。城市的选择是任意的;很多其他城市也可以获得类似数据。以撤回的资金而非经营净收益量度自主经营家庭的收入,这样做对收入弹性的影响一目了然。如果以净收益量度,1948—1950 年全国的弹性为 0.70;以撤回的资金量度,表 6 所示纽约市的弹性为 0.90,高于除工薪阶层之外的任何其他职业群体的弹性。当收入以撤回的资金量度时,总的收入变化中,大约只有 10% 是由临时因素引起。自由职业家庭的弹性低于自主经营家庭;如果以净收益量度收入,两者的关系可能相反。其他各弹性均无规律可循。这大概是因为我们只列了三座城市的数据。如果有更多城市,也许会呈现某些规律。

---

① 这是国家资源规划委员会使用的估计方法,上面我们采用的主要就是他们的估计。

表6　不同职业群体的消费的收入弹性,量度收入及其永续、
临时部分的相对离差
——1935—1936年三座城市的非救济、完整的当地白人家庭

职业群体	消费的收入弹性			相对离差[a]:							
				量度收入			永续部分			临时部分		
	纽约	哥伦布	亚特兰大	纽约	哥伦布	亚特兰大	纽约	哥伦布	亚特兰大	纽约	哥伦布	亚特兰大
工资收入家庭	0.94	0.78	0.83	0.54	0.54	0.61	0.52	0.47	0.56	0.14	0.25	0.26
职员家庭	0.81	0.83	0.86	0.51	0.52	0.56	0.46	0.47	0.52	0.22	0.21	0.21
领薪经营家庭	0.88	0.83	0.88	0.72	0.56	0.57	0.68	0.50	0.53	0.25	0.26	0.20
领薪专业人员家庭	0.87	0.76	0.78	0.66	0.54	0.50	0.61	0.47	0.44	0.23	0.26	0.23
自主经营家庭	0.90	0.73	0.82	0.85	0.87	0.90	0.80	0.75	0.82	0.26	0.45	0.38
自由职业家庭	0.84			0.92			0.85			0.37		
所有家庭	0.89	0.81	0.84	0.77	0.68	0.70	0.73	0.61	0.65	0.26	0.30	0.28

[a] 相对离差量度的含义及算法,见表4的脚注 b、c、d。

资料来源:

消费的收入弹性:消费对数-收入对数的拟合回归直线的斜率。基础数据来自劳工部第648号公报,《1935—1936年部分城市的家庭支出,第八卷,资产与负债的变化》(Department of Labor, Bulletin No. 648, *Family Expenditures in Selected Cities, 1935-36, Volume VIII, Changes in Assets and Liabilities*)(华盛顿,1941年),表2。

量度收入的相对离差:根据频数分布算出的收入自然对数的标准差。频数分布来自劳工部第643号公报,《1935—1936年纽约市的家庭收入与支出,第一卷,家庭收入》(Department of Labor, Bulletin No. 643, *Family Income and Expenditure in New York city, 1935—36, Volume I, Family Income*)(华盛顿,1941年),第93—96页;第644号公报,《1935—1936年东部中心区九城市的家庭收入与支出,第一卷,家庭收入》(Bulletin No. 644, *Family Income and Expenditure in Nine Cities of the East Central Region, 1935—36, Volume I, Family Income*)(华盛顿,1939年),第137—140页;第647号公报,《1935—1936年东南地区的家庭收入与支出,第一卷,家庭收入》(Bulletin No. 647, *Family Income and Expenditure in the Southeastern Region, 1935—36, Volume I, Family Income*)(华盛顿,1939年),第147—150页。

相对离差的估计量度比收入弹性本身更有启示性。以撤回资金量度收入,应该不会系统地影响永续收入的方差,表6的数值印证了这种预期。如在纽约市,经营性家庭的永续部分离差明显高于任何非经营性家庭群体,大致等于自由职业群体;在其他各城市,两组经营性群体的永续部分离差都明显高于其他群体。不同城市之间,在永续部分离差上差别显著的只有领薪经营者(salaried business)和领薪专业人员(salaried professional),都是纽约的比其他城市的离差更大。这一点看来完全符合城市经济特征之不同:与其他任何城市相比,纽约提供了更多的经营与职业专业化的机会;相应地,"领薪经营者"和"领薪专业人员"涉足的活动范围也会更广。其他群体则没有多大差别。因此:哥伦布市和亚特兰大市的四种非经营性群体,永续部分的离差都在50%左右,纽约市的工薪阶层和职员群体,也在50%左右;而纽约市的领薪经营者和领薪专业人员家庭,大约是60%—70%,所有城市的经营性群体,大约是80%。

这些关于纽约市经济特征的讨论,也有助于说明,该市各群体合计的永续部分离差,为何比其他城市大。而临时部分离差,显然所有城市都差不多——这完全合乎情理,因为,虽然纽约市的"领薪经营者"和"领薪专业人员"有更广的活动范围,但不能据此认为某项活动有更大的不确定性。由此也解释了纽约市的弹性为什么比其他城市高。

在纽约,以"撤回资金"当作自主经营家庭的量度收入,其主要影响体现在临时收入的估计离差上。[①] 表6中的非经营性群体和

---

① 使纽约市自主经营家庭的临时收入估计离差变小。——译者注

表4中的全部非农家庭有着大致相似的临时部分估计离差,都在26%上下。表6中明显差异只在于:(1)纽约市自由职业家庭的离差较大,其他城市自主经营和自由职业家庭合计的离差较大——这一点符合预期,且其值与表4中农户的离差大体相同;(2)纽约市工薪家庭的离差比其他群体小很多。对后一点我是存疑的,因为这个群体的弹性也与其他值格格不入。

根据本小节和上一小节的证据判断,经营性家庭(entrepreneurial families),无论农户还是非农户,收入都有很大的不确定性;他们的临时收入标准差,约为平均收入的40%多,即其他家庭的1½至2倍。农户与非农经营者在收入分布特征上的唯一重要区别是后者永续收入方面的差异比前者大:永续收入的标准差,非农经营者约为平均收入的80%,农户约为60%—70%。①

表1中我们看到,在1888—1890年迄今的各项研究中,非农户群体的消费平均约占收入的90%。但是,早期研究仅限于工薪家庭,后来的研究包含更多种类的家庭,特别是自主经营家庭。如果这些数值可以取信,就意味着各项研究的平均消费倾向的相似性掩盖了工薪阶层消费倾向的重大变化,因为,后来的研究如果剔除自主经营家庭,平均消费倾向就会高于早期研究。不过,另有一点在某种程度上抵消了这个可能结果,即:后来的大部分研究中,经营性家庭的收入值是指撤回的资金,而非经营净收入,因此,这些研究一定会低估这类家庭的储蓄。但是,这种抵消也不致完全。别的原因且不说,如上所述,以撤回的资金代替净收入,对自由职

---

① 这里是指包括非货币收入的总收入。

业家庭的影响,就比对经营性家庭小得多。总之,表面看来稳定不变的平均消费倾向,实际掩盖了长期上升的态势。这一点如何与时序数据协调一致——那些数据表明储蓄-收入比长期内没有大的变化,我们将在下一章第一节第二小节中讨论。

经营性家庭与其他家庭之间,以及农户和非农经营者之间在平均消费-收入比上的显著差别,对于(2.6)式中 k 值的决定变量有重要含义。我们已经指出,临时部分的较大离差可能是解释这种显著差别的一个变量;如果确是如此,那它就是合成变量 u 的一个重要方面。但很显然,它并非唯一变量。因为农户与非农经营者的临时部分离差大小大致相同,但非农经营者的平均储蓄率一般明显地高很多。另一个已经提及的变量是储蓄的回报率,即(2.6)式中的 i。通常,经营者直接投资于自己所从事的经营活动,回报率要高于他们自己或他人的其他方式投资(至少他们希望如此),因为直接投资至少节省了对经纪人、金融机构和其他中介服务的需求。而且,在表3、表5所涉时期,农业相对其他经营性行业是一种走下坡路的收入来源,[①]这意味着非农经营者的资本预期收益要更高一些。如果这个较高回报率是非农经营者的储蓄率高于农户的一个主要解释变量的话(这似有道理),那又意味着,储蓄可以得到的收益率,是平均储蓄-收入比的重要决定因素。这个结论完全符合前面的理论分析,但与通常关于利率对储蓄之影响的观点正好相反。第三个可能有助于解释各群体储蓄行为不同的因素,是"品味有别"。它既可解释为什么某些家庭要从事自主

---

① 参见《国民收入》1954年版,第168—169页。

经营，又可解释高储蓄的来源。有些人可能认为，非农业的自主经营活动永续收入离差大，意味着这类活动是取得高收入的好路子；于是，急切渴望高收入的人们会为之吸引，并且他们会把储蓄当作高收入的另一路子而汲汲为之。此外，还有一种很不同类的解释因素，即经营性群体与其他群体在家庭成员年龄、构成等方面的差别，这个差别很可能被当作统计偏差。最典型的例子是退休人员，他们显然不属于自主经营群体，而可能拥有较高的消费-收入比。把类似不从事经营活动的人群都排除在外，那么，经营性群体可能很大部分都是收入处于高峰期的人群或家庭。当然，这些意见都只是猜测性的。要得出更加严密和确切的结论，我们需要进一步细分群体，详加分析。

5. 黑人与白人家庭

图 9 两幅小图，分别表示两座城市——俄亥俄州的哥伦布市和佐治亚州的亚特兰大市观测到的白人与黑人家庭的消费-收入关系。与前面各图一样，这里每一点表示一个量度收入相同的家庭群体的平均消费与平均收入；因此，这些点也即消费-量度收入回归的观测值。图中两座城市，白人与黑人家庭的回归线都大体平行，黑人的回归线低于白人，即相同的量度收入上，黑人比白人消费得少。这些结论不仅对图 9 两座城市成立，对其他地区也成立：在表 7 的六个地区或地区组合中，白人与黑人家庭的消费的量度收入弹性基本相同，微小的差异也无规则可循（两个地区是白人的弹性较高，三个地区是黑人较高，另一个地区则相同）；同时，在 1000 美元量度收入上，白人都有较高的消费水平，可知白人的回

归线都高于黑人。①

根据我们的假说,这些结论正好可以由"白人的平均收入明显高于黑人"这一点推导出来。在北方,白人平均收入大约比黑人高

---

① 参见贝蒂和弗里德曼,上引书,第 262—265 页;豪斯特·门德休斯,"不同大小、不同地区的城市之间、白人与黑人之间家庭储蓄的差别",载《经济统计学评论》(Horst Mendershausen, "Differences in Family Savings between Cities of Different Size and Location, Whites and Negroes", *Review of Economic Statistics*),第 XXII 期(1940 年 8 月),第 122—137 页;理查德·斯特纳(与丽诺·A. 爱泼斯坦和艾伦·温斯顿合作),《黑人的分配》(Richard Sterner (in collaboration with Lenore A. Epstein and Ellen Winston), *The Negro's Share*)(纽约:哈珀出版社,1943 年),第 91—94 页,对 1935—1936 年数据有类似分析。

1934—1936 年的工薪阶层研究,也包含了黑人与白人家庭的信息。所有城市合在一起,数据就像图 9 和表 7 汇总的一样,表明在数据所及的每个量度收入水平上,黑人都比白人消费得少。同样,工薪阶层研究数据显示,各收入阶层合并的平均消费倾向有细微差别:白人家庭为 0.99,黑人家庭为 0.98;然而,此处的细微差别,其方向与表 7 中的方向相反。消费弹性方面,工薪阶层研究则有显著差别:白人家庭为 0.87,黑人家庭为 0.96,比表 7 中任何城市之间的差别都要大(这些估计基于威廉姆斯和汉森的数据,见上引书,第 13、14、23 和 24 页)。我猜测,两项研究有此差别,主要是因为它们关于资格条件的限定不同。如前所述,1934—1936 年工薪阶层研究的限定更严格。根据这些条件(由此可以排除大部分临时变化)淘汰的黑人家庭比例,远远超过白人家庭(上引书,第 30 页)。因此,由于黑人的临时部分方差被压缩得更多,弹性方面,黑人与白人之间就会出现明显不同。

克莱因和穆尼根据 1947—1950 年消费者财务状况调查的数据,在美国北部地区得到了类似正文所说的结论。但在南部地区,他们说,只是较低收入阶层有类似结论;可支配收入超过大约 2,000 美元的家庭,则是黑人的消费支出比白人高。对此,他们提出了一种可能解释,并给予了一些证据支持,即:南部的情况不同,是因为他们把耐用品购买也计入消费;虽然消费者购买行为研究也把耐用品购买当作消费,但对这一群体而言,1947—1950 年耐用品购买很可能比 1935—1936 年重要。见 L. R. 克莱因和 W. H. 穆尼,"黑人、白人的储蓄差别和消费函数问题",载《计量经济学》(L. R. Klein and W. H. Mooney, "Negro-White Savings Differentials and the Consumption Function Problem", *Econometrica*),第 XXI 期(1953 年 7 月),第 425—456 页,特别是其中第 425、426 和 454 页。

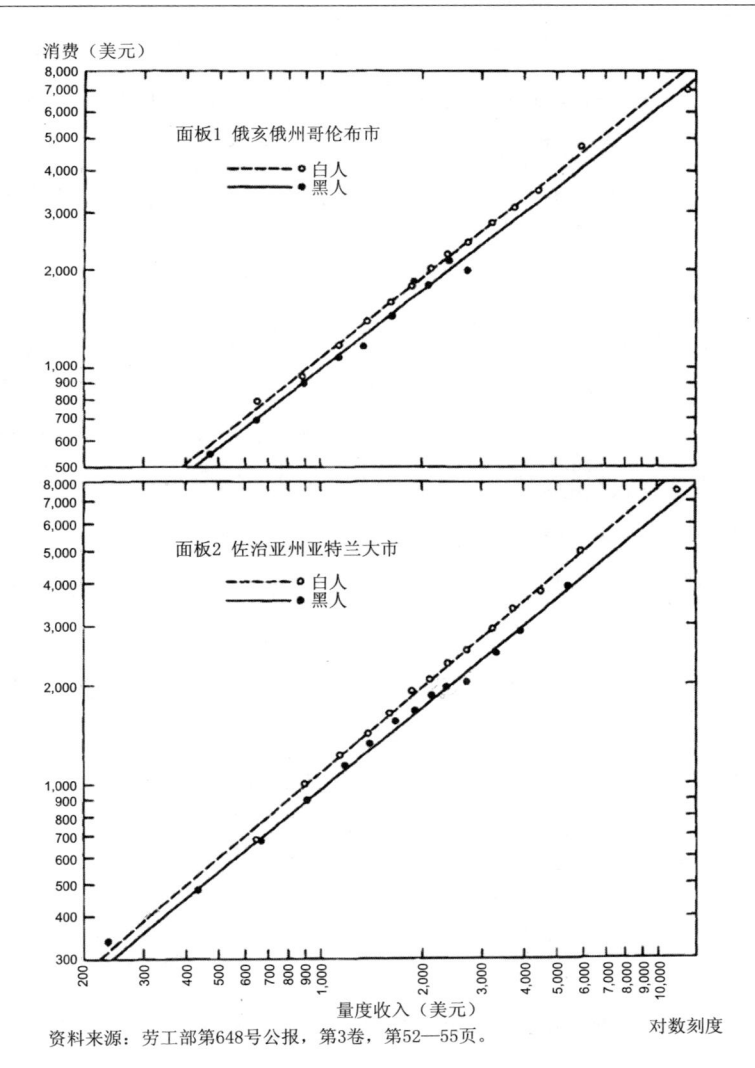

第四章　永续收入假说与消费-收入关系的现有预算研究……　　97

消费（美元）

面板1　俄亥俄州哥伦布市
○ 白人
● 黑人

面板2　佐治亚州亚特兰大市
○ 白人
● 黑人

量度收入（美元）　　　对数刻度

资料来源：劳工部第648号公报，第3卷，第52—55页。

图9　当地非救济的白人与黑人家庭的消费-收入回归，
俄亥俄州的哥伦布市和佐治亚州的亚特兰大市，1935—1936年

75%;在南方,高 140%—235%。平均收入高,意味着一个给定的量度收入对应的永续收入是白人比黑人高,根据我们的假说,白人的消费水平也就比黑人高。因此,白人在每个量度收入水平上都消费较高、储蓄较低,可能只是说明,把量度收入当作家庭经济地位的指标是不恰当的。

比较各收入阶层加总后的平均消费-平均量度收入比,而不是直接比较各个量度收入水平上的消费,这样可能更接近于对真实消费习性的比较。如果临时收入与临时消费平均为零,这些比值就是 k 的估计值。可惜,表 7 所含六组群体中,容易得到这种平均倾向的只有四组(见第 5 列)。为了图表完整,我在表 7 中加入了第(6)列,即每组群体在其平均收入水平上的消费-收入比,它是根据消费对数-收入对数的回归算出的。[①] 比较(5)(6)两列,同时根据其他数据(这些数据,我们既有其平均消费-平均收入之比,又有根据对数回归算出的平均收入水平上的消费-收入比),我们可以得出,平均收入水平上的消费-收入比一般比平均消费-平均收入之比高 1 至 5 个百分点。这就解释了为什么第(6)列的数值系统地高于迄今所引用的大部分平均消费倾向。

第(5)(6)两列比值反映了一种与第(4)列的绝对值截然不同的情况:在十组对比中,每组都是黑人高于白人。由此看来,一般是白人更节俭。

亟须补充的是,我们不能仅从这个结论本身推断出人种对消

---

① 如果消费、收入算术值之间的回归线是直线,那么当然,它会通过平均消费-平均收入所对应的点。

费具有影响。因为：(1)在每个地区，黑人家庭从事自主经营或自由职业的比例都要比白人家庭小很多。如上一小节所说，自主经营或自由职业家庭往往比其他家庭积蓄更多收入，因此这也会使全部黑人家庭的平均消费倾向较高。由于我们以"撤回资金"量度经营收入，这种趋势并不完全反映在数据中。但粗略计算，单单家庭职业这个因素，大约会使黑人家庭的平均消费倾向高出1个百分点。(2)数据仅限于非救济家庭，这可能也有相同的影响。黑人家庭中，被划为非救济家庭的比例要比白人家庭小很多。在较低量度收入水平上，非救济家庭的临时收入一般为负，与相同量度收入的救济家庭相比，他们肯定有较高的平均永续收入。这一点很可能影响所有量度收入阶层的平均值，使所有非救济家庭的平均临时收入为负。若真是如此，它对黑人的影响要甚于白人，并使第(5)(6)两列比值对 k 值的高估程度，同样是黑人家庭为甚。①

表7最后三列分别给出了量度收入及其永续、临时部分的相对离差估计值。这些值反映出南北地区之间一个有趣的差别。在两座北方城市，永续部分、临时部分的离差都是白人家庭较大——

---

① 本小节第一个脚注已经提到，1934—1936年的工薪阶层研究表明，白人的平均消费倾向略高于黑人，是0.99比0.98，与表7的情况相反。对此可有两点解释：(1) 1934—1936年研究只包括工薪阶层和低薪职员，因此正文中的第一点并不适用。(2) 尽管排除救济家庭本身，可能会使平均临时收入为负，且其对黑人的影响甚于白人；但是，1934—1936年研究中的其他资格条件总体上可能会有相反的影响。特别是排除所有收入低于500美元的家庭——这会使黑人家庭比白人家庭有更多被排除在外——显然倾向于使平均临时收入为正。另一方面，把主要收入者为年薪2,000美元以上的职员的家庭排除在外，又会使平均临时收入为负，并且对白人的影响大得多。因此，总的说来，这个例子中，黑人家庭的平均临时收入在代数值上大于白人也不是没有可能的，这正好与消费者购买行为研究推测的结论相左。

哥伦布市只是大一点，纽约市则大很多。南部地区黑人与白人之间的差别通常与其相反：就量度收入及其永续部分而言，四组地区中有三组是黑人的离差大；临时部分则有两组是黑人大。其中亚特兰大市和中等规模城市的三列离差都是黑人家庭较大，并且差距大于其他南部地区。尽管我们应该质疑这个结果可能同样只是相关数据囿于非救济家庭的一种变相反映，但它还是很有启示性，也很合理。在南方，白人与黑人家庭更像是处于两个经济上隔离的社会。北方的社会融合使黑人趋向专业化；黑人的平均收入较低，主要反映了他们从事的是低薪职业这一事实；在昂贵的服务上，黑人可说是依赖于白人社群。在南方，由于这样的社会融合很不充分，黑人在昂贵的服务上可能更多地依赖他们自己的社群。南方黑人的平均收入较低，不仅反映了他们主要集中于低薪职业，还反映了每项职业的薪酬都是南方比北方低很多。而且，与小城市或农村相比，这些影响估计在大城市更加突出。支持这种说法的一个微小证据是：尽管亚特兰大市非救济黑人家庭的平均收入比哥伦布市低20%以上，但在所有黑人家庭中，归为经营性或职业化家庭（无论自主还是领薪）的比例，亚特兰大市略高，为10.3%比9.8%。①

---

① 劳工部，第644号公报，第一卷，第122页；第647号公报，第一卷，第138页。这些百分比都是对所有家庭而言的，包括救济家庭和非救济家庭、完整家庭和不完整家庭。另可参见加里·S.贝克尔，"种族歧视的经济学"(Gary S. Becker, "The Economics of Racial Discrimination")(1955年)，芝加哥大学未出版的博士论文；莫顿·泽曼，"美国白人与非白种人收入差别的定量分析"(Morton Zeman, "A Quantitative Analysis of White-Nonwhite Income Differentials in the United States")(1955年)，芝加哥大学未出版的博士论文。

表 7 消费-收入关系,量度收入及其永续、临时部分的相对离差
——1935—1936 年部分地区非救济、完整的当地白人与黑人家庭

地区与群体	算术平均收入[a]	消费的收入弹性[b]	量度收入为 1,000 美元时的消费[a,b]	平均消费倾向	在群体平均收入上的消费-收入比[c]	相对离差[d] 量度收入	相对离差[d] 永续部分	相对离差[d] 临时部分
纽约市:								
白人	$2.645	0.89	$1,110	0.98	1.00	0.77	0.73	0.26
黑人	1,500	0.89	1,050	0.99	1.01	0.52	0.49	0.17
俄亥俄州的哥伦布市:								
白人	2,058	0.81	1,070		0.94	0.68	0.61	0.30
黑人	1.130	0.80	978		0.96	0.61	0.54	0.27
佐治亚州的亚特兰大市:								
白人	2,158	0.84	1,080	0.93	0.96	0.70	0.64	0.28
黑人	888	0.81	960	0.96	0.98	0.89	0.80	0.38
东南地区中等规模城市:[e]								
白人	2,086	0.86	1,040		0.94	0.72	0.67	0.27
黑人	686	0.88	930		0.98	0.82	0.77	0.29
东南地区小城市[f]								
白人	1,683[h]	0.92	1,025	0.95	0.97	0.52	0.49	0.14
黑人	620[h]	0.94	960	0.99	0.98	0.53	0.52	0.13
东南地区乡村[g]								
白人	1,674[h]	0.88	1,015	0.92	0.96	0.57	0.53	0.19
黑人	500[h]	0.93	970	1.00	1.02	0.48	0.47	0.13

a 指当期物价下的美元值。转换为 1935—1939 年物价,需要除以 0.986。
b 指消费对数-量度收入对数的拟合回归直线的斜率。
c 由上注所说的回归线算出。
d 计算的含义和方法,见表 4 的脚注 b、c、d。
e 南卡罗来纳州的哥伦比亚、亚拉巴马州的莫比尔(Columbia, S. C., and Mobile, Ala.)。
f 北卡罗来纳州的加斯托尼亚、南卡罗来纳州的萨姆特、佐治亚州的奥尔巴尼、格里芬(Gastonia, N. C.; Sumter, S. C.; Albany, Ga.; Griffin, Ga.)。
g 位于北卡罗来纳州、南卡罗来纳州、佐治亚州和密西西比州的 34 个乡村。
h 这些平均值比该列中其他平均值的准确性要差一些。它们是基于消费者购买行为研究中的支出样本数据,而其他值是基于收入样本的数据。支出样本被故意设计得没有代表性,劳动统计局在其出版物中,也没有给出支出样本的所有收入群体的平均值。家政局*给出了该值,并认为支出样本的平均值,无论是直接平均,还是加权平均(权重是个体在收入样本中出现的相对频率的观测值),彼此差别都很小。但要知道,所有收入阶层合并的平均值,是最不可靠的平均值,我们用的正是这种平均值。之所以仍然用它们,是因为运用收入样本数据过于耗时费力。

资料来源:

计算量度收入的相对离差时用到的算术平均收入及频数分布:纽约市——劳工部第 643 号公报,第一卷,第 93、99、156 和 162 页;俄亥俄州的哥伦布市——劳工部 644 号公报,第一卷,第 137、143、185 和 191 页;佐治亚州的亚特兰大市——劳工部第 647 号公报,第一卷,第 147、153、195 和 201 页;中等规模城市——同上,第 243、249、270、275、296、301、322 和 327 页,其中哥伦比亚和莫比尔市合并的加权平均以上引书第 138 和 140 页给出的一个 100% 样本中当地完整家庭的估计数量为权重;小城市和乡村——农业部,第 464 号综合出版物,《五地区家庭资产与负债的变化》(*Changes in Assets and Liabilities of Families, Five Regions*)(华盛顿,1941 年),第 88、93、95 和 96 页。

按照收入阶层划分、用于拟合回归线的消费与收入:纽约市、哥伦布市、亚特兰大市和中等规模城市——劳工部第 648 号公报,第三卷,第 46、47、52—55、62 和 63 页;小城市和乡村——农业部,第 464 号综合出版物,第 88、93、95 和 96 页。

平均消费倾向:纽约市和亚特兰大市——由理查德·斯特纳:《黑人的分配》(纽约,1943 年)第 92、96—98 页的数据导出;小城市和乡村——农业部,第 464 号综合出版物,第 88 页。

---

* The Bureau of Home Economics,1923—1962 年美国农业部支持家庭主妇活动的一个部门。——中文编者注

6. 局部相关在消费研究中的运用问题

上述分析直接引出了消费研究的一项含义,我们有必要暂离主题,专事考量。通常,分析消费之影响因素的方法,是在研究其他变量的影响时"保持收入不变"。一般认为,收入是影响支出的主要因素,为使其他变量的影响不致湮灭,收入的影响须先行排除。在这种方法中,"收入"一定是我们所说的某一年的"量度收入"。无论是多重相关分析(其中收入是变量之一),[①]还是换一种形式——先算出消费-收入(或储蓄-收入)回归的残差,再分析其他变量的影响,[②]其中量度收入都是"保持不变"的。

如果我们接受上述分析,那么显然,这些方法中"决定消费行为"意义上的收入不会保持不变;保持不变的,乃是这种意义上的收入与当期所得的意外增减的综合——前者是我们所谓的永续收入,后者对消费行为很少或完全没有影响。这种综合还可能与其他被系统研究的变量有关。因此,这些方法并不是排除收入的影响,只是简单地把收入的影响掩饰起来而已;结果,收入影响还是被当作其他变量的影响而表露出来。

黑人与白人家庭的比较可能最清楚地说明了这一点。在分析肤色的影响时,我们假设量度收入不变。[③] 这样我们就会发现,黑

---

① 例如,卡托纳、克莱因、兰辛和摩根的《经济学调查方法文稿》第203页中,劳伦斯·克莱因给出的等式及后续分析;还有该书参考文献中提到的各种文章,特别是克莱因或他与合作者的文章。

② 例如,见上引书中摩根所写的两章。

③ 就像克莱因和穆尼在分析黑人与白人的储蓄差别时所做的一样。见"黑人与白人的储蓄差别和消费函数问题",特别是第429—430页。

人比白人消费得少、储蓄得多。原因如前所述：量度收入相同，意味着永续收入一定是黑人比白人低。在这种方法中，被当作（给定收入下）人种之影响的，其实主要是被共同的量度收入所掩盖的收入差别的影响。我们已经看到，如果进行恰当比较，排除这种影响，即针对一些临时因素大体可以相互抵消的群体比较其行为的话，就根本没有办法证明黑人比白人更"节约"；相反，那些证据支持的是反命题。由量度收入不变产生的表象，乃是因分析方法所致的幻觉。

本节上述各个部分正是这个观点的另外一些例证。密歇根调查研究中心最近出版的《经济学调查方法文稿》，尤其是摩根和克莱因所写的章节，给出了更多可能值得引用的例子。这些章节都是极其精彩的作品，展示了作者在统计技术和经济分析上的高度娴熟与精巧，在审核基础材料上的极端细致，以及在分析中由衷而慷慨地付出时间与努力的精神。但是，一旦接受我们的假说及它在本节的上述运用，这些调查发现就几乎一文不值，因为它们所用的都是"量度收入不变"的局部相关分析方法。

摩根首先根据储蓄-收入回归斜率的明显差别划分出各个群体，接着计算每个群体的回归。他认为，每户家庭观测到的储蓄与根据所属群体回归线估计出来的储蓄之间的差别，就是其他变量之影响的估计值。这里所谓"其他变量"，是指除了收入和那些界定群体的变量（主要是房屋产权情况和流动资产大小）之外的变量。[①] 然后，他检验这些其他变量对残差的影响。相同类型的分

---

① 在第三章，他使用了七组回归。三组针对无自有住房户，全部指 1947 年和 1948 年合并的情况，按年初流动资产把他们分为三个阶层：流动资产为零，流动资产在 1—499 美元，流动资产为 500 美元及以上。四组针对自有住房户，其中两组指 1947

析进行两次：一次是运用基于全部家庭样本的回归，另一次是运用根据大约一半家庭作出的所谓"正态"回归。

对于第一组回归的残差，摩根用以分类的一个基本变量是城市规模。他根据每档城市的残差平均值推断，城市规模对储蓄影

年和1948年合并的情况，流动资产分别为0—199美元，200—2,999美元；另外两组是流动资产为3,000美元及以上的，一组指1947年，另一组指1948年。在第六章，他又运用了十六组回归（全部是1947年、1948年和1949年合并的"正态"回归，见下），分别针对四种房屋产权状况，每种状况又分为四种流动资产阶层。

根据他发现的差别作推测，尽管脱离我们的主题，但很有意思。他发现，边际消费倾向（即1减去算出的边际储蓄倾向）随流动资产规模增加而下降，而且自有住房户的边际消费倾向比无自有住房户低。根据我们的假说，这种流动资产效应的解释非常简单：临时收入比较大的家庭比其他家庭更需要留有应急储备；因此，他们一般会持有更多流动资产。就像我们在讨论职业的影响时所说的，这种家庭的k和P_y值都会较小，从而两者乘积即边际消费倾向也较小。

支持这种解释的证据，可取之于消费者财务状况调查中不同职业群体的流动资产大小分布的数据〔1949年和1950年的情况，见"1950年消费者财务状况调查，第五部分"，载《联邦储备公报》（1950年12月），表34；1951年和1952年的情况，见"1952年消费者财务状况调查，第三部分"，载《联邦储备公报》（1952年9月），表12〕。例如1950年，如果我们运用摩根的无自有住房户的流动资产分类，流动资产为550美元及以上的家庭，在专业（professional）和半专业化家庭中占67％，在经营性和自雇佣家庭中占62％，在农户中占46％；而在职员和营业员（sales）家庭中占48％，在技工和半技工家庭中占35％，在普工及服务员家庭中占26％。前三类显然是临时性变化较大的群体。例外的是退休人员家庭，其中流动资产在550美元及以上的占了62％，但是这个群体很小，不会显著影响结果。至于摩根的自有住房户的分类区间，我们无法根据引用的表格复制出来。如果代之以流动资产5,000美元及以上的标准，在1950年上述各类家庭中，占比分别是18％、19％和11％；7％、4％和3％，退休人员家庭是24％。其他年份的情况大致一样。

自有住房户与无自有住房户之间为何有此差别，我没有想出同样合理的解释。也许像摩根所说，这个差别主要反映了大家没有把住房的估算收入当作收入与消费的一项来看待；但我与他一样，怀疑能否悉数作此理解。在我看来，这个差别更可能是其他因素的一个变相反映；例如，自有住房户的流动资产应比无自有住房户多，双方在家庭成员的年龄与构成上应有不同，等等。参见卡托纳、克莱因、兰辛和摩根的上引书，第101—113页和157—161页。

响很大。大都市与一般城市或城镇相比,收入相同的家庭储蓄更少而支出更多,一般城市与农村非农业地区(open country non-farm areas)相比亦复如此。很凑巧,摩根也给出了根据城市规模分类的平均收入和平均储蓄。被摩根归为一般城市或城镇的三组群体相互之间的平均收入差别很小;大都市与这三组群体相比,平均收入高很多;农村非农业地区与这三组群体相比,平均收入低很多。因此,大都市与一般城市相比,一般城市与农村相比,相同的量度收入都对应着较高的永续收入,以及较高的消费和较低的储蓄。如果根据永续数值计算,大都市的平均消费倾向是 0.84,三组一般城市及城镇分别是 0.83、0.84 和 0.84,农村非农业地区是 0.83。可见,城市规模的影响根本微乎其微。所谓城市规模的差别,与人种的差别一样,是摩根分析过程中臆造的东西。

在其他残差分析中,摩根没有给出平均收入和平均储蓄。但也有证据表明,很多他认为重要的影响,都像人种与城市规模的影响一样,主要或全部是由平均收入不同引起的:平均收入不同,因此相同的量度收入对应着不同的永续收入。例如:(1)他发现,"多人有收入的家庭与仅一人有收入的家庭相比,前者较少储蓄"[①]。我们知道,赚钱的人多了,一般家庭收入也会增加,这就会导致观测到的残差有如此表现。(2)他发现,"主要支出单位(primary spending units)的储蓄明显较低,次要支出单位的明显较高"[②]。同样,我们知道,主要支出单位的平均收入往往比次要支出单位

---

① 上引书,第 129 页。
② 上引书,第 129 页。

高。(3)他发现,"不同职业群体之间的平均残差差别很小;奇怪的是,唯独普工和服务员的残差明显不为零"①,他们的平均储蓄有正残差。显然,这是一个平均收入较低的群体,按照我们的理解,这种情况毫不奇怪。

为解决临时收入带来的问题——这个问题摩根意识到了,只是用了不同术语,在分析的第二步,他用了"正态"回归,这一回归从"从处在'正常'情况下的群体,"②的数据中算出。所谓"正常",是指户主未超过65岁,也未失业或退休,同时家庭未获得大额馈赠或遗产,且收入变动落在+25%至-5%内。然后,他利用这些回归计算"正常"家庭和其他家庭的残差。可惜,这种方法尽管意图不错,却是无效的,甚至是适得其反的。首先,"正态"回归不能被视为"永续"部分之间的关系。因为"正常"家庭的临时部分方差一定小于全部家庭,但一般不会为零;永续部分的方差也一定小于全部家庭,不过可能不像临时部分小那么多。③ 综合结果如何,很

---

① 上引书,第132页。
② 上引书,第157页。
③ 本小节上面的脚注提到,摩根用1947年、1948年和1949年合并的数据作他的"正态回归",只用1947年和1948年的数据作初始回归;而且,他用了十六组而不是七组群体——这些群体在定义上是否相互匹配并不清楚。由于这些原因,我们不可能对他的两种回归参数作出令人信服的比较,不可能直接检验这种推测,或者通过比较临时部分方差与永续部分方差的减少程度对此作出估计。倒是通过比较"正常"群体和其他群体的回归系数,可以得到较为合意的证据,尽管这一点也会被分类不同搞乱(分类不同,回归系数也不同)。根据对这些数据的粗略计算,我们推测:临时部分的方差要比永续部分缩小得稍微多一些。但计算表明,其中差别很小,因此,收入变化中由临时部分引起的占比,"正常"群体和其他群体大约都是75%(上引书,第159和160页)。
上注讨论的流动资产效应,在"正态"回归中基本上与初始回归中同样明显。如果上注对这样效应的解释正确无误,那它就是另外一个小证据,证明"正态"回归并不比初始回归更近似于永续部分之间的回归关系。

难准确说出。其次,即使我们假设"正态"回归可视为永续部分之间的关系,也只有当我们可以估计出单个家庭的永续收入时,这种"正态"回归才能用于排除永续收入不同的影响。实际上,我们无法做出单个家庭的估计。摩根只用了量度收入,因而给他的残差平添了一个误差来源。

这种方法的关键谬误在于:它假设,如果影响储蓄行为的其他因素保持不变,则量度收入相同,永续(或如摩根说的"正常")消费或储蓄也会相同。如果真是这样,用何种储蓄-收入关系来估计"正常"储蓄,就无关紧要了;而一旦相同的量度收入对应不同的永续收入,残差就一定与收入的影响有关。

当然,我并不是认为,摩根所说的因素不会影响消费行为,或者影响方向不会像他所说的那样。我只是说:从他的分析中无从得知这些因素是否影响消费行为,影响方向又将如何。

克莱因在为《经济学调查方法文稿》所写的章节开头,使用了与摩根相似的方法,只是他的回归等式同时包含了很多变量,因此在给出残差的过程中,所用的是复相关而不是单相关;他把储蓄-收入比而非单单储蓄作为独立变量;他对等式本身倾注了更大关注,而较少关注残差。几乎在每个等式中,克莱因都加入了收入(或收入的对数)和年初的流动资产(通常是采取资产-收入比的形式)。他与上述分析最为一致的发现之一是:收入给定(这里当然是指量度收入给定)的情况下,随着流动资产增加,储蓄会减少,消费会增加。这个在其他流动资产效应研究中已经给出的发现,就其证据而言,可能只是局部相关分析方法导致的偏差的另一例子。因为有充分证据表明:流动资产越多,收入一般越高;因此,当流动资产较多时,给定的量度收入往往对应着较高的永续收入,以及较高的消费和较低的储蓄。所以,这些相关性,并不能说是流动资产效应的有效证据。

克莱因附带计算了两年期(而非通常的一年期)的收入与储蓄的相关性。如他所言,延长时间期限所得的结果与我们的假说相符,即储蓄-收入比与其他因素的相关性下降,而边际消费倾向的估计值上升。①

第三节 储蓄与年龄

我们的假说和珍妮特·费雪基于消费者财务状况调查数据的一些研究结论之间,有一个表面上的矛盾。表8的前四列来自费雪的研究。第(3)列的平均收入比例,是指各年龄段的平均量度收入与所有家庭平均量度收入之比的估计值;第(2)列的平均储蓄比例,指相应的储蓄之比的估计值。从第(3)列数值来看,把收入比例当作量度收入-永续收入之比的估计值,或者说两者之间至少有一定的对应关系,应是合理的;因为可以预见,在职业生涯的早期和晚期,量度收入要小于永续收入,中期则要大于永续收入。根据假说,我们预计第(3)列的收入比例与第(4)列的量度储蓄-量度收入比密切相关。由于消费是与永续收入而非量度收入相关,因此,当量度收入低于永续收入时,消费-量度收入比就高,反之就低。量度储蓄-量度收入比的情况正好相反,因此,第(3)列与第(4)列

---

① 上引书,第220—221页。

应是正相关关系。表中数值某种程度上确实符合这种预期,最年长阶层的储蓄率,就比中间阶层低一些。但是这种相关性很松散:最年长阶层与最年轻阶层的平均收入比例相同,但储蓄率一个是10%,一个是-3%。

表8 储蓄、收入与户主年龄的关系,美国,1946年

户主的年龄	平均储蓄比例	平均收入比例	平均储蓄/平均收入(%)	假定的平均年龄	终生平均收入比例的估计值	调整后的平均收入比例(3)÷(6)
(1)	(2)	(3)	(4)	(5)	(6)	(7)
18—24	-15	57	-3	21.5	144	40
25—34	57	95	6	30	122	78
35—44	136	118	12	40	100	118
45—64	149	116	13	55	74	157
65及以上	55	57	10	70	55	104
所有年龄	100	100	10			100

资料来源:

第(1)至(4)列,来自珍妮特·A. 费雪,"不同年龄层家庭的收入、支出和储蓄模式"(Janet A. Fisher, "Income, Spending, and Saving Patterns of Consumer Units in Different Age Groups"),第92页表10,载《收入与财富研究》,第XV期(纽约:国家经济研究局,1952年),第77—102页。费雪的资料来源是消费者财务状况调查中收集的3,058个案例。

收入的"'平均比例',等于某个年龄层家庭的总收入占比除以这个年龄层的家庭总数占比"(同上,第81页)。平均储蓄比例以同样方式得到。这里的储蓄定义,不含购买耐用品;耐用品支出计入消费支出。

这些结果与假说之间的表面矛盾很好解释。第(3)列给出的是按照户主年龄区分的不同家庭在某一年的平均收入比例,不能

理解为即是一个家庭的终生预期收入,因为各年龄段家庭的实际绝对收入水平肯定会随时间的推移而改变。至少在过去半个世纪中,美国的人均实际收入以大约每年2%的速度增长,而且看不出会就此止步。既然如此,最年轻一组的可预期的终生平均收入必定高于表中全部家庭的平均值(设为100)。假定平均收入为100的家庭是户主40岁的一组(这多少有些随意性),并假设人均收入继续以相同速度增长,那么,最年轻一组的预期终生平均收入会是144,即表中第(6)列的数值。而最年长一组获得的终生平均收入,要明显低于全部家庭的平均收入;如果这一组的平均年龄假定为70岁,则终生平均收入估计是55。在一个不断进步的社会中,不同家庭(户主年龄不同)的同时性收入模式与单一家庭的终生收入模式之间肯定存在脱节。第(6)列的估计就为针对这种脱节调整第(3)列的比值提供了大致的基础。① 由此得到终生收入情况的大致估计见第(7)列。

　　第(4)列储蓄率之与第(7)列调整后的平均收入比例的相关程度,远大于与第(3)列初始平均收入比例的相关程度。一个年龄组的消费支出是根据本组的预期永续收入调整的,而不是根据各年龄组合计的平均永续收入。因此,尽管第(4)列与第(7)列密切相关这一点符合我们的假说,但如果把第(6)列数值当作永续收入并

---

① 　这种调整在很多方面都是粗略的:(1)2%的增长率是粗略的估计;(2)第(5)列假定的平均年龄是任意选择的,最年长的两组可能偏低了,最年轻的两组可能偏高了;(3)以40岁组的收入为整个群体的平均收入也是任意的;(4)全部家庭的平均收入,其实不是终生收入的相关平均,而是各年龄组平均收入的加权平均,权重是某个时点上各年龄组家庭的实际占比,而合理的权重应该是户主预期可以活到某个年龄的家庭的比例。当然,还有其他粗略之处。

根据这个收入调整支出,那么,各年龄组平均储蓄的大小,并不符合假说的推测。比如说,如果最年轻一组的 k 值为 0.9(根据所有年龄组的平均储蓄率得出),永续收入为 144,那么,永续支出应是 0.9×144 即 130,储蓄为 -90,即量度收入的 -225%,而不是 -3%。其他年龄组的情况依此类推。而其原因或合理性如前所述:永续收入不等于预期的终生收入,它本身会随年龄而变化。永续收入应被理解为在家庭看来会永续不变的某个年龄上的平均收入,而家庭的认识又取决于眼界与预见。[①] 因此,第(7)列的值只是量度收入-永续收入之比的一个指标,该值与 100 的差别和量度收入-永续收入比与 100 的差别,在方向上一样,但差多少不一定一样。

如果家庭不再按照户主年龄分类,而是按其实际收入与群体平均收入之比分类,我们通过比较这样分类家庭的储蓄率与平均收入比例的关系,以及表 8 中第(4)与第(7)列的关系,就可以大致检验这些数值与来自预算研究的其他证据之间的一致性。贝蒂和弗里德曼根据 1901 年、1917—1919 年、1941 年与 1935—1936 年的预算研究,算出了城市家庭的储蓄-货币收入比和量度收入-平均收入比。[②] 按照第(4)与第(7)列方式确定的各点基本符合这些

---

① 见弗里德曼和库兹涅茨,上引书,第 355—362 页。换一种方式证明永续收入随年龄而变:最年轻一组的预期终生收入,应是指预期未来所得的贴现值,而非简单加总。如果资本市场是完全的,经过适当的减值或增值处理,算出的终生收入可视为终生不变。但资本市场总是不完全的,从可支出总额的角度看,借入的利率大于贷出利率,长期利率大于短期利率。结果,与第(7)列相似的实际收入,会是一个形状相同、但变幅较小的永续收入模式;即使是计算个别家庭的终生永续收入,情况亦复如此。如果考虑范围缩小,基本模式不会改变,只是变幅加大了。

② 上引书,第 261 页。

预算研究的结果;其中与 1917—1919 年研究的结果最为接近,几乎是精确复制了这三年的关系。上述各年中,在平均临时收入与临时支出的重要性上,1917—1919 年似与 1946 年最为可比:两者都是在大战末尾和战后初期,都处于战时或战后通货膨胀的当口。

更多证据来自多萝西·贝蒂的一项研究,这项研究基于很多年份的预算数据,得出了消费支出、家庭收入及家庭所属群体的平均收入之间的关系。如果我们认为,家庭收入与群体平均收入之比相当于第(7)列各项,并修改贝蒂的函数使平均储蓄率均为 10%,那么,对应于第(7)列各项,该函数估计的储蓄率分别为 -8%、+5%、+13%、+18% 和 +11%。相对表 8 中第(7)列[①]估计的粗略程度,可以说,这组估值与第(4)列数值之间的一致性已属明显,何况这两种数据的来源完全无关。[②]

最近,有关机构公布了英国的类似表 8 的数据(见表 9)。这些数据来自牛津大学统计学会的个人收入与储蓄调查,其中一些

---

① 原文为 column (9) of our table,应误。——译者注
② 见多萝西·S.贝蒂,"家庭储蓄之与收入水平、收入分配变化的关系",载《收入与财富研究》(Dorothy S. Brady, "Family Savings in Relation to Changes in the Level and Distribution of Income", *Studies in Income and Wealth*),第 XV 卷(纽约:国家经济研究局,1952 年),第 114 页。在那里,她给出公式:$\log y = -0.0295 + 0.8\log x + 0.2\log z$,其中 y 是消费支出,x 是家庭收入,z 是群体平均收入,对数都以 10 为基础。如果我们在公式两边都减去 $\log x$,就变成:

$$\log \frac{y}{x} = -0.0295 - 0.2\log \frac{x}{z}。$$

常数项表示,当 $x/z = 1$ 时,消费支出是收入的 0.93。为使之等于 0.90,常数项必须是 -0.0458,这就给出了算出正文中引用的数值的等式:

$$\log \frac{y}{x} = -0.0458 - 0.2\log \frac{x}{z}。$$

结果已在上文中用于英美两国的比较。[①] 对这些数据,我没有像对美国的数据一样详加分析,原因之一是英美两国的长期经历特别是战时与战后的经历彼此不同,使我们无从就长期效应作出明确的矫正。英国的数据显示了与美国相同的收入模式,只是变幅略大一些。储蓄数据的规律性比美国要差得多,但也体现了相同的一般趋势,即中间年龄层的储蓄高于两端。两国的主要差别在于收入年龄模式的偏倚度(tilt)上:在美国,最年长家庭的储蓄-量度收入比明显高于最年轻家庭,英国适得其反;美国数据中,唯一负储蓄的群体是最年轻一组,而英国数据中的是最年长一组。

表 9　储蓄、收入与户主年龄的关系,英国,1953 年

户主的年龄	1952 平均收入比例	1952 平均储蓄/平均收入	1953 平均收入比例	1953 平均储蓄/平均收入
(1)	(2)	(3)	(4)	(5)
18—24	64	0	62	1.2
25—34	112	1.3	114	0.9
35—44	125	0	134	2.9
45—54	130	5.7	126	1.2
55—64	98	1.9	93	2.2
65 及以上	57	−9.4	55	−6.0
所有年龄	100	1.0	100	1.0

---

① 见哈罗德·莱德尔,"收入、储蓄和资产所有权的生命周期",载《计量经济学》(Harold Lydall, "The Life Cycle in Income, Saving, and Asset Ownership", *Econometrica*),第 XXIII 期(1955 年 4 月),第 131—150 页。

资料来源:
哈罗德·莱德尔,"收入、储蓄和资产所有权的生命周期",载《计量经济学》,第 XXIII 期(1955 年 4 月),第 131—150 页,特别是表Ⅲ、Ⅺ、Ⅻ。收入全部是净收入(即扣除个人税负)。储蓄不包括耐用品支出(视为消费支出)。第(3)列来自莱德尔的表Ⅻ。第(4)列由表Ⅲ直接计算得到,第(5)列根据表Ⅺ的储蓄数据和表Ⅲ的收入数据计算得到。第(2)列是间接计算得到,因为莱德尔没有给出 1952 年的收入数据。在表Ⅻ中,他给出了"耐用消费加上总储蓄"的绝对值和在净收入中的占比,净收入就根据上述绝对值与占比倒算出来。

关于这个主要差别,我可以给出三种可能的解释。只是检验这些解释是否正确,或评判其相对重要性的数据不容易得到。

(1)偏倚度不同,可能只是反映了两组数据的对应时期不同。美国的数据是 1946 年的,战争刚结束一年;英国的数据是 1953 年的。战时短缺特别是耐用品短缺对年轻家庭的影响甚于年长家庭,而表 8 是把耐用品支出视同消费支出的。美国 1953 年的数据可能就与英国的情况更为相似。[①]

(2)偏倚度不同,可能反映了长期经历的不同。美国人均实际收入的长期增长比英国更快更稳,尤其最近几十年是如此——这可能是影响预期形成的最重要方面。因此,我们无需为了反映长期效应对平均收入比例作出多大调整,甚至根本无需调整。但这一点不能解释全部,因为,英国最年轻、最年长两个阶层未经矫正的平均收入比例非常接近,不足以解释他们之间储蓄率的不同(一个是零或正值,另一个是相当大的负值)。

(3)偏倚度不同,还可能反映了家庭定义的不同。美国的家庭(spending unit)包括所有生活在一起、"共享"彼此收入的相关个

[①] 感谢约翰·弗雷希特林(John Frechtling)提示了这种可能解释。

人;而在英国的数据中,"每个 18 岁及以上的个人、每对配偶都是一个独立的家庭(income unit),只有 18 岁以下的孩子属于其父母或监护人的家庭",除非"个别的情况:即一个人只有不到 50 英镑的收入,并与亲人住在一起,那他就'并入'亲人的家庭"[①]。结果,在英国的数据中,与亲人同住并主要依赖亲人生活的年轻人甚或年轻夫妻可能都被当作单独的家庭,包括在最年轻的一组中;而在美国的数据中,他们会被当作其他家庭的成员。可以料想,这些小家庭有较高的储蓄-量度收入比[②]:他们都有至少 50 英镑的量度收入,而且报告的量度收入应不包括由同住的亲人提供的消费的货币价值;因此,所谓量度收入和自有财产,并不是唯一的,甚至不是主要的消费支付来源。相反,美国数据中这个年龄段的家庭绝大部分独立生活,主要依靠自己的量度收入或自有资产应付消费。这种定义上的不同,不仅可以解释英国最年轻一组的储蓄率相对较高,还可以解释最年长一组的储蓄率相对较低。因为对于最年长一组,定义不同的影响适得其反:一些老年人可能无法单独生活,出于经济上的考虑,他们搬去与亲人同住,以减少自有资产的消耗。他们在英国的数据中被当作单独的家庭,而在美国的数据中是其他家庭的一部分。[③] 两国按照不同年龄划分的家庭,其平均大小的差别,说明了上述定义不同之影响可以很大:在中间年龄

---

① 上引书,第 134 页。

② 这里的关键在于:表 9 中的储蓄是独立测量得到的,而不是由量度收入减去消费得到的,因此储蓄-量度收入比较高。——译者注

③ 独立核算的老年人家庭(英国)中,储蓄被缓慢消耗,而在美国的数据中,这类老年人不被当作单独的家庭——译者注

层,户均人数只是美国略大一点,而在较年轻与较年长的群体中,美国的户均人数要大很多。① 另外,英国数据中收入比例的变幅较大,可能也反映了这种定义不同的影响。

第四节 收入变化的影响

人们通常认为,家庭的消费行为与其最近经历的量度收入变化有关。这个看法有两种大相径庭的理由。第一种理由很符合我们假说的精神,即收入变化说明把量度收入当作家庭收入地位的指标并不合适;收入的大幅增减,可能意味着当期收入是"反常"的,而稳定的收入可以说明当期收入是"正常"的。第二种理由尽管把量度收入视为收入地位的恰当指标,但是认为,收入地位变化影响消费是有时滞(lag)的,因此,刚刚达到某个量度收入水平的家庭,并不像久已处在该水平的家庭那样,与该水平完全适应。这

---

① 费雪没有给出每个年龄层的家庭的户均人数,但是给出了按照户均人数划分的家庭的百分比分布。见珍妮特·A.费雪,"不同年龄层家庭的收入、支出和储蓄模式",载《收入与财富研究》,第 XV 期(纽约:国家经济研究局,1952 年),表 7,第 88 页。下列比较中的估计数,是把"五人或更多"的一组,当作"平均六人"计算而得的:

户主的年龄	户均人数	
	美国	英国(1953)
18—24	1.68	1.24
25—34	3.14	2.80
45—44	3.67	3.52
45—54	2.86	2.67
55—64		2.09
65 及以上	2.24	1.44
所有年龄	2.85	2.36

两种理由会带来类似的经验预期,即刚达到某个量度收入水平的家庭,往往比稳定在这个水平的家庭消费得少,而后者又比刚从更高收入水平滑落到这个水平的家庭消费得少。但是,两种理由隐含着很不相同的消费行为假说,并要求对收入变化的影响作不同取向的研究。

在永续收入假说中,研究收入变化的影响,完全是针对量度收入意义上的收入变化。下面以一个简单的例子说明我们的假说具有这样的含义,并说明这样可以相当准确地推断收入变化的影响。考虑一个家庭群体:他们的平均量度收入在某两年中没有变化;假定每一年的临时收入平均为零,从而平均永续收入等于平均量度收入,也是两年不变。以第一年到第二年的收入变化为准,给这些家庭分组,并对每一小组家庭确定第二年的消费-量度收入的回归。根据我们的假说,关于这些回归、它们之间的关系,以及它们与全部家庭回归之间的关系等,我们会有何看法呢?

为简便起见,假设每户家庭与整体均满足两年的永续收入不变。① 这样,任何收入变化都可归于临时变化。而我们假设了临时部分与永续部分不相关,因此,根据收入变化划分的各小组,在永续收入分布上不会有系统的差别;他们都会有相同的永续收入平均值和离差。根据我们的假说,消费只取决于永续收入,与临时收入无关。因此,我们的假说意味着所有收入变化小组的平均消费都是一样的。

---

① 这一点并不是永续部分定义之所必需。例如上面提到,永续部分可能与户主的年龄有系统的关系。无法顾及这种年龄上的差别,是下面实证案例中的误差的一个来源。

但是，平均量度收入并不一样。收入下降的家庭，第二年的临时收入一定比第一年少；我们刚已看到，他们的平均永续收入是不变的，因此，第二年的平均量度收入一定比第一年低。同样，收入上升的家庭，第二年的临时收入一定较大，平均量度收入较高。假定整个群体的平均量度收入两年相等且对称分布，那么，收入下降的家庭与收入上升的家庭相比，第二年的量度收入一般会少一些。由于平均消费都是一样的，因此，不同收入变化小组的消费-量度收入回归线的高度一定不同，收入的代数变化越大，[①]回归线越低。

回归线的斜率又如何呢？上述假设表明，同一个收入变化小组的各家庭彼此临时收入的相似度，要甚于整个群体的相似度。例如，在收入增加最多的小组中，一般不会有什么家庭第二年的临时收入为大额负值。因此，一个收入变化小组的临时收入方差，小于整个群体的临时收入方差；但永续收入的方差总是一样的，从而一个收入变化小组的 p_y 值要比整个群体的大。这样，我们的假说就意味着：一个收入变化小组的消费-收入回归线，比整个群体的回归线陡。

图 10 给出了根据我们的假说得出的各条回归线之间的关系，但没有展示不同小组共同的平均消费。

上述讨论措辞谨慎，以便对假说的算术形式与对数形式都能适用。在算术形式中，家庭是根据收入变化的绝对量分组；对数形式中，则根据收入的百分比变化分组。

---

① 不是指收入变化的绝对值大小。收入上升的家庭，代数变化为正值，收入下降的家庭，代数变化为负值；因此收入上升家庭的回归线在下，收入下降家庭的在上。——译者注

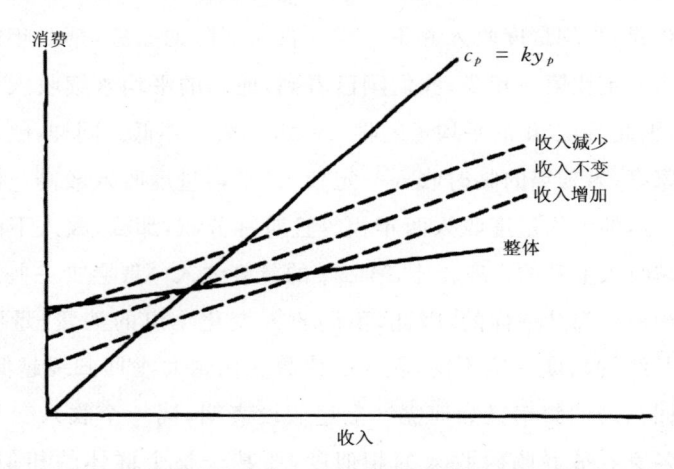

图 10 按收入变化划分的各小组的假设回归(假设整体的平均变化为零)

本章附录更详细地分析了假说两种形式的含义。一方面,附录的分析比上述分析更为一般化:它允许两年的平均永续收入有所不同,只要每个家庭变化的绝对量相同(算术形式),或百分比相同(对数形式)即可;且它不必假设临时部分平均为零。另一方面,它又是较少一般化的:它对两年的临时收入分布作了特别的假设,即临时收入在两年中是方差相同的联合正态分布。附录的分析证实并扩展了上述结论。最值得关注的一般化扩展可能是:收入变化不管有多大,一旦给定,回归线的斜率就都一样;也就是说,类似图 10 的虚线所示的回归线,如果是针对一组收入变化值(或一些等距的收入变化阶层)算出,那么它们就会是平行的。这就是图 10 中把回归线画成平行线的理由。根据这个分析,我们还可以得到明确的公式:以整个群体的一些参数、收入变化大小、收入结构特征等,表示一个收入变化小组的回归线斜率与截距。在解释收入变化影响的现有数据时,我们将用到这些公式。

我已经比较详细地检验了我们的假说与下列两组数据的一致性:一组是有关600多户农户家庭的数据,露丝·麦克曾用以分析收入变化的影响。① 这些数据由农业安全局(the Farm Security Administration, FSA)采集,针对的是1940—1942年。② 另一组是消费者财务状况调查中收集的近5000户家庭的数据,詹姆斯·摩根曾用以分析收入变化的影响,③针对的是1948—1949年。

此外,我还附带检验了假说与1943—1944年田纳西州近400户农户数据的一致性。像另外两组数据一样,这组数据也非常符合假说的含义(只在一个方面有不同)。④

---

① 露丝·P.麦克,"收入变化趋势与消费函数",载《经济与统计学评论》(Ruth P. Mack, "The Direction of Change in Income and the Consumption Function", *Review of Economics and Statistics*),第XXX卷,第4期(1948年11月),第239—258页。

② 见威拉德·W.科克伦和玛丽·D.吉尔格,《玉米种植区部分农户群体的家庭预算构成的变化》(Willard W. Cochrane and Mary D. Grigg, *The Changing Composition of Family Budgets for Selected Groups of Corn Belt Farmers*),农业部,农业经济局(华盛顿),1946年10月)。

③ 见卡托纳、克莱因、兰辛和摩根,上引书,第153—154页。

④ 见基恩·L.彭诺克和伊丽莎白·L.斯皮尔,《田纳西州农村家庭收入和支出的变化,1943—1944年》(Jean L. Pennock and Elisabeth L. Speer, *Changes in Rural Family Income and Spending in Tennessee, 1943-1944*),农业部第666号综合出版物(1949年3月)。

该书第8页图表与下列图11、图12一样,不过只针对减少、不变、增加这样三个收入变化小组,而不包含与整体的关系。三个小组标示出来的值,显然会产生三条几近平行的回归线,它们比整体的回归线更陡,又比永续部分之间的关系线平坦。与我们假说的推测相矛盾的是:固定收入小组的回归线,并不是处在其他两条回归线中间,而是处在收入增加小组回归线的右边。出现这种矛盾,可能是因为所用的消费定义包含了耐用消费品支出的缘故。在每个量度收入水平上,收入上升家庭都比收入不变家庭有更大支出,可能只是反映了他们购买更多的耐用消费品。尽管第9页表7的少量相关信息符合这种解释,但公布的数据尚不足以验证之。

1. 农业安全局的数据

图 11 来自露丝·麦克的论文,我只是添加了一条连接原点和样本平均值的直线,以表示永续部分之间的关系,即 $c_p = ky_p$。[①]我们看到,图 11 与假设的图 10 很相似,差别只在收入的平均变化上——两幅图正是根据收入的平均变化画出的。图 10 所画的是一个平均收入两年不变的群体,因此,经过全部家庭回归线和永续部分关系线的交点的,是固定收入小组的回归线。图 11 所画的是一个平均收入增加了 1,618 美元的群体。其中,"收入上升小组 2"——收入平均增加 1,910 美元——与整个群体的收入平均变化最接近,因此,该小组相当于图 10 的固定收入小组,其回归线经过全部家庭回归线和永续部分关系线的交点。正如我们的假说所料,各收入变化小组的回归线大致彼此平行,比全部家庭回归线陡,比连接原点和样本平均值的直线平坦。

表 10 更加严格地对比了观测到的数据与假说的推测值。由于家庭是根据收入变化绝对值分组的,我们只能运用假说的算术形式来作推测。结果,两者的一致性同样很强:我们的假说推测,每个收入变化小组的回归线斜率为 0.23,实际斜率为 0.23—0.29;在小组回归线与整体回归线的交点上,各小组的收入观测值与推测值都八九不离十。

当然,细节上不免有一些抵牾:(1)我们用于推测斜率的公式,针对的是各户收入变动一模一样的虚拟小组;而实际的小组包含

[①] 感谢露丝·麦克提供了她的计算表。

家庭消费（美元）

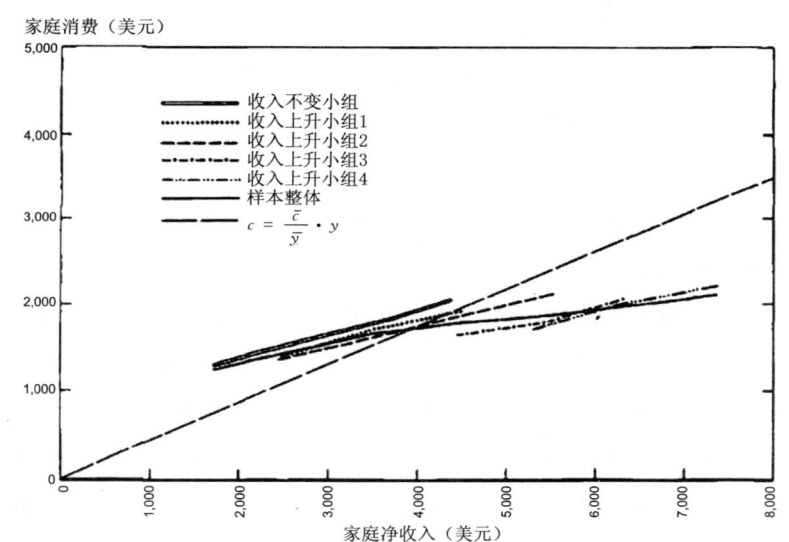

[图表：家庭消费对家庭净收入的回归曲线，包含收入不变小组、收入上升小组1、收入上升小组2、收入上升小组3、收入上升小组4、样本整体，以及 $c = \frac{\bar{c}}{\bar{y}} \cdot y$]

家庭净收入（美元）

资料来源：露丝·P.麦克，"收入变化趋势与消费函数"，载《经济与统计学评论》，1948年11月，第242页。

图 11 家庭消费对农户收入的回归，五个收入变化组，1942 年（针对 1940—1942 年收入变化）

了大约 1000 美元的收入变动幅度，这一点应该会使观测到的斜率低于推测值，但实际上观测到的斜率一律更高。(2)交点上的收入观测值与推测值有系统的差别，前者分布较为集中。(3)相同现象的另一个反映，见于最后一列的平均消费：如果附录给出的数学模型完全适用于这些数据，平均消费应该完全相同，但实际上平均消费出现明确的上升趋势。

上述(2)(3)两点，反映了我们模型的一个必要的补充假设存在缺陷，而不是模型与基本假说真有背离。1940—1942 年，整个群体收入大幅增长，增幅超过 1,600 美元，或相当于 1940 年收入水平的将近75%。而我们的数学模型假设所有家庭永续收入变化的绝对量都一样。在平均收入小幅变化、永续收入估计亦然的情况下，这个假设可能还算比较靠谱。现在的情况是平均收入增长75%，永续收入估计也差不多，这时，最好是假设所有家庭永续收入的增长率都一样——由物价上涨引起的大约20%的增幅，当然是所有家庭都一样，其他部分应该也是如此。据此，收入变化绝对值与永续收入的大小就不无关系了。收入变化绝对值越大，一般来说，永续收入变化的绝对值也越大，从而该小组的平均永续收入也越大。表10最后一列中上升的平均消费，可能就是反映了平均永续收入的这种增长。也正因此，交点上的收入观测值比推测值分布更集中，因为平均永续收入增长[①]会使各条回归线彼此更加靠拢。

至于第(1)点，可给予部分解释的一个理由是：平均临时消费有可能为负值。在推算斜率时，需要用到参数 k，即平均永续消费-平均永续收入之比。我们是以整个群体的平均消费-平均收入之比的观测值当作 k 的估计值，这样显然低估了 k 值。因为，1942年是消费管制政策开始起效的战争年代，平均临时消费几乎肯定为负值，而平均临时收入又几乎肯定为正值。我们在后文（见第六章第四节）对这个群体的平均临时消费做了一个估计。如果运用经此调整后的 k 值，推测的斜率确实提高了，但只是由0.23提高到0.24，因此，这个因素只能部分解释第(1)点。

[①] 是指永续收入幅度相同、绝对数不同的增长。收入上升越大的小组，量度收入越大（这会使回归线越靠右下），相应地，永续收入也越大，这又使消费相应越多，即回归线上移。——译者注

表 10　各收入变化小组的观测值与推测值之比较
——农业安全局的农户样本(以千美元为单位)

收入变化小组	回归线的斜率		小组回归线与所有家庭回归线交点上的收入		平均消费[d]
	观测值[a]	推测值[b]	观测值[a]	推测值[c]	
无变化	0.29	0.23	$1.9	$1.6	$1.5
收入上升小组 1	0.27	0.23	2.7	2.8	1.6
收入上升小组 2	0.25	0.23	3.1	4.2	1.7
收入上升小组 3	0.23	0.23	5.9	5.8	1.7
收入上升小组 4	0.24	0.23	6.7	7.3	1.9
所有小组合计	0.15				1.6

[a] 根据图 11 各点拟合算出。
[b] 假定 $r_{u'}$ 为零,根据附录的(4.26)式算出。把平均消费-平均收入之比的观测值当作 k,把所有家庭拟合回归线的斜率当作 b。
[c] 由附录的(4.27)式算出,其中用到上注的数值,$(d-\bar{d})$ 的值则来自威拉德·W.科克伦和玛丽·D.吉尔格,《玉米种植区部分农户群体的家庭预算构成的变化》,农业部,农业经济局(华盛顿,1946 年 10 月)。
[d] 根据上注的数据算出。
注意:回归线是指 1942 年的,收入变化指 1940 年至 1942 年的变化。各收入变化小组的收入变动幅度为 1,000 美元,最高收入变化小组除外。

2. 消费者财务状况调查的数据

消费者财务状况数据针对大得多的样本——将近 5,000 户家庭,其中大约一半数据报告于 1947 年,另一半报告于 1948 年。这些数据绝大部分针对城市家庭,可能也包括一些农户。[①] 在分析

[①] 摩根没有指明样本的确切涵盖范围,或这些样本与他在同一章前面所用的样本的关系,但我根据所含的样本量推断,应该包含农户和经营户。

中,两年的数据混合在一起,都根据比上年的收入变化情况划分收入变化小组。这些数据与农业安全局的数据相比,不仅样本量大,还有一个优势,即:家庭是根据收入的百分比变动率来分组的,因而我们可以运用假说的对数形式——我们发现,这种形式通常更适合于数据。但是也有一个严重缺陷:基础数据从来未曾同样充分地披露过。下面的分析主要基于詹姆斯·摩根提供的一些未公布的数据;这些数据也还不敷运用,因此我只能以相当武断的方式构造数据,以应分析之所需。

图 12 是摩根图表的翻版。[1] 与他的图表一样,这里最高收入组,即 7,500 美元及以上小组的点也省略了。因为用于表示一组收入的值,是该组区间的中点(5,000—7,500 美元的小组例外,取的是 6,000 美元);对最高收入小组来说,计算平均值显然不可得,而用任何单一数值表示最高小组的收入,又都过于随意,都有很大误差。我在图上增加了两条针对全部样本的直线:一条标示为 A,表示永续部分之间的假定关系,其中 k 值是全部样本的平均消费-平均收入之比;另一条标示为 B,表示消费对数-收入对数的估计回归。[2]

---

[1] 上引书,第 154 页,表 4。摩根对收入变化的影响给予了很大关注。但是,他的大部分分析都用到了消费-收入回归的残差,因此,如上面第二节第六小节所言,这些分析价值不大。他确实给出了一些收入变化小组的储蓄-收入回归(见第 155 页和 160 页)。但这些回归是针对进一步根据流动资产数量划分的子组而言的。附录的分析显然不能直接应用于这些子组,而我又不能构造其他合理的形式,因此我不讨论这些结果。

[2] 由于各小组的所有家庭的平均收入与平均消费数据付阙,这个回归是迂回确定的。摩根提供的数据,是收入与储蓄的算术值的总和、平方和、叉积(cross-products)之和等。我们据此计算收入与消费的算术值之间的最小二乘直线,以及这条回归线在算术平均收入值上的弹性,并把它当作 B 线的斜率。消费与收入的几何平均,根据这些数据估计;B 线的截距,根据 B 线将通过相应点的原则确定。

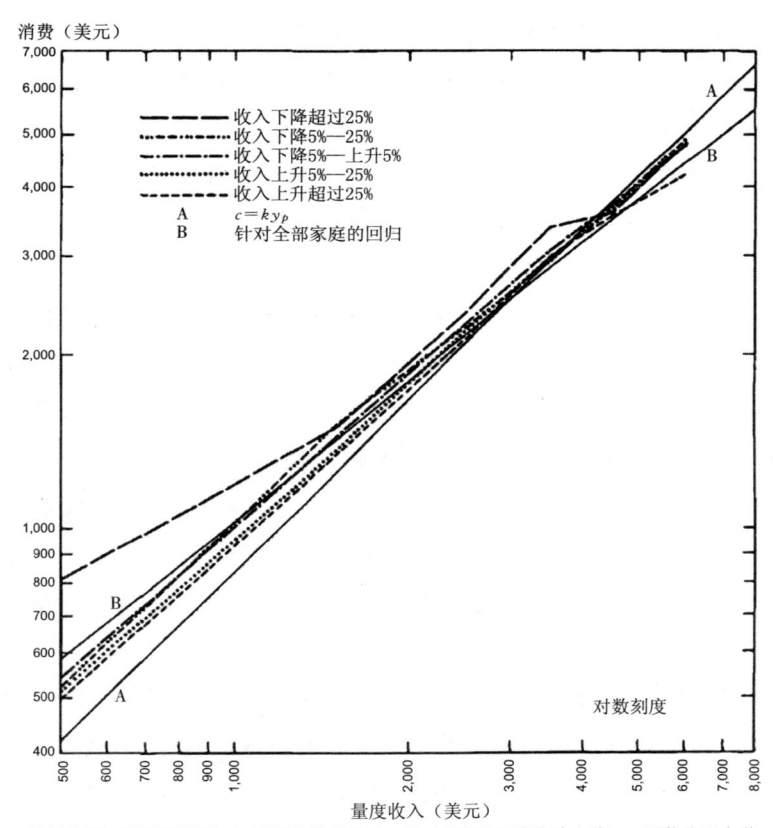

第四章 永续收入假说与消费-收入关系的现有预算研究…… *127*

消费（美元）

收入下降超过25%
收入下降5%—25%
收入下降5%—上升5%
收入上升5%—25%
收入上升超过25%
A $c = k y_p$
B 针对全部家庭的回归

对数刻度

量度收入（美元）

资料来源：根据詹姆斯·N.摩根的数据整理，见《经济学调查方法文稿》，哥伦比亚大学出版社1954年版，第154页。

图 12　五个收入变化小组的消费-收入回归，基于 1947 年和 1948 年消费者财务状况调查（根据与上一年相比的收入变化分组）

我们看到，图 12 就像图 11 一样，与假设的图 10 非常吻合。例外的是收入下降超过 25％ 的小组——这个小组的回归线异常地高而平坦。

表 11 给出了观测值与推测值之间的量化比较。除了收入下降超过 25% 小组之外,其他小组的观测弹性与推测弹性都非常接近,甚至偏离情况也符合预期。推测弹性是针对单一收入变化值,观测弹性则针对一定的收入变化幅度,因此后者应低于前者。同理,小组的收入变化幅度越大,观测弹性应该比推测弹性低越多。表中除了一项例外,情况确实如此。

在各小组回归线与全部样本回归线的交点上,收入的观测值与推测值差距较大。其中偏差最大的同样是收入下降超过 25% 的小组,其他各小组的情况,与农业安全局的样本比较而言,差距也要大很多。对此,我无法给出合理的解释。

表 11 第(6)列给出的各收入变化小组的平均消费,与农业安全局的样本相比,更加符合预期。除了第一个小组——它始终是个异端,其他组的平均消费都非常近似,并且与收入变化没有系统性的联系。

针对这些数据,我们还可以进一步检验各收入变化小组的永续收入、临时收入的估计离差即绝对离差估计值的情况,见(8)(9)两列,它们来自第(2)列的观测弹性和第(7)列的量度收入标准差。我们看到,根据永续收入假说,各小组永续收入的离差应大致相同,并且与整个群体的离差不分伯仲;而临时收入的离差,应是各小组的小于整体的。实际数据显然很切合这些推测,同样只有"收入下降超过 25%"的第一小组例外——这个小组无论在总体上,还是在永续或临时部分上,离差都非常低。

为什么"收入下降超过 25%"小组始终是个异端? 对此,我没有完全称心如意的答案。不过,这种异常情况可能部分反映了数据不足带来的分析上的缺陷,即没能考虑户主的年龄问题。对于一个户主年龄相同的小组,我们可以认为:各家庭在永续收入的相对地位上,会年复一年地保持不变——上面分析中,我们正是这么假设的。但对于一个户主年龄各异的小组,就不能这么看了。那些尚未到达收入顶峰的家庭,相对收入地位会逐步上升,那些已届顶峰的家庭则在下降。我们可以得到的是1948年各收入变化小组中户主的年龄分布数据。这些数据显示,户主65岁及以上的家庭在两个收入变化小组中特别集中,一是"下降5%至上升5%"小组,二是"下降超过25%"小组。① 前者可能因为户主业已退休多年,在调查年份里正领取稳定的退休金,永续收入地位没有什么大的变化,因而也不会对分析带来困难。而后者,户主大部分必定也已退休,或部分是在调查年之内或之前刚刚退休;他们的收入下降,主要是永续收入下降。结果,这个小组的平均永续收入比其他小组低,从而平均消费也较低,如第(6)列所示。② 但是,这种影响不太可能完全解释该小组与其他小组在平均消费上的全部差别。因为,这个差别约20%,表明平均永续收入上的差别也差不多大小,但是,1948年户主65岁及以上的家庭只占该收入变化小组的18%左右,户主55岁及以上的家庭也只占35%,远不足以解释约20%的平均永续收入差别。同样,这种影响可能也有助于解释该小组的离差值为什么这么低〔见第(7)(8)(9)列〕,但也不可能完全解释。

---

① "1950年消费者财务状况调查,第三部分",载《联邦储备公报》(1950年8月),表3。
② 原文为column (4),根据表11,应是第(6)列。——译者注

群体的量度收入及其中永续收入、临时收入的标准差,分别是平均收入的75％、68％和32％。这些估计值非常接近于上面表4所列的1935—1936年和1941年所有非农户或城市家庭的估计值。我没有算出各收入变化小组的相应值,因为这样一个小组的平均量度收入不能被看作是平均永续收入的近似值。

表11　各收入变化小组的观测值与推测值之比较
——基于1947—1948年消费者财务状况调查数据(以千美元为单位)

收入变化小组	消费的量度收入弹性		小组回归线与所有家庭回归线交点上的收入		算术平均消费[d]	标准差		
	观测值[a]	推测值[b]	观测值[a]	推测值[c]		量度收入[e]	永续收入[f]	临时收入[g]
(1)	(2)	(3)	(4)	(5)	(6)	(7)	(8)	(9)
下降超过25％	0.77	0.89	$19.6	$0.1	$1.9	$1.42	$1.25	$0.68
下降5％—25％	0.87	0.89	1.6	0.6	2.5	2.36	2.20	0.85
下降5％—上升5％	0.88	0.89	1.4	1.6	2.4	2.26	2.11	0.80
上升5％—25％	0.89	0.89	2.3	3.5	2.8	2.15	2.03	0.71
上升超过25％	0.87	0.89	5.3	8.9	2.5	2.55	2.37	0.93
所有小组合计	0.82				2.5	2.28	2.06	0.98

[a] 各收入变化小组的弹性,是拟合于图12各点的对数直线的斜率;最后一行所有小组的合计,其算术平均收入上的弹性,是按最小二乘法拟合于原始数据的算术直线的斜率。感谢密歇根调查研究中心的詹姆斯·摩根,他提供了这项计算和本表注释中其他计算的基础数据。采用后面这个弹性,乃是因为根据图形进行对数拟合所需的数据无法得到。为相互核对,我们按照这种方法计算了各收入变化小组的相应弹性,结果按表中排列的顺序分别是 0.77、0.88、0.86、0.81、0.77。在计算图12中的交点时,采用的所有小组合计的回归线,是斜率等于0.82并经过几何上的平均收入-平均消费点的对数直线。反过来,几何上的平均收入和平均消费,又是根据相应的算术平均值与方差估计的。

[b] 由本章附录的(4.20′)式算出。$r_{YY'}$设定等于0.828——这个值是在消费者财务状况调查的回访样本中,城市家庭(成员不少于2人)1947年和1948年收入对数的相关系数(见下面表18,第8项)。

c 由(4.23')式算出。各收入变化小组,D 值很随意地分别确定为 0.65、0.85、1.00、1.15 和 1.35 的对数;$\overline{D}$ 则为这些 D 值的加权平均,以每个小组的家庭数量为权重。

d 由摩根提供的数据算出。

e 由摩根提供的绝对收入之和及其平方之和算出。

f 第(2)列数值与量度收入标准差平均的乘积的平均根。

g 第(2)列数值的补数与量度收入标准差平均的乘积的平均根。

注意:样本结合了 1947 年和 1948 年的观测值,因此回归针对的是 1947 年和 1948 年的平均值。收入变化是指与各自上年相比的变化(1947 年之于 1946 年,或 1948 年之于 1947 年),而且是指对数回归。

3. 这些比较的重要性

我们按照收入变化划分家庭观测到收入变化的影响,与永续收入假说推测的影响,显然非常一致。这种一致性超乎寻常,并有着相当精确的量化特征。在评价这些结果的重要性时,有两点需要特别强调。

(1)这种一致性,特别是其量化特征,某种程度上是迄今关于我们假说的最有力的证据。这么说,一是因为,这些观测与推测结果的比较所针对的假说含义非常明确,从而可以方便证伪;二是因为,这些含义迄今未从其他假说中推断出来,有一些甚至尚未被确定为经验规律。因此,这些比较既展示了假说在生成含义上的创造力,又提供了检验假说的新领域。

(2)在解释上述数据时,接受我们的假说,并不意味着收入变化不再是消费分析的一个重要变量。我们的假说只是说明收入变化为何是一个重要变量,并预测了收入变化会有什么样的影响。数据结果与假说相一致,意味着我们不必把收入变化的影响看作家庭对环境变化的反应存在某种"时滞"的证据。相反,收入变化之所以被认为有其影响,正是因为它不能被当作环境的正常变化,正是因为收入的一个剧变通常标志着量度收入受到了临时因素的强大冲击。

第四节附录:收入变化对消费-收入回归的影响

根据收入变化划分的消费数据,通常有两种形式:(1)像农业安全局的数据,根据收入变化的绝对数划分;(2)像消费者财务状况调查的数据,根据收入变化率划分。为方便起见,在推导假说之于这两种数据的具体含义时,我们可以作略为不同的假设:对于第(1)种数据,假设在记录收入变化的年度中,每户家庭的永续收入变化的绝对值相同;对于第(2)种数据,则假设永续收入变化的百分比相同。

1. 永续收入相同绝对值的变化

令 y = 某年的量度收入

y' = 开始计算收入变化的基年的量度收入

$d = y - y'$ = 收入变化

c = 某年的量度消费

a = 家庭的量度消费在量度收入回归线上的截距

b = 家庭的量度消费在量度收入回归线上的斜率

给这些符号加上下标 d(d 本身除外),表示收入变化(d)相同的一组家庭(即一个收入变化小组)的相应变量。

现在的问题是确定 a_d 和 b_d 的值。

根据前面的分析,

$$b = kp_y \tag{4.1}$$

$$a = \bar{c} - b\bar{y}。 \tag{4.2}$$

基于完全类似的推理可得,

$$b_d = k_d p_{yd} \tag{4.3}$$

$$a_d = \bar{c}_d - b_d \bar{y}_d。 \tag{4.4}$$

根据假设,每户家庭永续部分之间的关系都是一样的,因此

$$k_d = k。 \tag{4.5}$$

假定所有家庭的永续收入变化绝对值都一样,那么,家庭之间 d 值的任何不同,都来自临时收入之不同。而根据我们的假说,临时收入与永续收入、永续消费不相关,也与临时消费不相关。从而,消费与 d 值不相关,由此,

$$\bar{c}_d = \bar{c}。 \tag{4.6}$$

这样,我们就可以专注于求 P_{yd} 和 $\bar{y}_d$,即收入分布的特征值。由于

$$P_y = \frac{\sigma_p^2}{\sigma_y^2}, \tag{4.7}$$

其中 σ_p^2 是永续收入的方差,σ_y^2 是量度收入的方差。类似地,

$$P_{yd} = \frac{\sigma_{pd}^2}{\sigma_{yd}^d}。 \tag{4.8}$$

但是根据我们的假说,

$$\sigma_{pd}^2 = \sigma_p^2, \tag{4.9}$$

因为 d 不同,只是反映了临时部分的不同,而临时部分假设与永续

部分不相关。永续部分的分布就像消费分布一样,对于每一个 d 值相同的家庭群体(无论 d 为何值)都是一样的,并与所有家庭汇总的情况也一样。因此,

$$P_{yd} = \frac{\sigma_y^2}{\sigma_{yd}^2} \cdot P_y, \tag{4.10}$$

从而我们的问题可以归结为确定 $\bar{y}_d$ 和 σ_{yd}^2。[①]

为简化起见,假设 y 与 y' 是联合正态分布。于是 y 和 $d = y - y'$ 也是联合正态分布。因此,$\bar{y}_d$ 是 d 的线性函数,即

$$\bar{y}_d = e + f(d - \bar{d})。\tag{4.11}$$

参数由下列两式给出:

$$f = \frac{E(y - \bar{y})(d - \bar{d})}{E(d - \bar{d})^2}, \tag{4.12}$$

$$e = \bar{y}。\tag{4.13}$$

但是,由于 $(d - \bar{d}) = (y - \bar{y}) - (y' - \bar{y}')$,

$$f = \frac{\sigma_y^2 - r_{yy'}\sigma_y\sigma_{y'}}{\sigma_y^2 - 2r_{yy'}\sigma_y\sigma_{y'} + \sigma_{y'}^2}。\tag{4.14}$$

假设 $\sigma_y = \sigma_{y'}$。那么,

$$f = 1/2, \tag{4.15}$$

因此

$$\bar{y}_d = \bar{y} + 1/2(d - \bar{d})。\tag{4.16}$$

现在我们需要计算

$$\sigma_{yd}^2 = E(y - \bar{y}_d)^2 = E[(y - \bar{y}) - 1/2(d - \bar{d})]^2 \tag{4.17}$$
$$= E[1/2(y - \bar{y}) + 1/2(y' - \bar{y}')]^2$$

[①] 分别指一个收入变化小组的量度收入的平均值和方差。——译者注

$$= 1/4(\sigma_y^2 + 2r_{yy'}\sigma_y\sigma_{y'} + \sigma_{y'}^2)。$$

再次假设 $\sigma_y = \sigma_{y'}$

$$\sigma_{yd}^2 = 1/2\sigma_y^2(1 + r_{yy'})。 \quad (4.18)$$

代入(4.10),得

$$P_{yd} = \frac{2P_y}{1 + r_{yy'}}。 \quad (4.19)$$

把(4.5)和(4.19)代入(4.3),并运用(4.1),得

$$b_d = \frac{2k \cdot P_y}{1 + r_{yy'}} = \frac{2b}{1 + r_{yy'}}。 \quad (4.20)$$

把(4.6)和(4.16)代入(4.4),并运用(4.2),得

$$a_d = \bar{c} - b_d\bar{y} - 1/2b_d(d - \bar{d}) \quad (4.21)$$
$$= a + \bar{y}(b - b_d) - 1/2b_d(d - \bar{d})。$$

在应用中,由于 a_d 可能有很大的抽样误差,因此,最好是代之以观测收入变动区间的中间位置附近的高度指标。简言之,可以是平均收入上的消费,即

$$c(at\ \bar{y}) = \bar{c} - 1/2b_d(d - \bar{d})。 \quad (4.22)$$

另一种方法,是确定某个收入变化小组的回归线与整体回归线相交时的量度收入 y。这个 y 值由下式给出:

$$y = \frac{a_d - a}{b - b_d} = \bar{y} - \frac{1}{2}\left(\frac{b_d}{b - b_d}\right)(d - \bar{d})。 \quad (4.23)$$

通过赋予 $r_{yy'}$ 一种不同的表示形式,我们可以对(4.20)式略加修订。令 p' 代表第一年永续部分对其平均值的偏差,t' 代表临时部分的相应偏差,p 和 t 代表第二年的相应值。根据我们的假说,$p = p'$,于是

$$r_{yy'} = \frac{E(p+t')(p+t)}{\sigma_y \sigma_{y'}} = \frac{\sigma_p^2 + r_{tt'}\sigma_t \sigma_{t'}}{\sigma_y \sigma_{y'}}, \quad (4.24)$$

考虑到 p 和 t, p 和 t' 之间都不相关,同样,假设 $\sigma_y = \sigma_{y'}$, $\sigma_t = \sigma_{t'}$。于是我们有

$$r_{yy'} = P_y + (1 - P_y) r_{tt'}。 \quad (4.25)$$

把(4.25)代入(4.20),并以等价的 b/k 代替 P_y,结果

$$b_d = \frac{2kb}{k + b + (k-b)r_{tt'}}。 \quad (4.26)$$

把(4.26)代入(4.23)。结果量度收入 y 的交点值是

$$y = \bar{y} + \frac{k}{(k-b)(1-r_{tt'})}(d - \bar{d})。 \quad (4.27)$$

尽管 t、t' 被视为与 p 值无关,我们的假说并不要求 t 和 t' 之间也不相关。它们是否相关,取决于永续收入所含的时间跨度,以及所分析的两个年度之间的时间间隔。如果时间跨度只有两年,尽管所分析的两年是毗邻的,t 和 t' 也不相关。如果是三年,那么相邻两年的 t 和 t' 就不再不相关,因为这时一些持续时间超过一年的影响也会被视为临时的。但对于隔了一年的两个年份来说,它们又是不相关的。如此等等。

在图 11 农业安全局的数据中,收入变化是指中间隔了一年的两个年份之间的变化。因为我们后面将要提到,三年的时间跨度是一种好的近似。如果确是如此,那么对于农业安全局的这些数据,$r_{tt'}$ 可以被认为是零,这就使(4.26)和(4.27)式变得特别简单。

(4.20)或(4.26)式的一个重要含义是:各收入变化小组的回归线斜率 b,与收入变化值 d 的大小无关,即各条回归线都是平行的。无论由等式得到的斜率为何,情况都是如此。另一个含义是:

如果 $k>b$,那么 $k>b_d>b$,即一个收入变化小组的回归线比整体回归线要陡,但比永续部分关系线要平坦。

另须强调一点,上述分析,针对的是收入变化值 d 一定的小组。如果把 d 值在某个区间内的家庭都归为一组,其回归线斜率会在 b 和 b_d 之间。因此,一般情况下,(4.20)或(4.26)式可能会高估斜率的观测值。

2. 永续收入相同百分比的变化

上一小节的例子针对的是农业安全局的数据,即根据收入变化绝对数分组的数据。这里的例子则针对消费者财务状况调查的数据,即根据收入变化率分组的数据。

因此,令

$$y_p = my'_p 。 \quad (4.28)$$

两边取对数,以大写字母代表相应小写字母的对数:

$$Y_p = M + Y'_p 。 \quad (4.29)$$

令

$$D = Y - Y' 。 \quad (4.30)$$

现在考虑假说的对数形式,对此

$$B = P_Y \quad (4.1')$$

$$A = \overline{C} - B\overline{Y} = K + \overline{C}_t - \overline{Y}_t P_Y + \overline{Y}_p(1 - P_Y) 。 \quad (4.2')$$

相应地

$$B_D = P_{YD} \quad (4.3')$$

$$A_D = \overline{C}_D - B_D \overline{Y}_D 。 \quad (4.4')$$

同上,

$$\overline{C}_D = \overline{C}. \tag{4.6'}$$

如果我们假设 Y 和 Y' 为联合正态分布,则该例可简化为上例,我们可以直接写出:

$$\overline{Y}_D = \overline{Y} + 1/2(D - \overline{D}), \tag{4.16'}$$

$$B_D = P_{YD} = \frac{2P_Y}{1 + r_{YY'}} = \frac{2B}{1 + r_{YY'}}, \tag{4.20'}$$

$$A_D = A + \overline{Y}(B - B_D) - 1/2 B_D(D - \overline{D}), \tag{4.21'}$$

$$C(at\overline{Y}) = \overline{C} - 1/2 B_D(D - \overline{D}). \tag{4.22'}$$

Y 的交点值是

$$Y = \overline{Y} - \frac{1}{2}\left(\frac{B_D}{B - B_D}\right)(D - \overline{D}). \tag{4.23'}$$

同样,一旦

$$r_{YY'} = P_Y + (1 - P_Y)r_{TT'}, \tag{4.25'}$$

则

$$B_D = \frac{2B}{1 + B + (1 - B)r_{TT'}} \tag{4.26'}$$

这时 Y 的交点值是

$$Y = \overline{Y} + \frac{1}{(1 - B)(1 - r_{TT'})}(D - \overline{D}). \tag{4.27'}$$

第五章 永续收入假说与消费-收入关系的现有时序数据证据的一致性

第二章我们看到,根据永续收入假说,在一定条件下,一组家庭的总量永续消费-永续收入的关系,与单独一户家庭的永续消费-永续收入的关系,形式上是一样的。即,

$$c_p^* = k^*(\quad) \cdot y_p^*, \qquad (2.10)$$

其中 c_p^* 和 y_p^* ,分别表示一组家庭的总量(或户均)永续消费和永续收入,k^* 既取决于单一家庭的 k 函数,也取决于根据 k 函数中的变量(特别是 i、w 和 u)划分的家庭分布情况。

假设有一组总量(或户均)量度收入、量度消费的时序数据,它们满足证明(2.10)式成立所需的条件;再假设不同年度(或其他时间单位)的 k^* 值基本相同,因此,(2.10)式空括号里的变量无需明确,而可忽略。这样,我们的假说在假设的家庭预算数据中的应用(第三章),以及在真实的家庭预算数据中的应用(第四章),现在都可以直接沿用到时序数据上。其中只须对结果的表述略作改动,以示现在讨论的是总量(或户均)量度消费和量度收入,不再是单个家庭的量度消费和量度收入。特别地,根据时间序列算出的量度消费-量度收入回归线,会产生一个小于平均倾向的边际倾向,消费的收入弹性会约等于 P_{y^*} ——这里的 P_{y^*} 与前面一样,

指量度收入方差中,由永续收入变化引起的比例。

本章检验这个简单模型与现有时序数据的一致性。第一节讨论雷蒙德·戈德史密斯最近估计的美国长期储蓄的一般特征。正是因为这些特征,我们才认为 k^* 值在这个时期内保持不变。第二节讨论消费与同期收入回归的更详细的特征,特别是周期长短、数据形式等对观测弹性的影响,时序数据弹性与预算研究弹性之间的差别等。第三节解释其他研究者提出的一些消费-收入回归,其中消费不仅是同期收入,也是以前收入的函数。同时,第三节还给出了我们假说建议的一种类似的消费函数。尽管本章数据覆盖相当长的时期,包括消费行为的种种特征,但与预算数据一样,所涉空间范围非常有限,差不多尽皆美国的例子,这一点难以令人满意。

第一节 美国长期总储蓄的最新估计

1. 一般模式

图 13 画出了 1897—1949 年美国的人均消费支出和人均可支配收入,两者都以 1929 年的物价表示。该图来自雷蒙德·戈德史密斯对储蓄的广泛研究,他的研究乃是第一次在这么长的时期内逐年直接估计储蓄。该图是把主要耐用消费品的支出中超过所提供服务的用值部分都当成储蓄;只有所提供服务的估计用值包括在消费之中。个人可支配收入是指家庭缴纳直接税之后的收入,它包括了政府养老基金(government pension and retirement funds)的增加,即社会保障是按照权责发生制而非收付实现制来处

第五章　永续收入假说与消费-收入关系的现有时序……　　***141***

理的,[①]但不包括企业未分配收入,也不包括私人养老金的增加及类似收入。这个收入概念是否最适合我们的目的并不明确,因为除了社会保障之外,人们还可能考虑其他资产状况的权责发生意义上而非实际分配意义上的变化。不过,它显然已相当接近理想的概念。

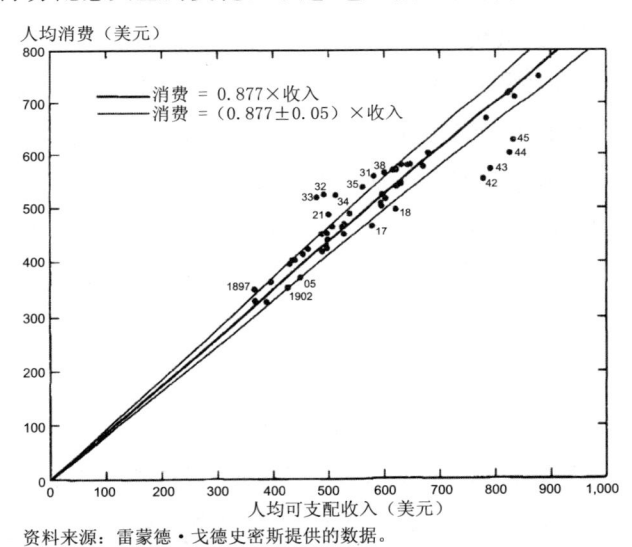

图 13　人均消费支出和人均可支配收入的关系,1897—1949 年
（以 1929 年价格计）

粗略一看即可发现,这些数据的一般模式非常符合我们的假说。我们的假说认为,计划或永续消费与永续收入之比,不取决于收入水平,取决于其他因素。如果这些其他因素在 1897—1949 年

---

① 原文为 treats social security on an accrued rather than cost basis,其中 cost basis 应该是 cash basis——译者注

间基本不变或相互抵消,永续消费-永续收入比在这段时期内就会是一个常数。这意味着,图 13 中代表永续消费-永续收入的各点会在一条经过原点的直线上。图中粗线正是这样一条直线,画出的消费率为 0.877,即 1897—1949 年平均消费-平均收入之比(见表 12 第 14 行)。粗线两边的两条细线分别指高、低 5 个百分点的消费率。① 三条线构成的扇形包含了超过 2/3 的点,并很好地描述了这些点的走势。深入分析各点对应的年份可见,各点与中心线的偏离情况不存在明显的时间性特征(temporal pattern)。早期各点,一些位于中心线下方,一些位于上方,不一而同;不过 1930 年代各点在中心线的很上面,1940 年代各点则在很下面——这个现象下面将进一步讨论。显然,就这般粗浅的检验而言,该散点图与我们的假说并不相悖,因为假说认为,观测到的点,应是中心线上的点加上收入与消费的临时部分。

细线外各点的一致性,甚至比扇形与各点的相符相契更有启发。细线下面各点,按消费-收入比由低到高排列,分别是 1942、1943、1944、1945、1918、1917 和 1905 年;1902 年只是稍微偏向线条之内一点点。② 前面六点都是战时通货膨胀的年份;而且,这六点已把战时通货膨胀年份全部囊括在内。可以料到,这些年份的

---

① 选择 5 个百分点是很随意的,其中并没有什么特殊的意义在。见下一脚注。
② 在 1902 年观测值和下一个观测值(1899 年)之间,消费-收入比的排列上有一个明显断层。1902 年的比值是 0.829,1899 年是 0.843,相差 0.014。我们沿着这组排列向上,直到 1938 年,即高出上细线的第一点为止,都再没有出现这么大的差距。1938 年的比值是 0.942,次高观测值即 1911 年的比值是 0.924,相差 0.018。而在两条细线之间,任意两个相邻观测值的最大差距是 0.007。排列上这些豁口的存在,正是我们把细线确定于中心线±5 个百分点的主要理由。

平均临时收入为正,平均临时消费为负:前者因为战时收入被认为是异常地、暂时地上升,后者则是因为消费品短缺和节制消费的爱国精神,两方面都会使量度消费-量度收入比异常低。另外两点,1902年和1905年,是相对繁荣的年份。商业年鉴记载了1890年代的一次大萧条——那是有记载以来最大的萧条之一:1894年是商业周期的谷底,1895年局部复苏并马上见顶,1897年再次跌入谷底。然后是一次有力复苏(记载中最猛烈的复苏之一),1899年达到峰顶,随之以1900年轻微而短暂的衰退,之后是新的轻微扩张,1902年再抵峰顶。此后1902—1904年的衰退,是记载中最轻微的衰退之一,并伴随着1904—1907年的持续扩张。总之,1897—1907年是一个扩张期,只是间有短暂和轻度的衰退。1902年是这个扩张期中的相对高峰年份,1905年尽管不是相对高峰,也是一个好年景。我们有理由认为,这两年的临时收入为正,并因此之故,消费只占量度收入的一个很低比例。

上一细线之上各点,按照消费-收入比从高到低排列,分别是1933、1932、1934、1921、1931、1935、1897和1938年。每一年都是严重萧条的年份;而且,此外再没有一年是明显应该归入萧条年份的。因此,这些就是临时收入为负的全部年份,其收入低于长期的预期水平。我们的假说认为,消费是根据永续收入调整的,所以,这些年份的消费是量度收入的一个很高比例,就不足为奇了。

如上所述,1930年代的所有各点都在粗线之上,1940年代除了一点之外,都在粗线之下。类似上面两段所举的因素表明,我们有理由认为,1930年代临时收入一般为负,1940年代一般为正。这种解释应比"一种长期趋势不期而至"的说法更令人满意。

当然，我们的假说与图 13 一般模式之间的一致性，并不是假说成立的非常强有力的证据。上述一切无非是说，我们的假说可以解释过去半个多世纪美国储蓄行为的一些比较显著的特征。本章后面两节将对假说作更严格的检验，看它是否能够解释这些及类似数据所体现的行为的具体量化特征。在检验之前，我们不妨就消费-收入比长期稳定的可能原因作一番推测——这种长期稳定很令人惊奇，但这里的数据，及上一章所说的各种预算研究，都体现了这种稳定性。

2. k^* 的稳定性

k^* 值的长期稳定，尽管与永续收入假说不矛盾，但并非假说之所必需。我们的假说只是说一户家庭的 k 值是当期收入水平之外的其他变量的函数，而没有说每户家庭的 k 值都是常数，更没有说不同家庭得是相同的常数 k。即使每户或每类家庭的 k 函数不会因时而异，即避开了年龄变化问题，每个 k 值也会因为其决定变量的变化而改变；即使 k 值不变——可能是因为这些决定变量不变或相互抵消，或者因为 k 函数对这些变量值的反应不灵敏，整个群体的 k^* 值，也可能因为各类家庭相对数量的变化而改变。因此，如果观测到 k^* 值大幅变化，这固然是个谜，但大致稳定也同样难以索解。

关于这个现象的全面调查，本身就堪称一项研究；但是我们的目的只是推断：这项研究必须详细检验的主要因素是哪些。[1] k 函

---

[1] 对照戈德史密斯，《储蓄研究》(Goldsmith, *A Study of Saving*)第一卷，第 6—8 页和 11—19 页。

数中，有两个变量可能会彼此反向地影响储蓄：一是利率，二是财富-收入比（或非人力财富-人力财富之比）。表面上看，利率（即某种平均利率指标）在世纪之交至 1920 年左右是上升的，随后是超过 30 年的下降，现在停留在比起初更低的水平上。[①] 这些利率变化在债券收益率中记录最全，但关于利率变化的解释被两个因素搞混了：一是物价变化，它使名义利率不能准确量度"真实"回报率；二是固定美元债券（fixed dollar obligations）与股息不定的普通股票（equities）之间，回报率的经常性相背离的走势。表面上看，利率最初上升，会降低 k^* 值，随后下降，会以更大的幅度提高 k^* 值。另一方面，尽管证据同样很不充分，我们根据国民收入中估计来自财产的比重判断，非人力财富-人力财富之比应是下降了。如果其他情况不变，这一比例下降会降低 k^* 值。

现在考虑另外三个更为直观的因素：(1) 农业人口比例急剧下降；(2) 家庭规模分布变化；(3) 政府在提供社会保障上的角色转变。在我看来，这三个因素对 k^* 值变动可能更重要——不过，也可能只是因为它们更直观而已。

世纪之交开始，以农业为主要收入来源的家庭比例急剧下降。从事其他经营活动的家庭占比，无论上升抑或下降，无一具有与之相当的变化幅度。上一章我们看到，经营者，包括农户，往往会把更大比例的永续收入储存起来。因此，农业家庭相对数量减少，会使储蓄-收入比下降，即 k^* 值上升。略加计算，即可得出影响大小

[①] 例如，参见 W. 布拉多克·希克曼，《1900 年以来的企业债券融资额》(W. Braddock Hickman, *The Volume of Corporate Bond Financing since* 1900)（国家经济研究局，普林斯顿大学出版社，1953 年），第 129 页。

的大体印象。目前,农业家庭大约拥有全社会个人可支配收入总额的 1/10 强。① 根据农户的数量变化推断,1900 年这个比例应不会超过 1/3。假设那时与现在农户平均储存收入的 20%(按照上一章的证据,这个比例可能有点偏高),非农户储存收入的 11%。那么,根据上述数据匡算,1900 年,农户与非农户合计的平均储蓄率为 14%,现在为 12%(这近似于观测值),即储蓄率下降了 2 个百分点。当然,这是该因素最大可能的影响程度。

世纪之交开始,家庭的平均规模急剧下降,人口普查中的户均人口由将近 5 人减少到大约 3.5 人,下降约 30%。而且,家庭的规模分布也有变化;特别大的家庭少了,从而在平均规模下降的同时,相互之间差别也趋缩小,并且前者一定程度上源于后者。我们通常认为,家庭规模扩大,储蓄-收入比会下降。但是,由于使用的推导方法不当,这个命题的统计证据被损害了。我所知道的各项研究,都是考察量度收入不变的情况下家庭规模的影响;确切地说,这些研究所用的都是第四章第二节第六小节讨论的局部相关方法。实际上,随着家庭规模扩大,平均收入一般会增加,平均永续收入估计也不例外。因此,即使不同规模家庭的永续消费-永续收入比相同,一定量度收入下的量度消费也会随家庭规模的扩大而增加,从而带来观测到的统计结果。

基于虽不系统但也不致太过随便的证据检验,我认为这个分析缺陷尚不足以完全解释观测到的家庭规模效应。即使是比较几

---

① 例如,参见商务部商业经济局,《美国的收入分布,1944—1950 年》(Department of Commerce, Office of Business Economics, *Income Distribution in the United States by Size, 1944-1950*)(华盛顿,1953 年),第 8—11 页。

种大小不同家庭的平均收入,我们也会发现,家庭规模越大,消费-收入比越高。① 这种统计结果符合先验预期。毕竟,养育子女也是一种养老的方式,在很多文化中甚至是主要方式。养育子女可以看作是资本积累的一种形式,不过是人力资本而非非人力资本罢了。② 我们可以料想,随着这种形式的储蓄减少,其他形式的储蓄会增加。但我们的统计只包括其他形式的储蓄,因此,形式上这样一变,在我们的数据中就表现为储蓄增加。某个时点上,一些家庭子女较少,即这种形式的保障准备不充分,他们就会在其他形式上准备得更到位。最后,流俗所至,把养老的希望寄予子女身上的情况减少了(这既是家庭规模变化的原因,也是结果),非人力资本的积累也就增加了。因此,美国平均家庭规模缩小本身,就会使记录的储蓄-收入比上升,使 k 的观测值下降。

如果我们不管家庭规模效应在统计测量上的偏差,是可以得到这种效应大小的大体印象的。多萝西·贝蒂曾估计过,在量度收入给定的情况下,一户家庭的消费支出与家庭人数的六次根(sixth root)成正比。③ 这就意味着,五口之家与三口半之家相比,要在消费上多付出 6%;或者说,如果三口半之家的消费是收入的

---

① 这种说法使所需要的比较过于简单化了。实际上,所有可能使一定家庭规模的平均量度收入与消费不同于平均永续收入与消费的因素,都应该被考虑到。

② 人口普查统计的某一时点的家庭规模,与我们这里讨论的家庭规模,并不是一回事。对后者而言,最好的量度可能是生育的子女数量,而不管这些子女是否与父母一起生活。在人口普查中,家庭会因子女另立家庭而变小。因此,我的表述不够精确,因为我在这两种不同的意义上都使用了家庭规模这个概念。但我想,这个问题不致带来错误,因为两种意义的家庭规模之间往往会有很强的相关性。

③ 见戈德史密斯、贝蒂和门德休斯,《美国的储蓄研究》第三卷,第211页,多萝西·贝蒂所著部分。

88%（根据戈德史密斯的数据算出的大致平均倾向），五口之家的消费-收入比就约为93%。这显然高估了家庭规模变化的影响。原因是：第一，我们忽略了统计上的偏差；第二，这里没有考虑家庭规模的不断趋同化——如果考虑到这一点，所需要的修正量就会小一些。① 但是，这种影响还是可能相当之大。它本身也许不会使储蓄率像上述计算所示那样上升5个百分点；但还是很容易抵消2个百分点的降幅，即上面估计的农户相对减少的最大可能影响，甚或有余。在关于长期储蓄趋势的讨论中，家庭规模变化的影响很少被提及，②但是它可能是一种重要的因素。

在这些数据所涉的时期，政府为养老、失业等等提供援助的职责发生了很大变化。这种变化对讨论中的数据有不同的影响。获得政府援助的可能，显然会降低私人储备之所需，从而减少私人储蓄；按照我们假说的说法，这相当于临时部分的变化减少了。但是，讨论中的数据已经把政府养老基金的增长包括在个人储蓄之中。如果政府养老基金的增长完全对应于累积福利（accumulated benefits）现值的相应增长，那么，总体结果应该是储蓄增加。因为，一美元储备，由政府持有而个人在一定条件下方可使用，与私人持有并可随意安排相比，对个人的价值是下降的。因此，政府持有的储备增加一美元，会使个人储蓄减少小于一美元。但是实际上，政府的社会保障资金并没有完全到位；累积福利的增长往往超过政府养老基金的增长。因此，政府养老基金的增加量，很可能小

---

① 严格说来，调整不应该只针对算术平均值作计算，而应该针对整个分布或分布的几何平均作计算（两者结果是一样的）。

② 贝蒂在上引书中的讨论，是一个值得注意的例外。

于为实现同等福利计划而减少的私人储蓄量。结果,除非详细得多的分析,否则不可能说明:政府的社会保障及其他计划的净效应,是增加还是减少个人储蓄率,遑论增减多少了。①

以上推测都很不确定。如果有更详尽、更合意的分析当然好,但是这些推测可能已足以说明,影响消费-收入比的各因素,作用是相互抵消的。如果这些因素的影响都是同一方向的,特别是,如果它们都会减少储蓄,那么,观测到的 k^* 值稳定性,就会推翻我们的假说,而支持更平常的绝对收入假说。因为这时,我们很可以把上升的实际平均收入当作平衡其他因素的砝码。"上述各因素影响方向不同"这一点,并不是我们假说的有力证据,但这样一来,至少我们无需质疑假说与观测到的 k^* 值稳定性之间的相容问题了。

上一章我们看到,根据美国预算研究算出的平均消费倾向,在大约60年时间里,一直保持不变。这一点与戈德史密斯的资料反映的稳定性不谋而合。如果要把这种表面的一致性视为 k^* 值大体稳定的另一个证据,我们还需考虑以下三点:(1)如第四章第二节第四小节所言,早期预算研究只是针对工薪阶层,越往后的研究,对象越宽泛。以撤回资金作为企业家群体的收入量度,可以减轻数据的不可比性,但不能完全消除这个问题。如果就涵盖范围之不同作出修正,结果可能会呈现出消费-收入比的长期上升,或储蓄-收入比的长期下降。(2)戈德史密斯的储蓄数据包括耐用品

---

① 还有一种性质上类似于政府储蓄的因素,即企业储蓄,包括未分配的企业盈利、退休金等。我未把企业储蓄考虑在内。因为,首先,戈德史密斯的数据表明,在我们所讨论时期内,这个因素所占储蓄的比例大致固定不变;其次,在该时期之后,这个因素才开始变得重要起来。

存量的增加值,而预算数据不包括。戈德史密斯指出,在我们讨论的时期内,耐用消费品在储蓄中的占比是上升的,不包括耐用消费品的储蓄-收入比则是下降的,[①]降幅大约 2 个百分点。因此,如果我们调整预算研究数据,把耐用消费品存量的增加值从消费中剔除,加到储蓄中去,就会使消费-收入比长期下降,或储蓄-收入比长期上升。(3)预算研究数据没有把政府养老基金的增加当作储蓄包含在内。如果把这些项目涵盖进去,也会使消费-收入比长期下降,或储蓄-收入比长期上升。

预算数据和时序数据的结果一致,可能意味着,上述第(2)与第(3)点刚好差不多抵消第(1)点。从这些影响的可能大小来看,这样的结果并非完全不靠谱。

第二节 消费对当期收入的回归

表 12 汇集了美国的一些消费-收入关系,有戈德史密斯根据上一节数据算出的,也有费博根据自己收集的数据算出的。与第四章表 1 的各种预算研究一样,表 12 算出的每一组消费-收入关系的边际倾向都要低于平均倾向,因此,消费的量度收入弹性始终小于 1。我们已经反复提到,这一点如何是我们的假说之所必需,并且由于平均倾向高度稳定,我们不可能把计算出的函数当作消费与收入之间的稳定关系。

表 12 中边际消费倾向的变动幅度比平均倾向大很多;因此,消费的收入弹性,即边际倾向与平均倾向之比,变动也很大。边际

---

① 见戈德史密斯,《美国的储蓄研究》第一卷,第 7 页。

倾向变动幅度在 0.45—0.93;弹性变动幅度在 0.48—1.00。这些差别一小部分反映了消费定义和基础数据之间的不同(见下面第二小节),更多是反映各时序数据所涵盖时期的不同。涵盖的时期较短,尤其是在包含大萧条时期的时候,边际倾向和弹性一般会较低;涵盖时期越长,边际倾向和弹性就越高。这些结果多大程度上符合我们的假说,将在下面第一小节中讨论。这里的边际倾向和收入弹性,比表 1 根据美国预算研究算出的相应值,变动要大得多。为何如此,将在下面第三小节中讨论。

表 12　消费与收入的关系
——基于美国不同时期、不同消费概念的时序数据

涵盖的时期	消费支出的概念	人均可支配收入(1929年物价)	平均消费倾向[a]	边际消费倾向[b]	消费的收入弹性[c]
\multicolumn{6}{c}{A. 根据罗伯特·费博的数据和计算}
1. 1929—1940 年	D	$489	0.97	0.78	0.80
2. 1923—1940 年	D	490	0.97	0.79	0.82
3. 1923—1930 年,1935—1940 年	D	510	0.96	0.93	0.97
\multicolumn{6}{c}{B. 根据雷蒙德·戈德史密斯的数据和计算}
4. 1897—1949 年,但 1917、1918、1930—1933 和 1942—1945 年除外	D	$559	0.91	0.91	0.996
5. 1897—1949 年	D	578	0.89	0.74	0.83
6. 1897—1906 年	ND	420	0.89	0.72	0.81

续表

7. 1907—1916 年	ND	495	0.89	0.65	0.73
8. 1919—1929 年	ND	591	0.88	0.60	0.68
9. 1929—1941 年	ND	607	0.94	0.45	0.48
10. 1897—1914 年	ND	451	0.89	0.87	0.97
11. 1915—1929 年	ND	581	0.87	0.69	0.80
12. 1930—1949 年	ND	691	0.87	0.46	0.53
13. 1897—1949 年，但 1917、1918 和 1942—1945 年除外	ND	558	0.90	0.82	0.91
14. 1897—1949 年	ND	578	0.88	0.70	0.80

D = 包括耐用消费品支出的消费。
ND = 不包括耐用消费品支出的消费；但是包括耐用消费品所提供服务的估计价值。

[a] 各时期的平均消费支出与平均收入之比。
[b] b 值始终由 $c = a + by$ 形式的回归给出，其中 c = 不变物价下的人均消费支出，y = 不变物价下的人均可支配收入。
[c] 上述 a、b 两注定义的边际消费倾向与平均消费倾向之比。因此，它是回归线在平均收入-平均消费点上的弹性。

资料来源：
A 部分：罗伯特·费博，《总消费函数研究》(Robert Ferber, *A Study of Aggregate Consumption Functions*)，国家经济研究局，专业论文第八期，1953 年。B 部分：平均可支配收入和平均消费，根据雷蒙德·W. 戈德史密斯提供的 1897—1949 年逐年数据算出，见《美国的储蓄研究》（普林斯顿大学出版社，1956 年），第一卷，表 T-1 第 2 列，表 T-6 第 1 列减去第 5 列；第三卷第五部分，表 N-2 第 5 列。边际消费倾向等于 1 减去边际储蓄倾向（见第三卷第四部分表 Y-1，第 393 页，表 Y-4，第 400 页）。

1. 涵盖时期的影响

在我们讨论的简单模型中，涵盖时期的两个方面都可能影响收入弹性：一是长度，二是具体的历史特征。

时期长度之所以重要，是因为在其他条件相同的情况下，如果社会正经历收入的系统的长期变化，那么，涵盖的时期越长，P_{y*}值及观测收入弹性估计就会越大。总的收入方差等于临时部分方差加上永续部分方差——我们假定两者不相关。延长时期对临时部分方差不会有系统的影响，因为根据定义，临时部分主要是随机的、短期的。某个时期的临时部分方差确实可能比另一时期大——这正是一个时期的历史特征之所以重要的原因；但是我们不能认为长期的临时部分方差一定会大于或者小于短期的临时部分方差。① 另一方面，永续部分方差一般会由于涵盖的时期延长而变大；两个时期间隔越长，收入的长期差别往往也会越大。相邻两年之间，永续变化很可能小于临时变化。而如果是 1900 年与 1950 年，任何临时效应肯定都会被永续部分的长期变化所湮没。因此，时期越长，P_{y*}值，即永续部分方差与总方差之比就越大。当时期无限延长时，P_{y*}值接近于 1。另一方面，如果长期变化是永续部分变化的唯一来源，则 P_{y*}值的下限会是零；当涵盖时期的长度接近零时，P_{y*}值就接近这个下限。只是由于永续部分变化还有其他来源，因此我们说，时期的长度接近零时，P_{y*}值会接近某个大于零的下限。

表 12 的数据与这种预期非常契合。只要数据在其他方面可比，较长时期的弹性几乎无一例外地高于其中包含的较短时期的

---

① 这种表述应被看作是指对数的方差，即方差与平均收入平方之比，否则，平均收入应被归入"其他条件不变"中。

弹性。不过请注意,第3、4、13行并不是指比第2、5、14行更短的时期,而是指只针对相同时期内的一部分年份算出的回归;这些比较后面将另行讨论。关于费博的数据,只可能有一项比较,即第1行与第2行的比较——第2行(较长期限)的弹性大于第1行。关于戈德史密斯的数据,本小节后面的计算归纳了其结果。

如果某种稳定的长期趋势是导致永续收入不同的唯一因素,那么,我们就有可能像定性判断一样,对期限延长的影响作出定量推测。例如,如果每个11年期的收入弹性是0.675,一个47年期的收入弹性就会是0.974;如果每个18年期的收入弹性是0.765,一个53年期的收入弹性就会是0.965。[1] 像这些例子所示,如果我们按照这种方法计算时期延长的影响,结果无一例外地会大于表12的值。这是理所当然的。因为除了长期趋势之外,致使永续收入不同的还有其他因素,因此,上面算出的值,是根据我们的假说估计的时期延长的最大影响。如果观测到的影响超过了这些算出的最大值,那才是匪夷所思的;正是它们都小于这些最大值,为我们的假说提供了一些额外的支持。

---

[1] 令 $y_p = a + xt$ 为永续部分,其中 x 是每个时间单位的固定增量,t 代表时间单位。那么,某个时期的永续部分方差就是 $x^2(n^2-1)/12$,其中 n 表示该时期包含的时间单位数。令 σ^2 代表临时部分的方差。那么,

$$P_y = \frac{x^2\left(\frac{n^2-1}{12}\right)}{x^2\left(\frac{n^2-1}{12}\right) + \sigma^2} = \frac{\frac{n^2-1}{12}}{\frac{n^2-1}{12} + \frac{\sigma^2}{x^2}} 。$$

给定 P_y 和 n,我们就可以计算 σ^2/x^2;给定 σ^2/x^2 和 n,我们就可以计算 P_y,据此,就可以得到正文中的数值。

第五章 永续收入假说与消费-收入关系的现有时序……

行	期限的平均长度(年)	包含的年份	平均收入弹性
6、7、8、9	10.75	1897 至 1941，除了 1917、1918	0.675
13	47	1897 至 1949，除了 1917、1918 和 1942 至 1945	0.912
10、11、12	17.67	1897 至 1949	0.765
14	53	1897 至 1949	0.798

比较表 12 的第 2 与第 3 行，第 4 与第 5 行，第 13 与第 14 行，就证实了涵盖时期之特征的影响。每一组中，两项回归针对的都是相同时间跨度的数据；但是，其中之一是针对该时间跨度内较少年份的数据。被剔除的年份并不是随意选定的期初或期末几年，而是被视为"异常"的年份。这些年份集中在一起，处于时期内的某个阶段，因此，剔除这些年份不会缩小由长期因素引起的永续部分的变化幅度。即使会缩小永续部分的方差，其程度也远不及剔除期初或期末同等几年的影响，何况剔除这些年份还可能扩大永续部分的方差。另一方面，临时收入较高是"异常"年份的明显特征，把"异常"年份排除在外，与随机剔除一些年份相比，临时部分的方差要缩小更多。因此我们可以料想，排除"异常"年份，会增加而不是减小 P_{y*} 值，其影响与删除期初或期末几年正好相反。表 12 中确是如此，排除"异常"年份，使算出的弹性无一例外地增加了——这一点完全符合我们的假说，且恰是假说推断的结果。

表 12 中，包含大萧条时期的短期弹性有强烈的下降趋势：第 9 行的弹性小于第 6、7、8 行；第 12 行的弹性小于第 10 或 11 行。

其原因可能是大萧条时期的临时收入变化很大,从而导致 P_{y*} 值相对较低。

2. 数据形式的影响

表 12 所列的,都是经过物价平减的人均消费与人均收入之间的关系。至于当期物价下的人均值、经过物价平减的总量值、当期物价下的总量值等,也都已计算过相应关系。根据我们的假说,这些数据形式对结果会有何影响呢?

首先考虑针对人口的调整。长期以来,美国的人口与收入一并增长,因此,实际总收入的长期增长率一定高于人均实际收入的长期增长率,两者大约分别是每年 3% 与 2%。根据上一节的分析,人口增长加大了由长期因素引起的永续部分方差。另一方面,总量的临时部分方差与人均的相比,应该不会更大,反倒可能更小(当然,这里假定已经考虑到了两组数据在绝对值上的差别)。人口变化很稳定,一般不会是总量或人均收入的随机性、临时性变动的重要来源。

换个角度看,我们的总量函数是个别家庭函数的加总。总的永续部分,是每个家庭的永续部分之和;总的临时部分,也是每个家庭的临时部分之和。而一个家庭是根据人均或全家的永续收入行事的。家庭人数或家庭规模的长期变化,或预料中的短期变化,对全家或人均收入都不会有临时影响,只是或者改变我们要汇总其永续收入的家庭数量,或者改变家庭总收入与人均收入的关系。至于这些变化对永续部分方差有何影响,要视具体情况而定。

如果人口增长刚好伴随人均收入下降,那么,总收入的时序变化可能比人均收入小。但实际上,美国的人口与人均收入同步增长,因此,总量永续收入的相对方差显然要大于人均。家庭人数或家庭规模的意外短期变化,不会影响永续部分,但会引起临时变动;至于是对总收入影响大,还是对人均收入影响大,又视具体情况而定。可以推测,意外变化最常见的原因,是生育子女。一般而言,生育子女对家庭的总收入不会有影响,但会引起人均收入的临时变化。这样,意外的人口变化会使人均临时收入的相对方差比总量临时收入的相对方差增加更明显。因此,人口变化对永续部分与临时部分的影响是相互加强的:两方面都会使总量 P_{y*} 值大于人均 P_{y*} 值。进而,根据我们的假说,可以推测,如果按照总量而非人均数据计算的话,收入弹性要大一些。

物价的长期变化或预料中的短期变化,其影响与人口相应变化的影响很一致:对当期物价下的收入或经过物价平减的收入,都不会有临时的影响;至于对永续收入方差的影响,同样要视具体情况而定。如果物价与产出走势相反,产出少时物价高,产出多时物价低,那么,当期物价下的收入会比经过物价平减的收入变化小。实际情况又复相反。过去 50 年里,物价与产出一般都表现为长期增长;期间,在周期性景气波动中,两者走势常常亦步亦趋。两次世界大战期间,两者关系更是如此。[1]

因此,当期物价下的收入与经过物价平减的收入相比,前者的永续收入方差,估计肯定要大一些。但是,我们很难明确判断物价

---

[1] 关于两次世界大战期间的情况,有一点需要说明:物价和总产出同向变动,但是,物价之与消费者可支配收入对应的那部分产出,有时可能是反向变动。

的意外短期变化影响如何。这种变化对当期物价下的收入和经过物价平减的收入都会有临时的影响；而且，分析的时期越短，物价与产出越可能背道而驰。不过，一般来说，短期之内，物价的意外变化会使当期物价下的收入临时变化较大，经过物价平减的收入临时变化较小。可见，无论永续部分还是临时部分，都是当期物价下的收入方差较大，经过物价平减的收入方差较小。因此，P_{y*}值孰大孰小，就没有明确的结论，只是大致可以推测：永续部分受到物价变动的影响可能更明显，也往往更大，从而根据当期物价下的收入计算的P_{y*}值，通常大于根据经过物价平减的收入计算的P_{y*}值。这个结论很不牢靠，但是如果考虑到期限长度，可以有所加强。根据上一小节的思路，临时部分受到的影响与期限长短无关，永续部分受到的影响随期限延长而增加。因此我们可以推测，根据假说，按照当期物价下的收入计算，美国的收入弹性通常要大一些。涵盖的期限够长，这种倾向会很强；时期缩短，倾向就变弱，乃至消失。

以上关于人口与物价变化调整之影响的推测，与现有证据非常吻合。表13给出了费博和戈德史密斯根据不同形式、不同时期的时序数据算出的边际消费倾向。不错，我们的推测针对的是收入弹性，而非边际消费倾向；但是，由于平均消费倾向受到数据形式的影响很小，几可忽略，因此，每一行的边际消费倾向，都与弹性大致成相同的比例关系，我们也就无需再计算弹性了。[①]

[①] 当然，就每一年分别而言，如果我们用一组同样的人口与物价数据来平减消费和收入，则不管数据形式如何，消费-收入比始终是一样的。但就一个多年期而言，平均消费-平均收入比不一定相同，因为这个比例是各年比值的加权平均，数据形式不同，加权的权重就不同。不过，这种权重之不同，一般不会使平均消费-平均收入比变动很大。

表13 边际消费倾向
——由美国的四组不同形式的时序数据算出

涵盖的时期	消费支出的概念	边际消费倾向 以当期物价计 总量	边际消费倾向 以当期物价计 人均	边际消费倾向 经过物价平减后 总量	边际消费倾向 经过物价平减后 人均
A. 罗伯特·费博的计算					
1. 1929—1940 年	D	0.848	0.853	0.800	0.777
2. 1923—1940 年	D	0.864	0.870	0.858	0.792
3. 1923—1930 年、1935—1940 年	D	0.965	0.947	0.964	0.934
B. 雷蒙德·戈德史密斯的计算					
4. 1897—1929 年	D	0.89		0.82	
5. 1897—1949 年,但 1917、1918、1930—1933 和 1942—1945 年除外	D	0.913		0.907	
6. 1897—1949 年	D	0.84		0.74	
7. 1897—1906 年	ND	0.80	0.78	0.77	0.72
8. 1907—1916 年	ND	0.77	0.72	0.65	0.65
9. 1919—1929 年	ND	0.72	0.67	0.74	0.60
10. 1929—1941 年	ND	0.60	0.60	0.52	0.45
11. 1897—1914 年	ND	0.90	0.89	0.89	0.87
12. 1915—1929 年	ND	0.89	0.89	0.84	0.69
13. 1930—1949 年	ND	0.75	0.72	0.58	0.46
14. 1923—1940 年	ND	0.57	0.60	0.60	0.36

15. 1915—1929 年,但 1917、1918 年除外	ND	0.87	0.88	0.82	0.73
16. 1930—1949 年,但 1942—1945 年除外	ND	0.81	0.80	0.69	0.61
17. 1897—1929 年	ND	0.86	0.86	0.84	0.78
18. 1897—1941 年	ND	0.88	0.86	0.89	0.82
19. 1897—1949 年,但 1917、1918 和 1942—1945 年除外	ND	0.86	0.86	0.86	0.82
20. 1897—1949 年	ND	0.81	0.80	0.79	0.70

D＝包括耐用消费品支出的消费。

ND＝不包括耐用消费品支出的消费;但是包括耐用消费品所提供服务的估计价值。

资料来源:

第 1 至 3 行,罗伯特·费博,《总消费函数研究》,国家经济研究局,专业论文第八期,1953 年。第 4 至 20 行,雷蒙德·W.戈德史密斯,《美国的储蓄研究》(普林斯顿大学出版社,1956 年),第三卷表 $Y-1$,第 393 页,表 $Y-4$,第 400 页。

如果使用人均数而非总数,影响如下:

总量的边际倾向与人均边际倾向相比	不同情况的数量:		合计
	当期物价下的数据	经过物价平减的数据	
较 大	9	16	25
相 同	4	1	5
较 小	4	0	4
合 计	17	17	34

我们推测,总量的边际倾向通常大于人均边际倾向;上表中明显例外的只有四项,而且即便这四项例外,也都已在上述分析中作了说明。四项都是当期物价下的情况。其中两项是指1923—1940年,另外两项分别指1929—1940年和1915—1929年(不包括1917年和1918年)。1923—1940年,由于大萧条的影响,人口变化与实际产出变化的关系可能相反,真正有关的人口变化与现值货币收入变化的关系则几乎肯定相反。1929—1940年的情况大体一样,只是程度较轻。1915—1929年,人口变化与实际产出变化的方向相同,但1921年物价急剧下滑和1920年代普遍的较低物价水平,很可能使人口变化与货币收入变化的关系也相反。因此,这些案例只是上述推测结果的例外,并不是相关分析出了什么差池。

如果使用经过物价平减的数据,而非当期物价下的数据,影响如下:

当期物价下的边际倾向,比经过物价平减的边际倾向	不同情况的数量:		
	总量数据	人均数据	合计
较 大	13	17	30
相 同	1	0	1
较 小	3	0	3
合 计	17	17	34

总体趋势同样如其所料,甚至比上一组比较更加明确。这里有一点小麻烦:上面,我们的分析得到更明确结论的,是针对人口

变化进行调整的影响,而不是针对物价变化;现在实际结果却是相反。原因可能是,前面分析中,我们忽略了人口与物价两者长期变化的相对大小问题。1900年到1950年,人口大约增长一倍;消费物价从1900年到1920年就已增长超过一倍,1920—1933年下跌逾1/3,然后到1948年又接近翻一番,因此,到1950年,物价水平大约是1900年的三倍,而且这期间还有一个大幅波动。物价的长期变动比人口大,而且在很多短期震荡中,物价与产出同升同降,这两方面都加强了针对物价变化进行调整对永续变化的影响程度。

上面两点,后者(针对物价调整的例外)比前者(针对人口调整的例外)的启示性要小。后者的三项例外所指都是总量,时间分别是1919—1929年、1923—1940年和1897—1941年,其中只有一项是在上述分析认为属于例外的短暂时期内。而且,三项例外也没有什么共同点可以使之与其他观测结果区分开来。

表13中,有三项比较,即第4、5、6行,在上述分析中没有提到,但都与预期相符:按照当期物价下的总量计算时,边际倾向较大;按照经过物价平减的人均数计算时,边际倾向较小。这里,两种调整的影响是同向的。

表13的各项比较并非全部相互独立。费博与戈德史密斯的数据有共同来源;两人各自计算的各项关系中,很多针对的期限是重叠的,或者只是增删少数年份的不同。因此,列在表13中的对比案例明显夸大了独立观测的数量。这一点降低了上述经验与假说含义之间一致性的重要程度。

3.时序弹性与预算弹性的关系

根据假说,时序数据算出的消费的收入弹性,与预算数据算出的弹性,是针对不同对象的两种估计。两者都没有直接阐述消费行为,或更确切地说,都没有为假说添加更多内容,而只是量度了收入结构的特征,且量度的是不同特征。预算弹性量度在某个时点上,一组家庭的收入方差中来自永续收入差别的比例;时序弹性量度一段时期内,总收入或人均收入方差中来自永续收入差别的比例。[①] 这两种收入结构特征并非完全无关。例如,如果家庭之间所有差别都属永续差别,每个家庭的临时部分均为零,那么,所有家庭合在一起的临时部分也是零。这时,年度之间(或其他时间单位之间)的所有差别也都属于永续差别,根据假说,收入弹性不管按照预算数据,还是按照时序数据计算,都等于 1。另一种极端情况下,两者关系则松散得多。即便家庭之间所有差别都是临时性的,大家都有相同的永续部分,但这个共同的永续部分还是可能,并且应该会逐年不同。根据假说,预算数据算出的弹性会是零,而时序数据算出的弹性会大于零,甚至可能接近于 1,因为分别就每年而言,临时部分可以相互抵消而接近于零。居间的情况下,两者关系同样松散。我们根据前一种极端情况,可以推测:如果预算数据算出的甲国的弹性全面高于乙国,那么,时序数据算出的等长时段的弹性也会是甲国较高。但是,我找不到方法推断两

---

① 参见第三章第三节。——译者注

者之间的定量关系。

我们看到,时序弹性与所针对时期的长短、特征等紧密相关。时期短,弹性小;时期延长,弹性就增加——至少那些收入经历长期变化的社会是如此。预算弹性则主要取决于所指群体的特征。设想一个宽泛的家庭群体,家庭之间永续收入差别很大,因而弹性很高——比如说美国的城市家庭或所有家庭,弹性约为 0.8。那么,如果是拿短期的数据来计算,时序弹性就可能小于预算弹性;如果是长期数据,时序弹性又可能超过预算弹性。使两者相等的期限长度,不会是固定值,而是与所指时期的特点紧密相关。如果一个时期呈现快速、平稳的长期发展,这个期限长度就相对较短;如果一个时期出现停滞和激烈的短期波动,这个期限长度就相对较长。例如,1897—1906 年的 10 年,正好是一个相当平稳、快速发展的时期,戈德史密斯算出的弹性为 0.81,与预算弹性大致相等。1929—1941 年的 12 年,出现停滞和激烈的短期波动,他算出的弹性为 0.48,就明显小于预算弹性。全部 53 年(1897—1949 年),可以说是平稳、快速发展时期与激烈波动时期相混合,总的时序弹性为 0.80,大体等于预算弹性。可见,使两种弹性大致相等的期限,一者 10 年,一者 50 多年,不一而同。

上面关于表 12 讨论中提出的另一个特征应予注意,即:类似群体之间,时序弹性的变化明显大于预算弹性。这个特征符合我们的假说,因为由上面讨论可知:表 12 中,时序弹性所针对的期限长短不同,就是对不同对象的估计,因此,期限作为时序弹性的一个变化因素,是相似群体的预算弹性所没有的。另一个原因隐含在时期特征的讨论中,即时序弹性只能计算少量有效样本——最多只有 53 项，①因此，这些样本之间差别一定很大，从而对 P_{y*} 值的估计也会有很大不同（尽管某种意义上，P_{y*} 并不受制于长期变化）。而预算弹性计算多得多的样本，通常数以千计。换言之，两种弹性都会因为以下原因而发生变化：一是不同时期之间收入结构的特性存在潜在差别；二是抽样误差。可以预计，两方面都会使时序弹性比预算弹性大，因为时序弹性的期限长度更重要，且样本量少得多。

近年来，人们作了很多努力，试图把预算数据与时序数据糅合在一起，算出某些商品的统计需求函数。② 一般做法是：先根据预算数据，算出在所考虑的一种商品或一类消费上的支出的收入弹性；再把这个收入弹性几乎直接地运用于总量时序数据中；然后根据时序数据，估算出所求需求函数的其他参数。

根据我们的假说，这种做法显然错了。我们说，由预算数据和时序数据算出的弹性，是不同的估计——尽管这个结论在上面是就总支出而言，但它无疑也适用于某一类支出（更详尽的讨论，见第八章第二节）。预算数据算出的收入弹性与一定时期的时序数据算出的收入弹性一般不会相同，除非两组数据中临时收入具有

---

① 即表 12 中最长的期限长度为 53 年。——译者注
② 例如，詹姆斯·托宾，"美国食品的统计需求函数"，载《皇家统计协会杂志》(James Tobin, "A Statistical Demand Function for Food in the U.S.A", *Journal of the Royal Statistical Society*)，A 系列，第 CXIII 期(1950 年)，第 113—140 页；赫尔曼·沃尔德上引书，第 228—234 页；理查德·斯通(D. A. 罗、W. J. 科特利特、蕾妮·豪斯特菲尔德、穆里尔·波特协助)，《1920—1938 年英国消费支出与行为的测量》(Richard Stone (assisted by D. A. Rowe and W. J. Cortlett, Renee Hurstfield, Muriel Potter), *The Measurement of Consumers' Expenditure and Behaviour in the United Kingdom 1920 - 1938*)，第一卷(剑桥大学出版社，1954 年)，第 275—278 页。

完全相同的重要性。但是我们没有理由认为临时收入重要性相同,而且如上所述,即便某个时期内确实如此,期限长短一变,也就不同了(关于预算数据与时序数据相结合的其他方式,见第八章第二节)。

第三节 消费对当期收入与以往收入的回归

既然如上一节所言,不能以简单的消费-收入回归方法推测消费,我们不妨尝试一下更复杂的函数。莫迪利亚尼和杜森贝利强调相对收入地位,因此,他们把消费表示为当期收入与最高以往收入之比值的函数。露丝·麦克强调收入的变化,因此,她把消费表示为当年收入、上年以来收入变化情况的函数。这些函数很容易由我们的假说给予解释,反过来,我们的解释可以进一步发展这些函数。

1. 莫迪利亚尼、杜森贝利和麦克的函数

莫迪利亚尼和杜森贝利计算的函数是:

$$\frac{c^*}{y^*} = f\left(\frac{y^*}{y_0^*}\right), \tag{5.1}$$

其中,y_0^* 是以往年度曾经有过的最高收入;所有变量都经过物价平减,并都表示为人均数。如果这个函数是根据消费率(或储蓄率)对收入比的回归,或者消费(储蓄)对 y^* 和 y_0^* 的回归计算的,而且,如果临时消费平均为零,那么,就像家庭预算数据的相应回归一样,根据我们的假设,这个回归式左边的 c^*,可以代之

以 c_p^*。

在我们的简单模型中，
$$c_p^* = k^* y_p^*, \tag{2.10}$$
即
$$\frac{c_p^*}{y^*} = k^* \frac{y_p^*}{y^*}, \tag{5.2}$$

因此，我们可以把(5.1)式的右边，当作(5.2)式右边的估计值。这样做的一种看似合理的方式，是引入最高以往收入 y_0^*，用以估计永续收入 y_p^*。不过，把 y_0^* 本身当作永续部分的估计值并不合适，因为这样意味着，在经济经历衰退尔后又回升至新高度的过程中，永续部分的估计值将保持不变。更合理的做法，是把 y_0^* 与 y^* 的一种加权平均当作 y_p^* 的估计值，即：
$$y_p^* \text{ 的估计值} = w_1 y_0^* + w_2 y^*, \tag{5.3}$$
其中
$$w_1 + w_2 = 1。\tag{5.4}$$
莫迪利亚尼在一些回归式中，把上一年的收入 y_{-1}^* 也当作一个变量。这样，我们可以把(5.3)式扩展为：
$$y_p^* \text{ 的估计值} = w_1 y_0^* + w_2 y^* + w_3 y_{-1}^*, \tag{5.5}$$
其中
$$w_1 + w_2 + w_3 = 1。\tag{5.6}$$
把(5.5)代入(5.2)，并以 c^* 代替 c_p^*，得到：
$$\frac{c^*}{y^*} = \frac{k^*(w_1 y_0^* + w_2 y^* + w_3 y_{-1}^*)}{y^*} \tag{5.7}$$
$$= k^* w_1 \frac{y_0^*}{y^*} + k^* w_2 + k^* w_3 \frac{y_{-1}^*}{y^*}。$$

这正是莫迪利亚尼计算的一些回归的形式,不过,他在采用这种形式的回归时,有时省略了 y_{-1}^*,即假定 $w_3 = 0$。至于其他回归,莫迪利亚尼采用的形式是(5.7)式两边都乘以 y^*,并在右边加上一个常数项得到,即:

$$c^* = a + k^* w_1 y_0^* + k^* w_2 y^* + k^* w_3 y_{-1}^*, \quad (5.8)$$

当然,两个情况下,他所用的符号都不同于此。莫迪利亚尼发现,除了瑞典之外,其他回归的常数项都不具有统计重要性,因此,这些回归关系本质上都是(5.7)式的样子。

杜森贝利采用的形式略为不同于(5.7)式,即:

$$\frac{c^*}{y^*} = a + b \frac{y^*}{y_0^*}。$$

其中 y^*/y_0^*,可以用它的近似值,即 y_0^*/y^* 的泰勒级数代替,这样就可将上式转化为(5.7)式。

麦克采用的函数是:

$$c^* = a + by^* + c\Delta y^* = a + by^* + c(y^* - y_{-1}^*), \quad (5.9)$$

该函数只需略作调整,并假设 $w_1 = 0$,就具有与(5.8)式相同的样子。

莫迪利亚尼、杜森贝利和麦克计算的各种函数中,k^* 和 w_1、w_2、w_3 的值很容易根据(5.6)(5.7)和(5.8)式确定;结果汇集在表14的上半部分中。

其中 k^* 值的不同,至少部分,可能主要是反映了定义的不同。加拿大的 k^* 值最小,所指的是消费-国民生产总值之比,而非消费-收入比——国民生产总值必定大于收入。按(5.8)式计算的瑞典的回归,有一个重要的常数项。这一点既不符合我们的假说,也不同于其他回归的结果,它意味着表中括号之外的 k^* 值,即忽略常数项算出的 k^* 值,低估了平均消费-收入比。如果把这种低估因素考虑进来,k^* 值大约上升至 0.93,这就与表中其他 k^* 值更接近了。

各种函数对不同收入所赋的权重存在一些不甚明显的相似性。所有函数中,最高以往收入的权重都远低于 1/2,有两个函数甚至低至 14%。更大的相似性出现在表 14 的下半部分。这部分给出了费博针对相同的数据、类似的时期,重新计算这些函数关系的结果。但是,这部分的一致性之所以增强,主要是因为他把加拿大与瑞典的结果排除在外了,而不是说其数据与时期有更大的可比性。

费博重新计算了莫迪利亚尼和杜森贝利的函数,其结果的一致性纯粹只有算术上的含义:如上所述,两种函数是代数互换关系,因此,彼此结果如有不同,只能是因为它们以可得数据估计参数的统计方法彼此不同而已。[①] 而重新计算麦克的函数,三个函数中,有两个的常数项明显不为零。可见,为使函数为齐次,更有效的做法是把最高以往收入包含在内,而不是只包含上一年度的收入。

---

① 费博拟合的莫迪利亚尼的函数是:
$$\frac{c^*}{y^*} = a + b\frac{y^* - y_0^*}{y^*} = (a+b) - b\frac{y_0^*}{y^*}。$$
杜森贝利的函数是:
$$\frac{c^*}{y^*} = a + b\frac{y^*}{y_0^*}。$$
唯一区别在于,一个函数的自变量是另一个函数自变量的倒数。

也许,三种函数共有的最令人感兴趣的结果是:在计算永续收入时,它们都赋予当期收入最大的权重。之所以如此,部分是因为计算函数所用的时间序列都很短。这一点在下一小节中还将谈到。

表 14 消费对当期及以往收入的回归关系
——来自莫迪利亚尼、杜森贝利和麦克的计算以及费博的重新计算

所指的国家、涵盖时期、收入变量	永续消费-永续收入之比 (k^*)	在计算永续收入时,赋予下列变量的权重:		
		最高以往收入 (w_1)	当期收入 (w_2)	上年收入 (w_3)
莫迪利亚尼				
1. 美国,1921—1940 年,可支配收入	0.90	0.14	0.86	
2. 美国,1921—1940 年,收入=可支配收入+企业储蓄	0.90	0.14	0.56	0.30
3. 加拿大,1923—1939 年,国民生产总值	0.79	0.32	0.17	0.51
4. 瑞典,1896—1913 年,1919—1934 年,国民收入	0.85(0.93)[a]	0.41	0.59	
杜森贝利				
1. 美国,1929—1940 年,可支配收入	0.95	0.20	0.80	
麦克				
1. 美国,1929—1940 年,可支配收入	0.86(0.97)[a]		0.93	0.07
费博的重新计算 (都是指美国,可支配收入)				
1. 对莫迪利亚尼的重新计算				
a. 1923—1940	0.96	0.16	0.84	
b. 1923—1930,1935—1940	0.96	0.10	0.90	

续表

2. 对杜森贝利的重新计算				
a. 1923—1940	0.96	0.16	0.84	
b. 1923—1930, 1935—1940	0.96	0.10	0.90	
3. 对麦克的重新计算				
a. 1929—1940	0.79(0.97)[a]		0.96	0.04
b. 1923—1940	0.82(0.97)[a]		0.90	0.10
c. 1923—1930, 1935—1940	0.96		0.87	0.13

[a] 指把重要常数项计算在内的值。

资料来源：

佛朗哥·莫迪利亚尼，"储蓄-收入比的波动：一个经济预测问题"，载《收入与财富研究》，第Ⅺ卷(纽约：国家经济研究局，1949年)。

1. 等式Ⅲ-1，上引书，第381页。因变量是个人储蓄(或消费)与可支配收入之比；自变量是当期收入-最高以往收入的差额与当期收入之比。所有变量都经过物价指数平减，并表示为人均数。

2. 等式Ⅻ-3，上引书，第423页。因变量是个人加企业储蓄；自变量是当年、上年和最高以往年份的可支配收入加企业储蓄。所有变量都经过物价指数平减，并表示为人均数。常数项纳入计算，但与零无大差别。

3. 等式Ⅵ-1a，上引书，第394页。因变量是个人消费(不计除汽车之外的其他耐用消费品支出)，加上政府支出；自变量是当年、上年和最高以往年份的国民生产总值。所有变量都经过物价指数平减，但显然都是合计数而非人均数。常数项纳入计算，但与零无大差别。

4. 等式Ⅵ-2，上引书，第396页。因变量是个人消费加上政府在商品与服务上的支出；自变量是当年和最高以往年份的国民收入(包含税赋和企业储蓄)。所有变量都经过物价指数平减，并表示为户均数。常数项显著不为零——这使我们的解释有可疑之处，因为我们的解释是视常数项为零的。

詹姆斯·S.杜森贝利，《收入、储蓄和消费行为理论》，哈佛大学出版社，1952年[1]，第90—91页。

(1)因变量是个人储蓄与可支配收入之比；自变量是当年可支配收入与最高以往

---

[1] 同一本参考书目在第一章脚注中记为1949年出版，因此可能有误。——译者注

可支配收入之比。所有变量都表示为人均数,并经过物价指数平减。

(2)杜森贝利给出线性等式的常数项为 0.196;这估计是排印错误,因为内在证据表明,常数项是 -0.196。斜率为 0.25。如果把他的等式转化为(5.7)式描述的形式,则 y^*/y_0^* 替换成 $1.754 - 0.769 y_0^*/y^*$ ——这是当 $y_0^*/y^* = 1.14$(即大致的平均期限)时,泰勒展开式的前面两项。

露丝·P.麦克,"收入变化趋势与消费函数",载《经济与统计学评论》,第 XXX 卷(1948年),第 256 页。

因变量是消费;自变量是可支配收入及其变化。所有变量都是当前物价下的全国总量。

罗伯特·费博,《总消费函数研究》,国家经济研究局,专业论文第八期,1953 年。

1. a、b,上引书,第 69 页,分别是等式(2.21b)和(2.21c)。因变量是个人储蓄与可支配收入之比;自变量是当期收入-最高以往收入的差额与当期收入之比。所有变量都经过物价指数平减,并表示为人均数。

2. a、b,上引书,第 69 页,分别是等式(2.21b)和(2.21c)。因变量是个人储蓄与可支配收入之比;自变量是当期收入与最高以往收入之比。所有变量都经过物价指数平减,并表示为人均数。把这些等式转化为(5.7)式描述的形式,则对于 2a 式,y^*/y_0^* 替换成 $1.84 - 0.846 y_0^*/y^*$;对于 2b 式,y^*/y_0^* 替换成 $1.963 - 0.963 y_0^*/y^*$。这是当 y_0^*/y^* 分别为 1.087 和 1.019(即有关平均期限)时,泰勒展开式的前面两项。

3. a、b、c,上引书,第 66 页,分别是等式(2.8a)(2.8b)和(2.8c)。因变量是个人储蓄;自变量是当年和上年可支配收入。所有变量都经过物价指数平减,并表示为人均数。

2. 拟合长期数据的其他函数

表 14 的各项计算都是针对两次世界大战之间的那段历史,或其中某些阶段的。类似函数也可能拟合于戈德史密斯的更长时期的数据。这一小节就讨论,把类似函数,以及把根据我们对表 14 函数的理解所给出的相关函数拟合于更长时期,会得到什么结果。

我们理解,以往年度的收入是作为估计永续收入的一种工具而纳入函数的。从这一点看,莫迪利亚尼-杜森贝利函数和麦克函数都有一些问题。首先,他们是以两年——最多三年——的平均值来估计永续收入的,但是,永续收入应该由更长时期来估计才合理。更重要的是,究竟以多长时期估计永续收入,不能先验推定,而要取决于数据本身。其次,所用"最高以往收入"也是非常随意的。比如说,针对不同的数据形式——经过物价平减的人均数据,或者当期物价下的总量数据等,最高以往收入的相应年份就可能不同。第三,对最高以往收入都赋予相同的权重,而不管那是多少年前的事,这一点也很随意。

另一种方法是构建更长时序的加权平均,权重和期限都依照数据而定:权重取决于多重相关关系;期限则一直上溯,直到再增加一年于相关性再无补益为止。可惜这种方法除了理论上复杂之外,统计上也有问题,因而没有多少实用性。不过,这种方法确实指明了改进的方向。

沿此方向改进的一种方式是根据数据确定加权模式的特征,即把各个权重表示为从相应时点开始,到估计永续收入的时点为止的时间段的函数。考虑到表 14 中当期收入的权重相对较大,我们可以运用这样的加权模式:当期收入权重最大;时间上溯,权重依次递减。为了以最一般的形式表述这种方法,并使之不受随意确定的时间单位制约,我们可以把量度收入看作是时间的连续函数,记作:

$$y^*(t)。 \qquad (5.10)$$

然后,我们可以估计 T 时点上的永续收入:

$$y_p^*(T) \text{ 的估计值} = \int_{-\infty}^{T} w(t-T) y^*(t) \mathrm{d}t, \qquad (5.11)$$

其中

$$\int_{-\infty}^{T} w(t-T)\mathrm{d}t = 1。 \quad (5.12)$$

一种简单的具有上述特征的加权模式是如下的指数函数,时间上溯,其值下降:

$$w(t-T) = \beta e^{\beta(t-T)}。 \quad (5.13)$$

这种加权模式,菲利普·卡甘已经运用于一个非常类似的问题,即在超级通货膨胀时期,根据以往物价变动率的时间序列,估计物价的预期变动率。[①] 促使菲利普·卡甘采用这种加权模式的模型也很适用于这里的问题,而且,这个模型可以使我们采用这种加权模式显得不那么随意——不像我们此前采用的仅凭经验的方法。

为此,我们暂且把 y_p^* 看作是当期量度收入的"期望"或预测值("expected" or predicted value)。假设最终按照期望收入与实际收入之差别的一定比例修正这个期望值,即

$$\frac{\mathrm{d}y_p^*}{\mathrm{d}T} = \beta[y^*(T) - y_p^*(T)]。 \quad (5.14)$$

选定适当的初始条件,使常数项为零,那么,这个微分方程的解是

$$y_p^*(T) = \beta \int_{-\infty}^{T} e^{\beta(t-T)} y^*(t)\mathrm{d}t, \quad (5.15)$$

[①] 见菲利普·卡甘,"超级通货膨胀的动态货币学",载米尔顿.弗里德曼(主编)《货币数量论研究》(Phillip Cagan, "The Monetary Dynamics of Hyperinflation", in Milton Friedman (ed.), *Studies in the Quantity Theory of Money*)(芝加哥大学出版社,1956 年),第 25—117 页。

这就是前面说的估计。①

这种方法有一个明显缺陷，即没有把预期的长期增长考虑在内。估计的 y_p^* 是以往观测值的平均，一定在最小值与最大值之间，因此，这种估计方法如果应用于稳定增长时期，得到的估计值必定小于实际观测值。鉴此，我们可以把 y_p^* 一分为二，分别估计：一是按照固定百分比增长的趋势值；二是以往观测值与该趋势值经过调整的偏差的加权平均——所谓"调整"，就是趋势变化单独考虑，而把所有偏差都当作与当前偏差相同的水平。这样，可以得到：

$$y_p^*(T) = y_0 e^{aT} + \beta \int_{-\infty}^{T} e^{\beta(t-T)} [y^*(t) - y_0 e^{at}] e^{a(T-t)} dt, \quad (5.16)$$

其中 α 是估计增长率，y_0 是初始时点的收入。这个表达式可以简化为非常简单的形式：

$$y_p^*(T) = \beta \int_{-\infty}^{T} e^{(\beta-a)(t-T)} y^*(t) dt, \quad (5.17)$$

这就是我们要用的等式。如果我们把(5.17)式与基本消费函数(2.10)结合在一起，并仍然假设无论量度收入水平为何值，量度消费平均都等于永续消费；这样，我们就有了一个拟合于总量的消费函数：②

---

① 请注意，对于第一项，如果修正等式(5.14)以对数形式表示，即
$$\frac{dY_p^*}{dT} = \beta[Y^*(T) - Y_p^*(T)], \quad (5.14')$$
相同的估计也是正确的。

② 有意思的是，罗伯特·索洛在"动态乘数的一个注解"(Robert Solow, "A Note on Dynamic Multipliers")一文中，也提出了这种形式的消费函数，见《计量经济学》，第XIX期(1951年7月)，第308页。

$$c^*(T) = k^*\beta \int_{-\infty}^{T} e^{(\beta-\alpha)(t-T)} y^*(t) \mathrm{d}t \, . \tag{5.18}$$

这个等式有三个参数：β、α 和 k^*。其中 α 的确定方法，一定不是取(5.18)式的最优拟合近似值，因此，实际上只有两个参数，是由量度消费与量度收入的数据链确定的。[①] 但原则上，等式是根据量度收入的全部观测值估计永续收入。

当然，实际上在确定 y_p^* 值时，随着时间上溯，权重会迅速下降；超过某个时点，观测值对估计的影响就微不足道了。真正有关的时间跨度，取决于调整系数 β 的大小。β 值越大，针对量度收入与预期收入之间的现有差异所需的调整就越大，并且调整速度越快，需要上溯的时间就越短。测量有效时间跨度的一种方法，是算出用于加权的各观测值所在时点至今的加权平均时间跨度，即

$$T - \bar{t} = \beta \int_{-\infty}^{T} e^{\beta(t-T)}(T-t)\mathrm{d}t = \frac{1}{\beta} \, . \tag{5.19}$$

这就是估计的永续收入与用以估计的观测值之间的平均时滞；这个时滞的两倍，即可称为"有效加权期限"(effective weighting period)。[②]

当然，(5.18)式不能直接拟合于离散时间单位（如每年）的数据。为了适用于这种数据，要把 $y^*(t)$ 看作是一年之内其值不变的阶梯函数。这相当于把(5.18)式中的积分转换为年度数据的总

---

① 拟合过程使我们可以只确定 $(\beta-\alpha)$ 和 $k^*\beta$ 值。对任意一组 β、α 和 k^* 值，只要得到的 $\beta-\alpha$ 和 $k^*\beta$ 值相同，就一定能够根据 $y^*(t)$ 的一组观测值得出相同的消费预期。

② 求这个时滞还有另一种方法，即确定上溯多远，可以占到一半权重。这个居中的时滞是 $0.69/\beta$。

和,每年的权重是相应时期加权函数的积分。这样,(5.18)式中只有很少几项保留下来;具体保留多少,取决于 β 值,并要保证保留下来的各项占绝大部分权重。我们已将这种形式的等式拟合于图 13 的数据,即根据戈德史密斯估计的储蓄算出的实际人均可支配收入与人均消费。拟合过程的一些细节值得明确指出:(1)这种拟合方法包含了不断逼近的过程,这是菲利普·卡甘在上述研究中想出的。① (2)由于必须用到以前年度的收入,因此一定会降低前面算出的可得 c^* 值。具体降低多少取决于 β 值。初步测试发现,最终的函数拟合于 1905—1951 年的数据——这个时期也用来与表 15 的其他函数作比较。② (3)在最终计算中,计算预期收入共保留了 17 项;这 17 项的权重,在保留小数点后面三位的情况下,其和为 1。由于对较早时期的计算也要用到 17 项,因此我们必须向前追溯若干年的数据。按照每年 2% 的指数增长趋势向前外推 1897 年的数据,即达到这一目的。这些假设数据的权重总和不超过 0.027,因此,这样的权宜之策不会带来严重错误,却有一个很

---

① 这里的统计计算由卡甘提供指导,对此我深表谢忱。他的帮助涉及这一小节后面的大部分内容,包括一些我没有明确指出他的贡献的地方。见卡甘上引书,第 92—93 页。

② 在这项研究业已完成、本小节的叙述已定稿之后,我才发现,用于拟合函数的数据,并不是在整个时期内都可比。最后两年即 1950—1951 年的数据,乃是根据对 1905—1949 年的详细估计作粗略外推的结果。而且,由这些外推法得到的更广泛的数据表明,这些结果并不靠谱。不用这两年的数据还好一些。同时,忽略这两年的数据,对结果并不会有什么实质性影响。因此我认为,再作计算已无必要,特别是因为:在不远的将来,这两年,以及此后各年的更可比的数据都将可以得到,从而我们不仅可以重新计算以纠正这个缺陷,还可以把计算范围推延更长。因此,我现在就满足于从图 14 中省略掉 1950—1951 年。

大的优点,即让我们可以用更长的时期来作估计。[①] (4)根据 c^* 的长期增长率,α 值确定为 0.02。这不影响拟合过程,只影响对常数项的理解。(5)战争年代——1917 年、1918 年、1942—1945 年——都被删除了,因为这些年份情况特殊,如果也用类似(5.15) 的公式估计永续收入,显得很荒唐;而且,这些年的消费数据有异常的临时因素。同理,在计算战后永续收入时,所用到的战时实际量度收入,就以战前最后一年(分别是 1916 年和 1941 年)的预期收入加上每年 2% 的增长率来代替。[②]

表 15 给出了这项计算的结果,并将之与其他函数对相同数据的拟合结果作比较——包括莫迪利亚尼-杜森贝利的函数、麦克的函数等。莫迪利亚尼-杜森贝利所用的函数是

$$c^* = k^*(w_1 y_0^* + w_2 y^*)。 \quad (5.20)$$

麦克所用的函数是

$$c^* = k^*(w_2 y^* + w_3 y_{-1}^*)。 \quad (5.21)$$

三种函数都是根据消费与收入的数据链确定两个参数,因此,它们在参数上是完全可比的。除了表中的估计之外,在(5.18)(5.20) 和(5.21)式拟合于数据的基础上,我们还要对各函数添加一个常数项再行计算,以检验这些函数的齐次性。其中,预期收入函数的常数项最小,另外两个大得多。不过,对于所有三个常数项,令其

[①] 保留多达 17 项,无疑过于精确了。如果只保留比方说 9 项,并调整各项权重以使总和为 1,也不一定会显著影响结果。

[②] 值得一提的是,这个方案是在计算之前既已决定了的,完全没有根据结果再行修改。

为零对其他参数的估计都没有大的影响。[①]

表15 美国的三种消费函数
——消费对当期及以往收入的回归,1905—1951年的非战争年份[a]

回归	永续消费-永续收入之比(k^*)	计算永续收入时,赋予下列各项的权重:			多重相关系数的平方(R^2)	估计值的标准误差——表示为平均量度消费的百分比
		最高以往收入	当期收入	上年的收入	全部以往年度合计		
最高以往收入[b]	0.88	0.45	0.55			0.98	2.8
上年收入[b]	0.90		0.64	0.36		0.94	5.0
预期收入[c]	0.88		0.33	0.22	0.45	0.96	4.0

[a] 不包括1917—1918年和1942—1945年。
[b] 在计算这些回归时,1942—1945战争年份不包含在当期收入中;但是,1945年的数据被当作最高以往收入,并在1946年当期收入观测中被当作上年收入,因为1941年实在偏离太大。至于第一次世界大战期间,由于没有断裂的情况,1917—1918年的其他变量都予省略。
[c] β是加权的基础,其估计值为0.4。17年的权重(保留三位小数),以当年为始,逐年上溯分别是:0.330、0.221、0.148、0.099、0.067、0.045、0.030、0.020、0.013、0.009、0.006、0.004、0.003、0.002、0.001、0.001、0.001。
注意:消费=人均实际消费。收入=人均实际可支配收入。

图14反映了这些结果。图中画出了五条时间序列曲线,分别表示量度收入、量度消费和根据三种函数推测的消费。表格与图示表明,三种函数对观测数据都拟合得很好:多重相关系数的平方在0.94—0.98;估计值的标准误差约为平均消费水平的3%—5%。

不过,表15中多重相关系数的平方、估计值的标准误差等,由

[①] 预期收入函数的常数项为-4.0,上年收入函数的为+52.8,最高以往收入函数的为+98,分别大约是其近似标准误差(standard error)的0.24倍、0.6倍和2.7倍。

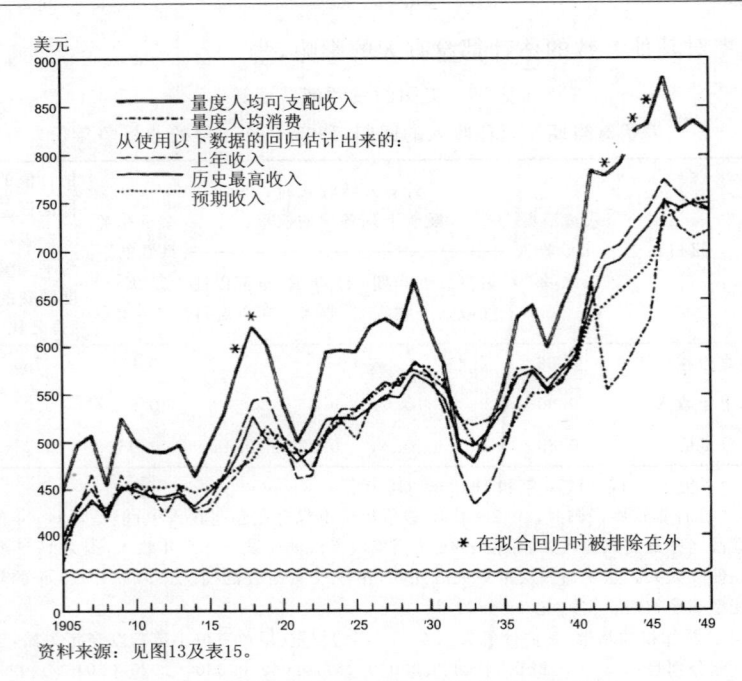

图 14　量度人均可支配收入、量度人均消费，
以及根据三种回归函数估计的人均消费,1905—1949 年

于两个不同原因而有其误导性。第一,如图所示,量度收入和量度消费有共同的、相当稳定的上升趋势,大约每年 2%。这个共同趋势是导致多重相关性高的主因。如果由消费本身的趋势推测的话,消费估计值的标准误差是 6.6%,类似表 15 多重相关系数平方的值为 0.90。因此,这段时期的消费方差,90% 可由本身趋势直接解释,从而也可由收入的相似趋势解释。当然,收入与消费的趋势相同本身也支持我们的假说,即:永续收入与永续消费成比例。不过,这可说只是一次观测得到的证据,不像表 15,计算估计

值可能用上 41 年观测结果。

鉴于这个共同趋势,理解上述"相关系数平方"的一种更有意义的方式可能是:在共同趋势未予解释的方差中,上年收入函数解释了 40%,预期收入函数解释了 60%,最高以往收入函数解释了 80%。按照这种理解方式,三种函数之间的差别似乎更大、更重要。但是否如此,需要进一步检验。如果我们不是由消费本身的趋势推测消费,而是以当年量度收入的固定倍数推测的话,消费估计值的标准误差是 5.7%,类似多重相关系数平方的值为 0.92。因此可以认为,除当期收入之外的其他项,在上年收入函数中解释了剩余方差的 1/4,在预期收入函数中解释了 1/2,在最高以往收入函数中解释了 3/4。最后,我们还可以当期收入的线性函数而不是当期收入的简单倍数推测消费——此即绝对收入假说;并且不像上述比较,这种方法还包括根据数据算出常数项——其个数与表 15 三种函数的常数项个数一样。结果,消费估计值的标准误差是 4.9%,相关系数的平方为 0.94。可见,上年收入函数与这种方法相比没有改进;预期收入函数解释了剩余方差的 1/3,最高以往收入函数解释了 2/3。

我们说表 15 中估计值的标准误差、多重相关系数的平方等有误导性,特别是说预期收入函数和最高以往收入函数在推测当期消费方面比较成功,第二个原因是在当期收入的重要性上。用于拟合这些函数的消费数值,乃是根据戈德史密斯分别估计的储蓄与可支配收入的差额算出。这两组数据的统计误差不会有什么重要的共同来源,但这也意味着,储蓄与可支配收入之差的消费兼有两者的统计误差。对我们现在的目的而言,关键是:如果可支配收入估计值有一个统计误差,消费估计值就有一个相同大小、相同方向的统计误差。这个共同的统计误差,正是量度消费与当期量度收入虚假相关的渊源,它使我们上面所说的所有相关系数都偏大了。[①] 换言之,如果理论概念对应的是这样的统计数据,那么,根据量度收入,一定程度上即可推测出消费的统计误差。这个结果等同于(并且统计上无法区别于)是说:临时消费与临时收入之间为正相关。赋予当期收入的权重越大,估计相关系数上的这种偏差也就越大。因此,尽管上年收入函数与简单的绝对收入函数算出的相关系数相同,但前者一定优于后者,因为前者赋予当期收入的权重是 64%,后者是 100%。同理,另外两种函数——预期收入函数和最高以往收入函数,也一定优于上年收入函数,且优出程度超过前面比较所说的程度。

至于虚假相关对预期收入函数和最高以往收入函数的影响孰大,则很难评估,因为虚拟相关的影响方向与观测到的相关系数的差别是一样的。最高以往收入函数相关系数较高,赋予当期收入的权重也较大,因此,消费与收入的共同误差对最高以往收入函数之相关性的虚增效应,也要甚于预期收入函数。至于观测到的相关系数差别是否可以全部作此解释,将在本章附录中讨论。结论是可能可以,但不确定。

因此,仅就统计层面而言,我们没有办法在最高以往收入函数和预期收入函数之间作出取舍。尽管在我看来,最高以往收入函

[①] 这一点感谢菲利普·卡甘的提醒。

数理论上有缺陷,预期收入函数审美上更吸引人,但前者对数据的拟合度比后者要好。当然,两者都拟合得非常不错,拟合度上的差别完全可以由虚拟相关的统计因素作解释。

每种情况下,表 15 的估计赋予当期收入的相对权重都比表 14 的估计小得多,因为后者函数拟合的期限较短。表 15 的最高以往收入函数与上年收入函数中,当期收入仍占过半权重;而预期收入函数中,只占 1/3 权重。

消费关系的一个特征——平均时滞,在其他函数中只是假设,而在预期收入函数中得到了证实。β 值变为 0.4,意味着平均时滞为 2½ 年,或"有效加权期限"为五年。[①] 根据我们的假说,这个期限应与各个家庭在判别永续收入时所用的时间跨度有关。总量数据的期限应比个别家庭的相应时间跨度长,因为各个家庭的随机因素会相互抵消。

在卡甘关于超级通货膨胀的研究中,他得到的 β 值与我们的 β 值很相似,只不过他所说的是根据实际物价变动率调整预期物价变动率的时滞问题。一者是根据量度收入调整预期收入,一者是根据实际物价变动率调整预期物价变动率——在类似环境下,两种调整的时间跨度或速度应该不会不同。其实,只要我们认为,人们是同时估计未来的货币收入与实际收入的,则关于物价变化的预期就已包含在收入预期中。急剧变化时期,两个变量调整的时间跨度可能会缩小,速度会加快。因此,像卡甘所研究的超级通

---

① 时滞中位数为 1.72 年。

胀时期,与我们计算的稳定、和平的时期相比,平均时滞应该更短,即 β 值应该更大。结果正如所料:卡甘发现 β 值在 0.6—4.2,我们估计 β 值是 0.4;或者说,卡甘发现的平均时滞是 $\frac{1}{4}$ — $1\frac{2}{3}$ 年,我们估计的平均时滞是 $2\frac{1}{2}$ 年。[①] 不同国家、不同时期和不同现象之间这些估计的一致性,突出、明确地说明了上述方法的合理性。当然,如果超级通胀时期算出的 β 值反而比其他时期小,那么,两组数据中必有一组不能作此解释。

图 14 的很多片段都加深了来自表 15 的总体参数的印象。其一是两次世界大战期间的情况。对 1917—1918 年(两年均未用于拟合函数)而言,上年收入函数与最高以往收入函数都明显高估了量度消费,预期收入函数则给出了非常接近的估计。对二战中的 1942—1945 年(同样未用于拟合函数)而言,三种函数都明显高估了消费,不过预期收入函数的高估程度相对小一些。之所以如此,我们的解释是:两次世界大战期间,量度收入都包含了很大的正值临时收入;而一战中量度消费基本没有临时变化,二战中则有可观的负值临时消费。根据预期收入函数所作的估计,顾名思义,根本不受临时收入的影响;其他两种函数的估计则会受到临时收入的影响;而没有一种估计考虑了临时消费的问题。这种解释根据两个时期的其他信息判断也非常合理。二战期间,一些商品求购无门,另一些商品明确限额配给,因此临时消费显然为负。至于

---

① 卡甘所用的是每月的数值。为了使之与针对年消费额的 β 值可比,我已经乘以 12。见上引书,第 43 页。

第五章　永续收入假说与消费-收入关系的现有时序……

一战期间是否出现类似情况，则不甚了了。因为一战时间较短，耗费资源较少，没有引起明确的限额配给制，生产上的直接管制也很少。

图 14 中，另一个值得关注的阶段是大萧条时期。1933、1934 和 1935 年，实际消费比任何一个函数推测的水平都要高；1931 和 1932 年，实际消费比上年收入函数、最高以往收入函数推测的水平高。而且，1936 和 1937 年，预期收入函数还继续大幅低估消费。原因其实很简单。人们总是比任何用以概括其行为的数学公式更灵活；他们意识到，大萧条是极为反常和特殊的，不能目之以经济形势的一般性上升或下降；而那些数学公式没有这种意识。人们会把收入下降的大部分归咎于临时收入为负，而不是想方设法重估函数中的永续收入。因此，在大部分萧条期里，人们维持了高于函数推测的消费水平。预期收入函数由于追溯年限最长，因而比其他函数迟一点出现这种背离，但还是不免会出现，并且在其他函数恢复正常之后，仍然留滞其中。[①] 大萧条时期事实与函数的这种背离告诉我们，不宜用特定的公式描述消费行为，但是，它还是支持了我们关于消费行为的一般解释。

[①] 关于大萧条时期消费行为的这种解释如果成立，那它对大萧条时期的循环解释（cyclical interpretation）就有明显而重要的含义。这种解释意味着，预期，至少对部分消费者而言，是稳定的因素，而不像通常所说的那样摇摆不定。既然如此，特别严重的经济萧条只能理解为来自系统的压力，诸如 1929—1933 年（特别是其中 1931—1933 年）货币存量的急剧减少；而不能理解为来自预期变化。

第三节附录:量度消费与当期量度收入的共同误差对多重相关的影响

下面,我们将用到下列符号:

变量	符号		
	量度值	量度误差	"正确"值
收入	y	δy	η
储蓄	s	δs	Σ
消费	c	δc	γ

而且令下标 t 表示变量的现值;下标 l 表示时滞值(lagged value);下标 p 表示"永续"值。

假定所有变量的平均值都为零;这样,我们就可以用各变量与平均值的离差表示原变量的大小。

预期收入函数和最高以往收入函数都可以表述如下:

$$y_p = \alpha y_l + \beta y_t, \quad (5.22)$$

$$\eta_p = \alpha \eta_l + \beta \eta_t, \quad (5.23)$$

$$\alpha + \beta = 1。 \quad (5.24)$$

其中 y_l 在预期收入函数中可理解为所有以往年度收入的加权平均,在最高以往收入函数中可理解为以往年度的最高收入。因此,两种函数都可理解为建立了 c_t 与 y_p 的关系,我们的问题可归结为:在给定 c_t 与 y_t 的共同误差的条件下,确定 β 值对 c_t 与 y_p 之相关系数(即 $r_{c_t y_p}$)[①]的影响。

[①] 在第三章第二节,变量之间的相关系数符号为 ρ,与此不同。——译者注

第五章 永续收入假说与消费-收入关系的现有时序……

我们以 $y-s$ 算出 c，其中 y 和 s 分别独立量度，因此：

$$\delta c = \delta y - \delta s。 \tag{5.25}$$

假设：

$$r_{\delta y \delta s} = r_{\eta \delta y} = r_{\sum \delta s} = r_{\eta \delta s} = r_{\sum \delta y} = r_{\gamma \delta y} = r_{\gamma \delta s} = 0, \tag{5.26}$$

不管变量针对的是相同或不同年份，上式都成立，而且：

$$r_{\delta y_t \delta y_l} = r_{\delta s_t \delta s_l} = 0。 \tag{5.27}$$

我们的目的是求 β 值大小对 $r_{c_t y_p}$ 值的影响，其中 $r_{c_t y_p}$ 值是：

$$r_{c_t y_p} = \frac{Ec_t(\alpha y_l + \beta y_t)}{[Ec_t^2]^{\frac{1}{2}} [E(\alpha y_l + \beta y_t)^2]^{\frac{1}{2}}}。 \tag{5.28}$$

现在，

$$Ec_t(\alpha y_l + \beta y_t) = E(\gamma_t + \delta c_t)(\alpha \eta_t + \beta \eta_t + \alpha \delta y_l + \beta \delta y_t) \tag{5.29}$$

$$= E\gamma_t \eta_p + \beta E \delta c_t \delta y_t, \tag{5.30}$$

根据(5.26)和(5.27)式，所有其他叉积都为零，从而上式

$$= r_{\gamma_t \eta_p} \sigma_{\gamma_t} \sigma_{\eta_p} + \beta E(\delta y_t - \delta s_t) \delta y_t = r_{\gamma_t \eta_p} \sigma_{\gamma_t} \sigma_{\eta_p} + \beta \sigma_{\delta y_t}^2, \tag{5.31}$$

其中 σ 代表下标变量的标准差。

$$Ec_t^2 = E(\gamma_t + \delta c_t)^2 = E(\gamma_t + \delta y_t - \delta s_t)^2 = \sigma_{\gamma_t}^2 + \sigma_{\delta y_t}^2 + \sigma_{\delta s_t}^2, \tag{5.32}$$

$$Ey_p^2 = E(\eta_p + \alpha \delta y_l + \beta \delta y_t)^2 = \sigma_{\eta_p}^2 + \alpha^2 \sigma_{\delta y_l}^2 + \beta^2 \sigma_{\delta y}^2。 \tag{5.33}$$

我们假设：

$$\sigma_{\delta y_l}^2 = \sigma_{\delta y_t}^2 = \sigma_{\delta y}^2, \tag{5.34}$$

因此

$$\sigma_{y_p}^2 = \sigma_{\eta_p}^2 + (\alpha^2 + \beta^2)\sigma_{\delta y}^2。 \tag{5.35}$$

代入(5.28)式，就有：

$$r_{c_t y_p} = \frac{r_{\gamma_t \eta_p} \sigma_{\gamma_t} \sigma_{\eta_p} + \beta \sigma_{\delta y}^2}{[\sigma_{\gamma_t}^2 + \sigma_{\delta y}^2 + \sigma_{\delta s_t}^2]^{\frac{1}{2}} [\sigma_{\eta_p}^2 + (\alpha^2 + \beta^2)\sigma_{\delta y}^2]^{\frac{1}{2}}} \tag{5.36}$$

$$= \frac{r_{\gamma_t \eta_p} + \dfrac{\beta \sigma_{\delta y}^2}{\sigma_{\gamma_t} \sigma_{\eta_p}}}{\left[1 + \dfrac{\sigma_{\delta y}^2 + \sigma_{\delta s_t}^2}{\sigma_{\gamma_t}^2}\right]^{\frac{1}{2}} \left[1 + (\alpha^2 + \beta^2) \dfrac{\sigma_{\delta y}^2}{\sigma_{\eta_p}^2}\right]^{\frac{1}{2}}} \, . \quad (5.37)$$

通过计算,我们可以得到如下数值:

	预期收入函数	最高以往收入函数
r_{c_t, y_p}^2	0.96	0.98
r_{c_t, y_p}	0.98	0.99
α	0.67	0.455
β	0.33	0.545
$\alpha^2 + \beta^2$	0.5578	0.5040

为了运用公式(5.37),我们必须估计下列各式:

$$\frac{\sigma_{\delta y}}{\sigma_{\gamma_t}}, \; \frac{\sigma_{\delta s}}{\sigma_{\gamma_t}}, \; \frac{\sigma_{\delta y}}{\sigma_{\eta_p}} \, .$$

可以把它们分别称为 R、S 和 T。

现在我们知道,大体上:

$$\gamma = 0.9 \eta_p \quad (5.38)$$

$$\text{因此} \; \sigma_r = 0.9 \sigma_{\eta_p}, \quad (5.39)$$

$$R = \frac{1}{0.9} T = 1.11 T \, . \quad (5.40)$$

为了得到 S 的估计值,假设:

$$\frac{\sigma_{\delta s}}{\sigma_{\sum}} = \frac{\sigma_{\delta y}}{\sigma_y} \quad (5.41)$$

据此,

$$S = \frac{\sigma_{\delta s}}{\sigma_\gamma} = \frac{\sigma_{\sum}}{\sigma_y} \cdot \frac{\sigma_{\delta y}}{\sigma_\gamma} = \frac{\sigma_{\sum}}{\sigma_y} \cdot R \, . \quad (5.42)$$

第五章 永续收入假说与消费-收入关系的现有时序……

这样,$\sigma_{\Sigma}/\sigma_{y}$ 约等于 σ_{s}/σ_{c},后者根据数据计算,等于 0.36。因此,

$$\sigma_{\Sigma} = 0.36\sigma_y = 0.36(0.9)\sigma_{\eta_p}。 \quad (5.43)$$

但根据我们的假说,消费-收入回归的弹性,就是 y 值变化中由 η_p 变化引起的那部分占比的估计值。就讨论中的历史时期而言,算出弹性为 0.87。因此,

$$\sigma^2_{\eta_p} = 0.87\sigma^2_y \quad (5.44)$$

从而,

$$\sigma_{\Sigma} = (0.36)(0.9)(0.87)^{\frac{1}{2}}\sigma_y,或 \quad (5.45)$$

$$S = \frac{\sigma_{\Sigma}}{\sigma_y} \cdot R = (0.36)(0.9)(0.87)^{\frac{1}{2}}(1.11)T = 0.33T。 \quad (5.46)$$

现在,我们把 R 和 S 的表达式,即(5.40)和(5.46)式,代入(5.37)式;同时,把根据最高以往收入函数算出的 $r_{c_t y_p}$ 值、β 值(= 0.545)也代入(5.37)式;并假定 $r_{y_t \eta_p} = 1$,从而只有统计量度误差可以解释小于 1 的相关系数。这样,就给出了一个关于 T 的等式,可据以计算 T 值:

$$T = (0.0397)^{\frac{1}{2}}。$$

然后,我们用这个 T 值,以及由(5.40)和(5.46)式算出的 R 值和 S 值,另一个 β 值(= 0.33),并同样假定 $r_{y_t \eta_p} = 1$,来计算(5.37)式中包含的 $r_{c_t y_p}$ 值。这个 $r_{c_t y_p}$ 值,就是预期收入函数的相关系数的估计值,其中我们假设预期收入函数与最高以往收入函数的相关系数估计值之所以不同,唯一的原因是 β 值较小。结果是:

$$r^2_{c_t y_p} = 0.957,$$

即一个略微小于观测到的 0.960 的值。因此,在上述假设下,两个相关系数观测值之间的差别,全部可以由 β 值的差别来解释。

检验上述各假设是否合理,一种方法是看由此得到的各种标准差是否合理。我们有:

$$T^2 = 0.04 = \frac{\sigma_{\delta y}^2}{\sigma_{\eta_p}^2},$$

即

$$\sigma_{\delta y}^2 = 0.04\sigma_{\eta_p}^2 = (0.04)(0.87)\sigma_y^2 = (0.0348)\sigma_y^2 。$$

而 σ_y^2 可以根据数据算出。结果,$\sigma_{\delta y}$ 值约为 25 美元,或平均量度收入的大约 4%。按照类似方式,算出 $\sigma_{\delta s}$ 值约为平均储蓄的 13%。这些数据看来没有什么不合理。如果说有,只是储蓄和收入上的误差,比我预计的还要小。

审核这些结果是否合理,另一种方法,是对下面两种极端的假设,进行类似计算:

假设 1: $R = S = T$;

假设 1A: $R = T, S = 0$。

这些假设可以说是非常极端的。因为,一般来说,储蓄无论是比消费还是比收入,都要小很多,因此可以预计,储蓄的量度误差在绝对值上也比收入小——尽管在估计值的百分比上很可能更大。计算结果如下:

当 $\beta = 0.33$ 时,r_{c_i,y_p}^2 的假设值为:

假设 1: 0.973;

假设 1A: 0.956。

两个值在观测值 0.96 的两边;同样,也在上面算出的 0.957 的两边。

第六章　永续收入假说与相对收入假说的关系

　　前面两章证明:永续收入假说与消费行为的各种经验证据都是相符的。无论是各个时期的预算研究,还是横跨半个多世纪的总量时序数据,都展示了平均消费倾向的大体稳定。对此,永续收入假说给出了简明的解释。假说合理地说明:(1)不同国家的家庭之间,由于谋生职业不同、种族不同等,观测到的消费-收入回归也不同;(2)户主年龄不同,家庭的储蓄-收入比也不同。它还准确推断:(1)如果我们按照当期比上一期的量度收入变化划分家庭,对预算研究的消费-收入回归会有什么影响;(2)如果涵盖的时期长度不同,数据的表示形式不同,对总量时序数据的消费-收入回归又有什么影响。它既说明了长期时序数据的主要特征,又讲清了其中的很多细节,还给出了与这些长期数据拟合得很好的总量消费函数。

　　与各种经验相符,这是支持我们假说的强有力证据。但是,正如实证工作中常见的那样,必然还有很多其他假说也与同样的证据相符。选择我们的假说,乃是因为我们认为,它比其他我们曾留意过的假说更简洁、更有效,或者是因为我们发现,另有证据支持我们的假说,而不支持其他假说。尤其是,很多支持我们假说的证据，也被另一种假说，即贝蒂和弗里德曼、莫迪利亚尼、杜森贝利提出的相对收入假说，当作证据。事实上，与该假说有关的文献，正是上面两章所用数据的重要来源。这一章的目的，是探讨永续收入假说与相对收入假说之间的关系。这两种假说都是作为另一种我称为"绝对收入假说"的替代品提出的，因此，我们也会讨论到绝对收入假说——该假说认为消费是当期实际量度收入绝对值的函数。

相对收入假说认为，家庭的量度消费-量度收入之比是该家庭在群体收入分布中的相对地位的函数。很显然，这种假说与我们的假说之间至少有一点是共通的。假设一个群体的临时收入和临时支出平均都为零。那么，其中量度收入等于群体平均的家庭，他们的量度收入就等于永续收入；根据我们的假说，他们的平均消费就等于这个收入的 k 倍。不同群体中同样处于这个量度收入位置上的家庭，其消费-收入比只是因为各群体的 k 值不同而不同；他们的永续收入-量度收入比没有差别，不会引起额外变化。类似地，收入高于群体平均水平的家庭，平均临时收入为正；低于平均水平的家庭，为负。因此，根据相对地位而非绝对收入划分家庭，至少可以使归属不同群体但处于相同相对收入阶层的家庭，其临时收入的符号彼此一致。于是，在某些条件下，我们的假说亦可推测：量度消费-量度收入之比，是相对收入地位的函数。

两种假说尽管如此密切相关，却非完全一致。为了更透彻地考察两种假说之关系，我们需要分别考虑文献中出现过的相对收入假说的两种形式：(1)基本形式。设定一个家庭属于某个群体，则它在该群体的收入分布中的百分比位置，就作为它的相对收入

第六章　永续收入假说与相对收入假说的关系

地位。(2)由于数据经常不足以估计百分比位置,于是出现第二种形式,即以家庭收入与群体平均收入之比作为家庭相对收入地位的近似值。当且仅当几个群体的收入分配只存在规模上的差别,也就是说,它们都有相同的洛伦兹曲线①时,这两种形式才会有相同的结果,即:不同群体,消费率-相对收入地位的回归有相同程度的分歧(diverge)。尽管形式(1)被视为基本形式,但形式(2)与我们假说的关系更容易说明;因此,我们首先考虑形式(2)。

在比较两种假说之前,先要弄清楚我们的问题。就任何一个家庭群体本身而言,两种假说之间不可能有矛盾。我们的假说已予解释的消费-量度收入的回归关系(称之为 A 型关系),可以通过代数处理,包括变化刻度,转换为"量度消费-量度收入比"和"量度收入-平均收入比"之间的关系(称之为 R 型关系)②。相对收入假说对参数大小未予说明,因此对单个家庭群体本身也未予描述。而我们的假说认为,回归参数取决于 k 和 P_y。只要这两个值可以被单独估计,我们的假说就可以对单个群体有所描述,从而就比相对收入假说更有用。相对收入假说的基本内容是群体之间的比较。它认为,首先,如果各群体的收入分配不同,群体之间的 A 型关系就会迥异;其次,如果关系转换为 R 型,差异会减少乃至消失。它推测,一些群体的消费行为,即使根据 A 型关系判断是五花八门的,如果转为根据 R 型关系判断,也可能等齐划一。而我

---

①　洛伦兹曲线(Lorenz Curve)是表示和分析收入或财富分配状况的技术,以家庭的收入由低到高排列,画出家庭的累积比例与相应收入的累积比例的关系。——译者注

②　R 类型关系,即上述消费率-相对收入地位的回归关系。——译者注

们的假说可用来推测各群体的 R 型关系何时会相同，这里就可能有矛盾出现。因此，我们的假说要问的问题是：什么条件下，不同群体的 R 型关系是相同的；什么条件下，又是不同的。在第一组条件下，两种假说彼此一致，一种假说的证据，也是另一种假说的证据。第二组条件下，两种假说相互不同。如果我们可以在经验上确定这些条件，那么，就有可能据以区别两种假说。

我们的假说认为，无论哪种形式，R 型关系（甚或 A 型关系）之所以可能不同，一个原因是平均临时收入或平均临时消费不同。这些不同会使关系线上下位移，而斜率不变。由于这种影响如此直接明了，下面我们将舍此而对其他影响作详细的讨论。为简化起见，下面两节假设每个群体的平均临时收入与平均临时消费都为零，因而群体的平均量度收入与消费就等于平均永续收入与消费。

第一节 以量度收入-平均收入比衡量的相对收入地位

在上述条件下，根据 (3.10) 和 (3.11) 式，消费-量度收入回归可由下式给出：

$$c = k(1 - P_y)\bar{y} + kP_y \cdot y。 \quad (6.1)$$

两边都除以 y，得到：

$$\frac{c}{y} = kP_y + k(1 - P_y)\frac{\bar{y}}{y}。 \quad (6.2)$$

这是消费率与量度收入-平均收入比的倒数之间的线性关系。

第六章　永续收入假说与相对收入假说的关系

不过,这个线性关系很大程度上可以由相对收入本身的线性关系来近似。① 就我们的目的而言,更重要的是(6.2)式意味着:根据我们的假说,当且仅当不同群体的 k 和 P_y 值都一样时,它们的 R 型关系才会相同。② 对于这样的一些群体,这种形式的相对收入假说给出了与我们的假说相一致的结果;只不过,我们的假说还提到函数的形式、参数的决定因素等,因而更加有用。

如果不同群体除了 k 和 P_y 一样之外,$\bar{y}$ 值也一样的话,它们的 A 型关系,即(6.1)式也会一样,从而,全部三种假说——永续收入假说、相对收入假说与绝对收入假说——给出的结果都一样。不过,至少就线性关系而言,并不需要这么严格的条件。为使线性的 A 型关系彼此一样,kP_y 和 $k(1-P_y)\bar{y}$ 必须相等;任何一组 k、P_y 和 $\bar{y}$ 值,只要它们的这两项组合相等,就可以得到相同的 A 型关系。例如,一个群体尽管平均收入较高,但可以为较高的 P_y 值和较低的 k 值所抵消。

---

① 请注意,我们的假说并不认为线性回归适用于连续收入阶层的观测平均值。我们讨论的是,如果针对一组由永续收入假说描述的数据计算的话,线性回归的参数会是什么,并由此得出(6.1)式。如果临时性因素在各永续收入水平上都同等重要,那么根据我们的假说,观测平均值会落在一条直线上;否则不会是一条直线。鉴此,我们在理论分析以及大部分实证研究中都运用假说的对数形式。因为经验表明,对数形式下,"临时因素的影响相同"这个条件,比原始数据形式下更容易达到。

同样,我们的假说认为,消费率与相对收入倒数之间的回归,只有在相同条件下才是线性的。因此我们推断,这里对数形式同样比算术形式更加接近于线性。

② 对数形式上:
$$C = K + \bar{Y}(1 - P_y) + P_y \cdot Y. \qquad (6.1)'$$
两边都减去 Y,有:
$$C - Y = K + (1 - P_y)(\bar{Y} - Y). \qquad (6.2)'$$
就像算术关系一样,根据我们的假说,当且仅当不同群体的 K 和 P_y 值一样时,他们的 R 型对数关系才会一样。

下列结论一定程度上不言自明:由于这种形式中的相对收入是指绝对收入与平均收入之比,因此,它至少可以解释消费-收入回归中反映平均收入不同的一些差别;但是,不能解释平均收入相同的群体之间存在的差别。可能较为不明显的是我们的假说中关于平均收入不同之外的其他一些细节的含义。在这些方面,相对收入假说与绝对收入假说都无从解释。

假设有两个群体,它们的消费-收入回归关系由(6.1)式给出,就是说,永续收入假说的算术形式对它们是成立的,且 $\bar{c}_t = \bar{y}_t = 0$,但 P_y 或 k(或两者都)彼此不同。那么,这两个群体的 R 型关系如何比较呢?根据(6.2)式,当 $\bar{y}/y$ 增加时,由于 $k(1-P_y)$ 必定为正值,消费率也增加。但当 $\bar{y}/y$ 增加时,$y/\bar{y}$ 即相对收入会下降,因此 R 型关系的斜率为负。假设两个群体的 k 值相同而 P_y 不同。P_y 越大,(6.2)式的"正斜率"越小,这意味着 R 型关系的负斜率绝对值也越小,即这条关系线在相对收入轴上越平坦。[①] 两条关系线在相对收入为 1(即量度收入等于平均收入)处相交,这里,消费率都等于 k。假设 P_y 给定,一个群体的 k 越大,消费率就越高,也即 R 型关系线就越高;而且,在相对收入坐标轴的所有值上,该群体的 R 型关系线都高出相同比例。因此,如果 P_y 给定,k 越大,斜率的绝对值就越大,即 R 型关系线越陡。

根据我们的假说,这些数学结果可以有一种简单的解释。例

---

① 更正式地说,对(6.2)式的右边求 $y/\bar{y}$ 的微分。结果是:

$$d(\frac{c}{y})/d(\frac{\bar{y}}{y}) = -k(1-P_y)(\frac{\bar{y}}{y})^2,$$

因此,P_y 值越大,斜率的绝对值就越小(k 值越小,斜率的绝对值也越小)。关于储蓄率的导数,结果显然是相同的值,但符号相反。

如，假设有一些家庭，其量度收入是所在群体平均收入的两倍。一般说来，这些家庭的永续收入会处于群体平均收入与它们自己的量度收入之间的某个位置上。消费根据这样的永续收入确定，不会达到群体平均消费的两倍。因此，这些家庭的消费率会小于群体的平均消费-平均收入之比。这就解释了 R 型关系线的斜率为何为负。

再假设上面这些家庭中，P_y 值较小的家庭构成一组——对这组家庭而言，它们的量度收入之所以两倍于平均收入，是临时性因素在起重要作用；其他 P_y 值较大的家庭构成另一组。第一组家庭，其收入与平均值的偏差相对更多来自于临时性因素，而消费根据相对较低的永续收入确定。因此，第一组家庭的消费率会低于第二组，尽管两组家庭所在群体的平均消费-平均收入比是一样的。这就解释了 P_y 值低的家庭，R 型关系线更陡峭。

更简明地说，各群体的 R 型关系预计会有不同，是因为只有不同群体的相对收入地位同等稳定时，它们的相对量度收入的意义才是一样的。而 P_y 值就是相对收入地位稳定性的一种量度。

在贝蒂和弗里德曼的论文中，有一幅图表例示了这些效应。她们对四项预算研究——我在表 1 中所列的 1901 年、1917—1919 年、1935—1936 年和 1941 年四项——根据城市家庭的绝对收入和相对收入，分别画出了储蓄-收入比。[①] 使用相对收入显著降低了四条回归线的离散程度，但仍然保留一些重要差别。斜率上的主要差别是：1901 年的回归线最陡，1917—1919 年和 1935—1936

---

① 贝蒂和弗里德曼，"储蓄与收入分配"，第 261 页。

年回归线斜率大致相同，1941 年的回归线较为平坦。[1] 我们已经知道，这些研究中，k 值并没有系统的差别。因此，根据我们的假说，上述差别意味着 1901 年的 P_y 值最低，1917—1919 年和 1935—1936 年的 P_y 值比 1941 年略低。根据消费-收入回归估计的 P_y 值，见于表 1 最后一列：1901 年为 0.75，1917—1919 年和 1935—1936 年分别为 0.86 和 0.82，1941 年为 0.87。需要强调的是：这一点不过说明了 P_y 值不同对 R 型关系线斜率的影响，而不是区别两种假说的独立证据。因为，R 型和 A 型回归线的斜率之间的关系，纯粹是算术关系；而我们正是根据 A 型回归线的斜率，得出这些 P_y 的估计值的。要区别两种假说，需要上述四项研究之 P_y 值大小的独立证据，而不是根据消费-收入回归估算出来。

如果把 1935—1936 年农户的相应回归线加入到刚才分析的图表中，我们可以得到某种独立证据。农户的回归线，无论是与同一年份、还是其他年份的城市家庭回归线相比，都明显更陡一些。[2] 根据我们的假说，这意味着农户的 P_y 值较低。而关于农户的 P_y 值低于城市家庭这一点，我们有非常丰富的独立的证据，包括定性和定量的证据。[3]

---

[1] 贝蒂和弗里德曼是针对收入比的对数而非收入比本身画出储蓄率的。但是，如果根据收入比对数画出的曲线在每一点上都是甲线比乙线陡峭，那么，直接根据收入比的算术值画出的曲线，也会是甲线比乙线陡峭。

[2] 贝蒂和弗里德曼没有画出这条回归线，因为她们在比较农户与非农户家庭时，用的是以百分比衡量的相对收入地位。上述说法是根据她们书中的表 1 所作的大致计算，见上引书，第 253 页。

[3] 见后面第七章第二节、第三节。

第二节　以收入分布的百分比位置衡量的相对收入地位

为了便于把百分比位置与我们的假说认为至关重要的变量联系起来,我们需要对收入分布的形态作一些明确。假设所有收入分布都是正态分布,从而每组分布都可由平均值和标准差完全描述。[①] 量度收入可以写作:

$$y = \bar{y} + g\sigma_y, \qquad (6.3)$$

其中 $\bar{y}$ 也是指群体的平均收入,σ_y 指收入的标准差,g 指收入对平均收入的偏离程度(以标准差为单位)。对于正态分布而言,g 值与收入分布的百分比位置一一对应,因此,我们可以用 g 代替百分比位置。把(6.3)式代入(6.2)式,得到:

$$\frac{c}{y} = kP_y + k(1-P_y) \cdot \frac{\bar{y}}{\bar{y}+g\sigma_y} = kP_y + k(1-P_y)\frac{1}{1+vg}, \qquad (6.4)$$

其中 v 是量度收入的变化系数,即 $\sigma_y/\bar{y}$。这里,为使不同群体的 R 型关系彼此相同,它们的三个参数 k、P_y 和 v 都须相等。

在这种形式下,对于平均收入相同的几个群体,相对收入假说与绝对收入假说的结果不再一致。即使这些群体的 A 型关系彼此相同,由(6.4)式定义的 R 型关系也不会相同,除非各群体的收入标准差也一样。因此,这种形式下,绝对收入假说与相对收入假

[①] 假设收入对数而非收入本身为正态分布,可能更接近于收入分布形态的经验证据。但是,无论作哪种假设,主要结果都是一样的。因此,我们假设绝对收入为正态分布,如此一般不会有损失,而且容易阐述。

说的关系更加复杂。如果我们只考虑 R 型关系的线性部分,换言之,只考虑关系线在平均收入上的高度与斜率,那么,以(6.4)式在 $g=0$ 时的泰勒展开式前两项替代其中的 $1/(1+vg)$,就可以看到,这里只有两个参数。由此得出:

$$\frac{c}{y} = kP_y + k(1-P_y)(1-vg) = k - k(1-P_y)vg。 \quad (6.5)$$

不同群体,只要 k 和 $(1-P_y)v$ 值相同,类似(6.5)式的关系就相同;至于 P_y 和 v 本身为何值,无关紧要。[①] 对于 P_y 和 v 的这种特定组合,[②]我们已能够给出具体的解释,[③]因此,最好的做法是分别考虑 P_y 与 v 变化的影响,同时认识到两者是可以相互抵消的。这里 k 与 P_y 变化对 R 型关系的影响,与上节所说的相对收入形式下的情况相一致。k 越大,在 g 的所有值上,关系线都越高;因为是高出一个固定的百分比而非固定绝对量,因此,斜率的绝对值也会以相同的比例越来越大,关系线会越来越陡(相对于 g 轴或收入分布的百分比位置轴而言[④])。P_y 值越大,斜率的绝对值越小,因而

[①] 至于对数形式,我们有:
$$Y = \bar{Y} + \sigma_Y G。 \quad (6.3)'$$
将之代入(6.2)′式,得到
$$C - Y = K - (1-P_y)\sigma_Y G。 \quad (6.4)'$$
对数标准差 σ_Y,是算术数据的变化系数的估计值,并像后者一样,是不受诸如所有收入翻番等因素影响的纯数。因此,(6.4)′式更直接、更精确地给出了与(6.5)相同的结果。

[②] 原文为 this particular combination or P_y and v,其中 or 应为 of。——译者注

[③] 这种组合可以通过各种方式表示为永续部分和临时部分的标准差,但没有哪一种方式看似特别有启示性。例如:
$$(1-P_y)v = \left(1 - \frac{\sigma_p^2}{\sigma_y^2}\right)\frac{\sigma_y}{\bar{y}} = \frac{\sigma_t^2}{\sigma_y^2} \cdot \frac{\sigma_y}{\bar{y}} = \left(\frac{\sigma_t}{\sigma_y}\right)\left(\frac{\sigma_t}{\bar{y}}\right)。$$

[④] 对于一个给定的 g 值,k、v 或 P_y 值变化,会影响关系线在收入分布百分比(或百分比对数)轴上的斜率,影响方向等同于对关系线在 g 轴上的斜率的影响方向。

第六章 永续收入假说与相对收入假说的关系

在任何给定 g 值上,关系线越平坦;反之亦相反。与 P_y 一样,v 变化也只影响关系线斜率,不影响关系线在平均收入($g=0$)上的高度。v 越大,关系线在平均收入上的斜率绝对值就越大,即关系线越陡。①

永续收入假说对这些结果的解释,与上节对另一种相对收入形式下诸结果的解释基本相同。差别在于:这里,只要不同群体的 v 值相同,一个给定的 g 值就对应着不同群体的相同的相对收入。正因如此,这里我们引入了 v。如果某一群体的 v 值比另一群体大,g 值相同就意味着量度收入-平均收入比是前一群体较大;这自然又意味着其消费率较低。为了抵消这种影响,在两个群体平均消费-平均收入比相等的情况下,量度收入与平均收入的偏离应该更多来自永续部分,即 P_y 值应该更大。因此,v 值较大的影响,可以由较大的 P_y 值来抵消。

---

① 应注意的是,关于 k 与 P_y 值变化影响的说法,同时适用于(6.5)式所说的线性近似和(6.4)式的原始形式;而关于 v 值变化影响的说法只适用于前者。因此,这里我们加入了"在平均收入上"的限定辞。

为证明这些说法,对(6.4)式求 g 的微分,得到:
$$\frac{\mathrm{d}(c/y)}{\mathrm{d}g} = -k(1-P_y)\frac{v}{(1+gv)^2}。$$
对于给定的 g 和 v,当 P_y 减小而 k 增加时,等式右边的绝对值显然会增加。为了确定 v 变化时等式会如何变化,我们对最后的比例(称之为 z)求 v 的微分,得到:
$$\frac{\mathrm{d}z}{\mathrm{d}v} = \frac{1-gv}{(1+gv)^3}。$$
当 g 为零或负值时,只要 $1+gv>0$,则 $\mathrm{d}z/\mathrm{d}v>0$;而根据 g 的定义,当收入为正时,$1+gv>0$ 成立。当 g 为正值时,如果 $v<1/g$,则 $\mathrm{d}z/\mathrm{d}v>0$;如果 $v=1/g$,则等于零;如果 $v>1/g$,则小于零。因此,在平均收入水平及以下部分,v 越大,每个 g 值上的关系线会越陡。在平均收入以上部分,当 v 不断增加时,每个 g 值上的关系线,先是越来越陡,然后转为越来越平坦;g 值越大,关系线开始由陡变平(拐点)对应的 v 值就越小。

同样,贝蒂和弗里德曼提供的一些资料也可用以说明这些影响。例如她们发现,与非农户相比,随着收入分布的百分比位置上升,农户储蓄率上升更快;而且,除了低收入阶层之外,农户的储蓄率通常更高。① 储蓄率高低不同,可能主要反映了 k 值不同。k 值不同也会影响斜率。但是,k 值所引起的斜率不同与观测到的方向恰相反,可见,这个影响一定是被 $v(1-P_y)$ 值不同的影响完全抵消,而尚不足。根据第四章表 4 的估计,农户与非农户之间 v 值差别很小,因此,主要原因估计还是 P_y 值的较大差别。农户的 P_y 值比非农户小,导致农户的 R 型关系线更陡。同样,上面也只是部分地说明了各种类型关系线之间的代数联系;不过,一定程度上也证实了我们的假说,因为我们拥有关于农户与非农户的相对 P_y 值的独立证据。

贝蒂和弗里德曼给出的另一个例子是一幅图,标示了不同地区所有非农白人家庭和黑人家庭在不同收入百分比位置上的储蓄率。其中包括纽约、哥伦布、亚特兰大、南方的中等城市、小城市和乡村等,都是基于 1935—1936 年研究。② 由该图可见,白人家庭的储蓄率通常高于黑人家庭,至少收入百分比位置在 50% 以上的家庭是如此。其中,百分比位置略高于 50% 的家庭,储蓄率随收入增加上升得比较快;位置更高的家庭,上升较不明显。至于百分比位置在 50% 以下的家庭,图中一个群体只画了一点,因此,这部分情况不甚了了。不同黑人群体之间的关系很不稳定,如果能够

---

① 贝蒂和弗里德曼,上引文,第 253 页和 262 页。
② 同上,第 264 页。

证实很多变化只是抽样波动的结果,那就不可能有恰当的比较。唯一可能正确的概括是,乡村和小城市的关系线比其他地区平坦。

由第四章表 4 和表 7 可见:在上述六个地区中,所有(白人加上黑人)非农家庭的 v 值大于黑人家庭 v 值的,有四处。根据消费的量度收入弹性估计的 P_y 值,也是六个地区中有四处较小,尽管此四处并不等同于彼四处。这些差别导致了白人家庭的 R 型关系线有更陡的斜率。如表 7 所示,南方小城市和乡村的黑人家庭,v 值比其他地区低很多,P_y 值则高很多;这两方面都是它们观测到的关系线较为平坦的原因。①

杜森贝利就纽约、哥伦布的黑人与白人家庭画出了更详细的图。每座城市内部,黑人与白人家庭的关系线差别很小——由于不规则变动相对明显,差别甚至根本无法被发现。两座城市之间的差别则清晰得多:哥伦布的储蓄率一般高于纽约,随收入百分比位置变化的幅度也比纽约大。哥伦布的储蓄率较高,可能反映了 k 值较小;关系线较陡,可能反映了 P_y 值明显较小,而 v 值没有多大差别(见表 7)。②

第三节 相对收入假说的基础

上面我们按照永续收入假说的思路解释了相对收入假说,强

---

① 所有非农家庭的 $v(1-P_y)$ 值为 0.140,纽约、哥伦布、亚特兰大、南方的中等城市、小城市及乡村的黑人家庭的值分别为 0.056、0.122、0.166、0.101、0.031 和 0.035。

② 纽约的白人与黑人家庭 $v(1-P_y)$ 值分别是 0.086 和 0.056;哥伦布的分别是 0.131 和 0.122。

调相对量度收入是相对永续收入的一个指标。但请注意,经济学家最初提出相对收入假说,却是出于完全不同的考虑。他们是基于仿效与模仿(emulative and imitative)而强调相对收入的。他们认为,家庭的消费标准一定程度上来源于左邻右舍。绝对收入为某一水平的家庭,当处于收入普遍较高(高于其收入水平)的社会时,消费支出就较多;当处于收入普遍较低的社会时,消费支出就较少。这一方面是因为前一种情况下,家庭必须支出更多以便与街坊邻居保持一致;另一方面是因为,这时它有更多机会看到富裕物品(superior goods)[①],从而发生杜森贝利所谓的"示范"(demonstration)效应。[②]

这种观点,实际上是把量度收入当作永续收入,从而调和了以下两种现象:一是观测到的平均消费倾向的长期稳定;二是同一时点上,各家庭的平均消费倾向随收入增加而下降的趋势。这一调和是通过将平均收入增加对相对收入(相对收入总是针对某个绝对收入水平而言)的影响问题纳入考虑而实现的。这种观点合理解释了同一时点(即横截面)上,平均消费倾向通常随收入增加而下降。用杜森贝利的话说,"当收入(相对)较低时,对当期消费的渴望超过了对未来的顾虑,以致很少或根本没有储蓄可言。当收

[①] 指人们越富裕,对其需求和购买就越多的物品(如炫耀品、奢侈品等),与inferior good 相对应。张五常把 inferior good 译为贫穷物品(见张五常,《经济解释(卷一):科学说需求》,中信出版社 2010 年版,第 123—124 页),言之有理,因此这里相应译为富裕物品。——译者注。

[②] 杜森贝利按照这种思路,对相对收入假说作出了最为明确而全面的合理解释。见杜森贝利,《收入、储蓄和消费行为理论》,特别是第三章。

入水平较高时,增加当期消费的压力大为下降,从而可以关注未来"①。但是像第二章所说,这种分析,至少在纯粹理论层面上,是非常不令人满意的。

这些均重视相对收入②的彼此迥异的理论基础,给出的预测也截然不同。我们正是根据这些预测与经验的一致性在不同理论之间做出取舍的。如果相对收入是因为仿效而显得重要,那就没有办法解释为什么对农户与非农户的影响会不一样;或者无论如何,需要引入其他因素,以说明为何不一样——而这样一来,假说就变得更复杂。如果相对收入是因为示范效应而显重要,那同样没有办法解释为什么对农户与非农户影响会不一样。的确,农户的示范效应可能不是很普遍、很急切——这一点可以解释农户的较高储蓄;但若真如此,差别应该在所有收入水平上都一样,又怎么解释它还影响 R 型关系线的斜率?相反,如果相对量度收入是作为永续收入-平均收入比的一个指标而显得重要,那就有充分理由说明为什么对农户与非农户的影响会不一样。因为农户的相对量度收入地位比城市家庭不稳定,因此,一般来说,相对量度收入上同样一个差别,在农户处对应的是相对永续收入地位的较小差距。农户与非农户观测到的 R 型关系彼此有别,并且差别的方向与永续收入假说推测的方向相同,这些事实都支持我们的假说,而不支持相对收入重要性的仿效或示范效应之解释。

同样,仿效与模仿的说法,也无法预测 R 型关系的各种系统

---

① 上引书,第 37—38 页。
② 原文为 attaching significance to the relative income hypothesis,根据上下文理解,不应该有 hypothesis。——译者注

差别,如不同年度、不同大小的城市、白人与黑人家庭之间的差别等。而根据我们的假说,只要这些群体在收入分布的具体特征上彼此不同,就可以预测 R 型关系的系统差别。上面我们已经看到,这些群体之间观测到的 R 型关系的差别与我们假说推断的结果很一致。不过,这个证据尚不完善、不直接。因为,收入分布的一个特征,即 P_y,不是直接观察得到,而是根据消费行为推定的;而只有接受了我们的假说,这里的推定才是合理的。因此,某种程度上,我们回避了关键问题。为了完成这个证明,我们必须单独论证:根据消费行为推定的 P_y 值,正是根据收入数据算出的 P_y 的估计值——下一章就将论证这一点。这样论证之后,上述各种比较就确实变成了支持我们的假说的有效证据,而不支持相对收入重要性的仿效或示范效应之解释。

在我看来,永续收入假说在三个方面优于相对收入假说:第一,永续收入假说具有更简洁、更吸引人的理论基础,因它是用相同的概念解释同时性与历时性的现象。而相对收入假说引入了截然不同的因素,解释消费-收入回归的预算研究中消费-量度收入比的下降,以及时序研究中总消费-总收入比的长期稳定。第二,永续收入假说更有效,因为它能够推断消费行为的更多观测特征。第三,我们上面援引的证据,也似乎更加符合永续收入假说。不过,关于第三点,这个证据并不足以说明我们应该坚决放弃相对收入假说。最好是对两种假说再作进一步的检验。

这里还须强调,像对待"收入变化"概念一样,接受永续收入假说,并不意味着就不再把相对收入当作一个有意义的、相关联的变量。永续收入假说解释了为什么相对收入是有意义和相关联的;

说明了何种情况下把 A 型关系转换为 R 型关系会是以一致性代替差异性,何种情况下又不会如此。

第四节 相对收入假说与绝对收入假说

倡导相对收入假说的学者已提出经验证据支持自己的观点,即:相对收入假说对现有数据的解释力,优于绝对收入假说。其中大部分经验证据,我们在本章前几节和前面二章中已提及。证据尽管并非确凿无疑,但确实很有说服力。鉴此,我倾向于认为,前几节所说的相对收入假说的缺点,只是表明它比永续收入假说要差,却无法反驳优于绝对收入假说的看法。但是,我们在第一章中说到,詹姆斯·托宾检验了绝对、相对收入假说与很多经验证据的相容性,得出不同的结论。他认为,证据的含义尽管有些含糊,但总体而言,是更加支持一种稍加修改的绝对收入假说,而非相对收入假说。托宾的分析值得详加检验。一则因为分析本身很有意思;二则也是为了看看,他发现的证据与相对收入假说之间的矛盾,是同样不支持永续收入假说呢,还是可由永续收入假说来解释。

托宾检验了与两种假说之相对可接受性有关的四项证据:(1)两组家庭样本在三个连续年度中的预算数据;(2)黑人与白人家庭之储蓄状况的预算数据;(3)不同城市的消费-收入关系的预算数据,(4)总储蓄-总收入之比的时序数据。他的结论是:第(1)(3)项支持绝对收入假说,第(2)(4)项支持相对收入假说。为了解决这种矛盾,托宾建议修改绝对收入假说:在收入之外,引入金融资源作为影响消费的另一个变量。他给出了一些间接证据,以证明这样修改后的假说与第(2)项证据的拟合程度,至少不比相对收入假说差,并且亦可拟合于第(4)项证据。这样修改后的假说,虽与我们的假说不是一模一样,但已是殊曲相通。

鉴于我们已经详细检验过第(2)(4)项证据,[①]同时,因为托宾的绝对收入假说,即便修改后的形式,主要都是基于第(1)(3)项证据,因此,下面我们只须进一步考虑这两项证据。

1. 连续的预算数据

这些数据来自伊利诺伊州、艾奥瓦州、明尼苏达州的两组农户样本,我们可以取得这些样本 1940—1942 年的预算记录。[②] 其中一组预算数据由农业安全局收集,来自那些从农业安全局贷款购买农场的家庭,也就是第四章分析收入变化的影响时所用的数据;另一组预算数据来自农业实验站或其延伸服务点。托宾详细分析了第一组样本,并称第二组样本的结果与之相似。

1940—1942 年,农业安全局样本的平均收入增长迅速,按货币收入算接近 75%,按实际收入算也有 37%。但是,这个增幅只是同时期全美农户人均实际收入增幅的一半。样本的平均消费支出也有增长,但按实际支出算,增幅小于 15%,因此,消费-收入比下降很快。这个结果显然符合绝对收入假说,即预算研究显示,收入越高,消费占比越低。但它与相对收入假说不相符:如果相关收

---

① 见本书第四章第二节第五小节"黑人与白人家庭"(原书第 79—85 页)、第五章第一节"美国长期总储蓄的最新估计"(原书第 116—124 页)。

② 威拉德·W. 科克伦和玛丽·D. 吉尔格,上引书。

入分布是就样本内部的分布而言,样本整体的相对位置显然没变,那么,消费-收入比也应保持不变;如果相关收入分布是指样本之于全美农户的收入分布,这个群体的相对地位是下降了,那应意味着消费-收入比上升,而非下降。

托宾按照(1)实际绝对收入和(2)收入-群体平均收入之比,分别画出了不同收入阶层、不同年度的消费-收入比。按照绝对收入画的图形中,三年的消费率沿着单一的、清晰的曲线下降,很少分散。按照相对收入画的图形中,三年的消费率分为三条曲线,每年一条;年份越靠后,一定相对收入上的消费率越低。

至于这项证据的重要性到底如何,可以考虑两点。首先,由遴选样本的方法可见,上面分析的样本是非常特殊的。1940年,样本平均消费只是平均收入的53%;1941年是48%;1942年是43%。这些值大大低于通常观测到的农户消费率,也大大低于相应年度所有农户的消费率估计值;而样本的平均收入与三个州全部农户的平均收入相比,并无太大差别。① 我们知道,量度农户的收入与消费支出是很困难的,这些反常的消费率,让我们不得不怀疑数据的准确性问题。

其次,农业安全局样本看似与相对收入假说相悖的两个方面——样本整体的消费-收入比和不同收入阶层的消费-收入比的情况,实际上是二而一的,后者只是前者的假象。量度消费与量度收入的相关程度很低,因此,消费-收入回归线很平坦;在我们的假

---

① 见里德"收入概念对农户支出曲线的影响",《收入与财富研究》第 XV 卷第 154 页。

说中,即 P_y 值很小,大约 0.3—0.5 左右。[①] 在托宾的图 1[②] 中,任一年的消费-收入比与实际绝对收入为反相关关系,这主要是用基本不变的消费支出除以依次增长的收入的结果。如果支出完全不变,关系线会是直角双曲线,而托宾的实际关系线只比直角双曲线略微平坦一点。三年中实际平均消费的增长很有限,共约 12%。三条对应年度的直角双曲线也只会相差这一程度;而三条更平坦的关系线——它们与三条双曲线的交点,因为实际平均收入增长而逐次向右排列——彼此之间差别更小。因此,三条曲线在托宾图中的基本一致性,主要反映了三年的平均消费变化很小,以及消费与收入之间相关程度很低等。如果按照相对收入来画消费率,同样会得到只比直角双曲线略微平坦一点的曲线。但是这时,直角双曲线之间的水平距离由平均消费-平均收入比的差别决定,约为 20%,且没有与之相抵的因素;而转换为相对收入,是把全部三组样本的平均值,都放在了横轴的同一点(即 100)上,因此,三条更平坦的曲线,是逐次上升地与双曲线相交。

　　农业安全局样本的证据,尽管因这些限制降低了重要性,但不是说可以弃之不顾。就其本身而言,它是支持绝对收入假说,反对相对收入假说的。至少对于收入地位由"家庭收入-群体平均收入比"衡量的相对收入假说而言,会是如此。上面第一节中我们看到,如果(1)不同群体的 k 和 P_y 值相等,(2)每个群体的临时收入和临时消费平均都为零,那么,相对收入假说的结果与永续收入假

[①] 上引书,第 154 页,165—166 页。也见后面第七章关于 P_y 的直接证据。
[②] 应指按照实际绝对收入画的图示。——译者注

说无异。这三年中,条件(1)应该说是能够满足的:根据我们的假说,如果不同群体的 k 和 P_y 值不同,消费-收入回归线,或消费率-相对收入回归线的斜率也会不同,而这三年回归线斜率并没有多大差别。但是,条件(2)明显不符:1941 和 1942 年的平均临时收入肯定为正,1942 年的平均临时消费肯定为负。1941 和 1942 年都是超常繁荣的年份,这由 1942 年的战时商品短缺即可感受到。

用这些影响来解释消费率的差别,方向上没有问题。但程度上是否足够呢?我们可以借助图 13 做一个粗略检验。假设图 13 可由永续收入假说正确表述,图中各点可以看作是中心粗线加上收入、消费的临时部分得到。为了估计 1940、1941 和 1942 年的平均临时收入,我们再假设这三年的平均临时消费为零。这假设显然不切实际,尤其是 1942 年,但对最终结果影响不大。因为,在平均临时消费更可能为负的情况下假设它为零,其影响相当于把平均临时收入估计得过大。但这些误差是相互抵消的,因为负的平均临时消费与正的平均临时收入有大致相同的影响。基于这些假定,我们可以由图 13 估计出量度收入-永续收入之比。1940、1941 和 1942 年,估计值分别为 1.00、1.04 和 1.25。[1] 这些估计值是就

---

[1] 根据(5.2)式,
$$\frac{c_p^*}{y^*} = k^* \cdot \frac{y_p^*}{y^*}。$$
以 c^* 代替 c_p^*,并把消费-收入比的观测值写作 r。那么,根据(5.2)式,有:
$$\frac{y^*}{y_p^*} = \frac{k^*}{r}。$$
在图 13 中,我们设定 $k^* = 0.8875$。那么,1940 年的 r 值就等于 0.886,1941 年的等于 0.853,1942 年的等于 0.712。

译者注:原文第一个等式,右边分母缺上标 * 号,现已补。

整个国家而言的,假设农业安全局的样本也是如此。如果这些估计值乘以观测到的消费-量度收入比——如前所述,这三年分别为0.53、0.48 和 0.43,结果就是永续消费-永续收入比的估计值。根据我们的假说,这些值应该保持不变。实际得到的 1940、1941 和 1942 年的估计值,分别是 0.53、0.50 和 0.54。这些显然同样足以证明农业安全局的家庭证据是符合我们的假说的,尽管证明方式较为复杂,不像得出与相对收入假说相同结果的方式那么简单。

2. 地区之间的预算比较

针对哥伦布等六座城市[①],托宾——比较了两种回归:一种是消费-收入比与收入分布之百分比位置的回归,是杜森贝利根据 1935—1936 年当地非救济白人家庭的消费者购买行为研究计算得到的;[②]另一种是消费-收入比与绝对收入的回归,是门德休斯根据相同资料计算得到的,[③]并根据城市之间生活成本差别的估计作了修正。托宾选择了百分比位置上四个值——1.0、3.4、30.2 和 90.2。对应每个值,他先根据百分比回归,确定丹佛市的消费率;再计算在什么实际收入水平上,该市的绝对收入回归会给出相同的消费率,得到的实际收入水平分别是 9800 美元、5000 美元、2380 美元和 1470 美元。对于百分比位置上的每个值,他根据百分比回归计算六座城市的消费率,以及六个消费率的变动系数。

---

① 哥伦布、普罗维登斯、丹佛、芝加哥、奥马哈,以及比尤特与普韦布洛合并。
（community 在本小节中译为城市,以便与几次出现的 city 保持一致。——译者注）
② 上引书,第 54 页。
③ 豪斯特·门德休斯,"家庭储蓄的差别",载《经济统计学评论》第 122—137 页。

第六章 永续收入假说与相对收入假说的关系

同样,对于每个实际收入值,他根据绝对收入回归计算六座城市的消费率,以及六个消费率的变动系数。以上四点中每一点,根据百分比估计的变动系数都大大超过根据绝对收入估计的变动系数。由此托宾得出结论:城市之间,绝对收入给定与百分比位置给定相比,前者得到的消费率更加一致,因此这项证据支持绝对收入假说。

但是,这项证据并不能得出以上结论。因为:其一,相关证据不大适合为两种假说提供检验;其二,统计分析也不充分。如果换一种分析,利用相同或类似数据,结果就不会有那么明显的差别。

如上面第二节所说,只要各群体的收入分配不同,从而相同的百分比位置对应着不同的实际收入水平,那么绝对与相对收入假说就会得出不同的结果。凑巧的是,托宾比较的六个群体实际平均收入差别很小:最大比最小的只多 20%,次大比次小的只多 10%。① 各群体的收入分布之于平均值的离散程度,尽管互不相同,但检查发现,差别也并不大。总之,用这些城市的数据来检验两种假说是很不合适的。可以料想,针对如此同质化的几座城市,两种假说得出的结果差别会很小,很容易被其他外部因素的影响所湮没。

所谓外部因素显然确有其事,不仅来自随机变化与观测误差,也来自杜森贝利和门德休斯所用统计方法的不同。因此,算出的变动系数,既反映了不同城市的回归之间可能存在的各种"真实"

---

① 这些说法针对美国劳动统计局统计的当地非救济白人家庭的平均收入,见第 642 号、644 号、645 号和 646 号公报。就像门德休斯所做的(如上),这些平均收入已经根据不同城市的生活成本作了平减。杜森贝利在计算回归时,排除了一些较低收入阶层——那些平均就业期少于 48 周的家庭,因此,这些说法细节上可能不符合他的数值,但误差不致太大。

差别，也体现了在估计回归参数中的抽样误差。托宾没有想到要区分这两种不同来源，也没有想到去检验变动系数是否超过了可由抽样误差单独解释的程度。对百分比回归的补充计算表明，消费率的变动系数，大约两倍于可由随机变化单独解释的平均值——两者差距可能比来自随机变化的值还略大一些。①

百分比回归的抽样误差，预计要大于绝对收入回归。理由至少有三：第一，百分比回归只有两个参数，绝对收入回归有三个。第二，有一种抽样误差的来源，影响百分比位置的估计值，但不影响实际收入估计值，即抽样收入的频数分布——这种频数分布只

---

① 杜森贝利给出了各参数的标准差。根据他给出的这些及其他数据，我们就有可能针对每座城市计算每个百分比位置上回归线纵坐标的方差。对六座城市这些方差的平均值求平方根，结果就是单由随机变化引起的标准差的估计值。这样算出来的标准差与观测到的标准差之间，对比如下：

百分比位置	理论上的标准差估计值	观测到的标准差
1.0	2.3	4.6
3.4	1.4	3.3
30.2	1.4	2.7
90.2	2.2	3.5

表中观测到的标准差大于托宾所用的标准差，因为表中的值是由平方和除以 5 算出的（5 是自由度的值），而托宾是以平方和除以 6 计算（6 是观测次数）。

如果理论标准差的估计值完全正确，观测到的标准差与理论上的标准差之间差别的重要性就很容易检验，因为，5 倍观测到的方差，与理论上的方差之比，就是自由度为 5 的 χ^2 分布。这项检验表明，观测到的方差明显大于理论上的方差；观测到的 χ^2 值可能被超越的概率，在略微小于 0.05 到小于 0.001 之间。当然，并非所有四项比较都独立。作比较的回归有两个参数，因此，只可能有两项独立的比较。参数之间差别的直接检验，会更简单，统计上更有效。

请注意，上述推导理论标准差的方法，在多个方面只是一种近似。还值得注意的是，观测到的标准差尽管较高，却也遵循理论标准差的大小排序。

我们不再对门德休斯的回归作类似计算，因为这其中需要根据原始数据进行大量重新计算。

第六章 永续收入假说与相对收入假说的关系

是整个城市收入分布的一种估计。第三,杜森贝利排除了一些较低收入阶层(那些平均就业期少于48周的家庭),而门德休斯是根据所有数据计算回归。①

结果证实了上述预期。杜森贝利给出的六座城市回归线的相关系数比门德休斯给出的要小。由这些相关系数算出的回归观测值的平均方差(标准差的平方),如果按照百分比回归计算,其值约为按照绝对收入回归计算的2.6倍。② 根据托宾的四组数据算出的城市之间的平均方差,如果按照百分比回归计算,是按照绝对收入回归计算的2.3倍。③ 两种假说变动系数的全部差别,很可能只是反映了杜森贝利的相关系数较低。这些较低的相关系数本身可以说明,百分比假说对数据的拟合度要比实际收入假说差。但这一点只是对每座城市分别而言,不反映城市之间的差别。更重

---

① 请注意,杜森贝利把这些阶层排除在外,固然可能是体现相对收入假说合理性的需要,但在永续收入假说看来却不合理。

② 相关系数的平方 r^2 是总方差中可由回归解释的部分,$1-r^2$ 就是不能解释的部分。杜森贝利的回归中,$1-r^2$ 平均为0.103;门德休斯的回归中,平均为0.040。请注意,这种求平均值的方法,由于用到总方差的倒数,无形中加大了回归的方差。

这种比较有一点歧义,即杜森贝利没有明确说明,他是根据各收入阶层的平均值还是根据原始观测值来计算相关系数的。前者会产生比后者更大的系数。根据内含证据,我想他是根据前者计算的。门德休斯则明确说明了他的做法。

③ 方差是针对每个收入水平或百分比位置计算的;算出的四个百分比方差被四个实际收入方差的平均值均分。这些平均值不是方差的加权平均,而是非加权平均,就像上述2.6的比值一样。百分比方差与实际收入方差的平均比值是3.0。这个比值与回归观测值的方差的比值并不是严格可比的。对于任意一条回归线,给定横坐标值,其纵坐标值的方差与回归的方差成比例。但是,回归的类型不同,这个比例因子通常不一样;同一种回归,横坐标值不同,这个比例因子也不同。至于门德休斯的回归,我不能根据他公布的数据计算这些比例因子。在我看来,针对这个问题所作的调整,不会显著改变结果。

要的是，由于计算百分比回归与绝对收入回归所用的统计方法不同，关于较低相关系数的任何类似解释都很令人质疑。

托宾对这些数据的分析，不仅不全面，而且统计上效率很低。他给出了回归线上四个点的纵坐标——实际上他也可以依葫芦画瓢给出四十个点的情况——但是这样做并无裨益。知道百分比回归线上任意两点的纵坐标，或者绝对收入回归线上任意三点的纵坐标，就可以算出其他所有点的纵坐标，因为百分比回归只有两个参数，绝对收入回归只有三个。因此，各种回归之间，最多只可能有三项独立的比较。

如上所述，关于托宾所说的结果，解释起来的主要困难是，在杜森贝利和门德休斯的计算之间，除绝对收入假说与相对收入假说的差别之外，还有其他差别在：他们是以不同形式的回归方程、不同种类的独立变量、略微不同的数据库等来估计回归的。如果我们单单使用门德休斯回归，就可以排除这些差别，以检验是绝对收入假说还是相对收入假说给出的估计在不同城市之间变化更小。通过简单的转换，可以写出两种门德休斯回归，即：把消费-收入比表述为(1)实际绝对收入，或(2)家庭收入-群体平均收入比的函数。[①] 后者尽管不同于杜森贝利所用的百分比形式，也是相对

---

① 门德休斯拟合的回归式是 $s' = a + by + c(1/y)$，其中，s' 是储蓄-量度收入比，y 是家庭总收入，a、b、c 是统计估计参数。按照托宾的做法，令 k 为哥伦布市与其他相应城市的生活成本之比。这样，实际绝对收入回归的参数，就是经过 $y' = ky$ 转换得到的 a、b/k 和 kc，其中 y' 是托宾定义的"实际"收入。至于相对收入的回归，则经过 $y'' = y/\bar{y}$ 的转换得到，其中 y'' 是相对收入，$\bar{y}$ 是相应城市的家庭平均总收入。于是，相对收入回归的参数就是 a、$b\bar{y}$ 和 $c/\bar{y}$。消费-收入比等于 $1 - s'$，因此，表 16 上方给出的关系式的参数与 a、b 和 c 相关，即：$\alpha = 1 - a$，$\beta = -b$ 和 $\gamma = -c$。

收入假说的一种形式。这样就可比较参数是在第(1)种回归还是在第(2)种回归中差别更大。门德休斯所用的回归式共有三个参数。不过，其中一个参数在两种回归式中是一样的，因此，差别只可能出现在其他两个参数上。

表 16　相对收入假说与绝对收入假说的比较
——针对 1935—1936 年的不同城市群体

比较的是下列回归的参数：

$$c' = \alpha + \beta y + \gamma \frac{1}{y},$$

其中
　c' = 量度消费与量度收入之比，
　y = 名义绝对收入（名义单位的量度收入），或者实际绝对收入（经过生活成本差异平减的量度收入），或者相对收入（量度收入与群体平均收入之比），
　变异系数 = 标准差除以平均值。

比较的群体	β 绝对收入 名义	β 绝对收入 实际	β 相对收入	γ 绝对收入 名义	γ 绝对收入 实际	γ 相对收入	平均收入的变异系数
白人家庭：							
6 座城市的	0.33	0.32	0.32	0.20	0.18	0.23	0.04
10 座城市的	0.53	0.51	0.54	0.33	0.30	0.35	0.11
20 座城市的	0.71		0.71	0.38		0.40	0.13
4 座城市的黑人家庭	0.23		0.34	0.79		0.72	0.35
20 座城市的白人家庭和 4 座城市的黑人家庭合计	0.74		0.64	0.53		0.49	0.24

资料来源：
　　所有估计，都基于豪斯特·门德休斯"不同大小、不同地区的城市之间、白人与黑人之间家庭储蓄的差别"一文报告的参数，见《经济统计学评论》第 XXII 期（1940 年 8 月），第 122—137 页。生活成本也来自门德休斯。平均收入来自劳工部劳动统计局，第 642—647 号公报，及农业部家庭经济局，第 339 和 345 号综合出版物。

表 16 给出了按照上述方式比较下列几组城市的结果：(1)托宾比较的六座城市；(2)包含(1)在内的总共十座城市，它们之间的生活成本差别可以估计；(3)包含(2)的总共二十座城市，门德休斯报告了其中白人家庭的回归情况；[①](4)门德休斯报告了其中黑人家庭回归情况的四座城市；(5)门德休斯报告了回归情况的全部二十四座城市。上面除(1)(2)两组之外，其他三组只能以绝对收入假说的初级形式作比较，即不考虑物价差别。表中前两行的比较表明，修正物价上的差别会系统地减少参数之间的差距。但这一点影响不大，在作其他比较时，我们可以定性地加以考虑。因此，扩大比较范围的好处显然大于不能直接修正物价差别的损害。

三组白人家庭，都是实际绝对收入假说的两个参数等于或优于相对收入假说(第三组是根据名义收入的结果判断)。当然，其中差别很小，完全可能在抽样误差的范围之内；而且由于三组包含了一些共同的城市，比较并非彼此独立，但是结果一致，都符合托宾的最初发现。对于黑人家庭，参数给出的结果有矛盾：其中一个参数是绝对收入假说优胜，另一个是相对收入假说优胜。最后，对于所有家庭群体而言，两个参数都是相对收入假说的结果较好；可以想见，如果能就生活成本作出修正，结果有可能反过来，但可能性并不大。

最后两组比较，相对收入假说之所以表现更优，原因如表 16 最后一列所示，是各组平均收入的离差不同。最后两组比较的平

---

① 这个数目仅指个体城市的数量。门德休斯还报告了这些城市合并的回归，但我没有用到。

第六章 永续收入假说与相对收入假说的关系

均收入离差明显大于前面三组，因此，在最后两组比较中，有更大的平均收入差别会引起绝对收入回归之间的不同；而相对收入假说已经预料到了这种不同。前面三组比较，如上所述，平均收入差别很小，以致相对收入假说几无用武之地。平均收入的离差扩大，相对收入假说的表现就相对更好——这一点应看作是支持相对收入假说的证据。

表 16 的各项比较本身并不完全令人满意，因为它们都是分别讨论每个参数，而没有考虑到参数的差别可能彼此抵消或者相互加强。① 在上述论文发表之后，托宾又做了一些考虑了这种情况的比较研究。不过，那也只是针对上述(1)(2)两组城市而已，因此我在表 16 中还是采用了原来的比较。托宾先是计算分别拟合于各城市数据的门德休斯回归的方差之和，对数据进行了方差分析。相应的平均方差在两种假说中没有差别(见表 17 第 2 列)，因为如上所述，就任一座城市而言，R 型关系只是 A 型关系的一种转换，两者推测的消费率是一样的。然后，他又用所有城市合并的数据(分别以实际绝对收入、相对收入为独立变量)拟合同样的门德休斯回归。这个回归的方差之和反映了城市内部和城市之间各种差别的影响。它比各城市单独回归的方差加总要大，大出部分来自城市之间的差别。城市之间的平均方差列于第(3)与第(4)列。这两列也明显大于城市内部的方差。两者之比见最后两列，所有这些比值都远不止于随机引起的差异程度。② 可见，无论绝对收入

---

① 感谢詹姆斯·托宾，是他提醒我注意，在这些检验中，因忽略参数之间的相互影响而导致的这个缺陷。

② 在有关自由度下，F 分布的 0.01 值，第一组约为 2.4，第二组约为 1.9。

假说还是相对收入假说，都不能圆满解释城市之间的差别。两种假说提出的因素都不会导致城市之间如此之大的差别。

第一组六座城市在相对收入假说下，城市之间的平均方差是绝对收入假说下的两倍有余；第二组十座城市在相对收入假说下大约多10%。可惜的是，我们没有简单的办法确定，这种差别是随机产生的概率有几分。我猜测，第一组六座城市的差别，不能仅仅归于随机因素；而第二组十座城市差别很小，大体可由随机因素简单解释。[①] 两组城市这种不同的结果，同样可以由平均收入的离差不同来解释。由表16可见，两组城市的平均收入离差尽管都很小，但第二组还是第一组的大约三倍。因此，当分析的范围扩大时，同样是相对收入假说表现更好。如果我们把这种比较进一步推广到一组更加差异化的城市群体，结果可能会如表16所示，翻转了城市之间平均方差的相对大小，即根据相对收入假说算出的方差相对更小了。

城市之间可能有一些重要差别，绝对或相对收入假说都无法解释，而我们的假说可以解释，或至少可以解释其中一部分，即以P_y值不同或k值不同（它们反映了相应决定因素的不同）来解释之。但是，我未能发现足以确定是否如此的数量上的独立证据。

---

① 如果相对收入假说和绝对收入假说下，城市之间的平均方差，是统计上彼此独立的估计，那么，它们的比值会遵循F分布，其中，偶然超出观测比值的概率，第一组是5%多一点，第二组是超过20%。但这两种估计并非统计上独立，因为它们是由相同的自由度算出的。我猜测，这种非独立性，会使大的F分布不太可能随机发生；但我不能证明这一点。

表 17　相对收入假说与绝对收入假说的比较
——基于 1935—1936 年两组城市的方差分析

比较的群体	根据各城市单独回归的离差估计的方差	根据城市之间的离差估计的方差		城市之间方差与各城市单独回归的方差之比	
		绝对收入假说	相对收入假说	绝对收入假说	相对收入假说
(1)	(2)	(3)	(4)	(5)	(6)
白人家庭：					
6 座城市的	0.046	0.213	0.478	4.7	10.5
10 座城市的	0.067	0.498	0.555	7.4	8.2

资料来源：詹姆斯·托宾提供的尚未发表的计算结果。

3. 证据的简要评价

以上对托宾证据的再检验表明，该证据并不像他所认为的那么支持绝对收入假说，而是更支持相对收入假说。在托宾详细检验的四项证据中，有两项显然更支持简单的相对收入假说，而非简单的绝对收入假说。另外两项托宾用以支持其观点的证据，可以看作是轻微支持绝对收入假说。但其中一项，即农业安全局的样本，之所以支持绝对收入假说，可能是由第二次世界大战带来的临时收入和临时支出引起的。另一项，即不同地区之间的比较，相应原因可能是相对收入假说所强调的因素在托宾进行两种假说比较的环境中没有多少发挥的余地。当比较的范围扩大，包含平均收入的更大变动时，相对收入假说的表现就会相对改善，因此，这项证据同样可以看作是支持相对收入假说的。总之，根据这项证据，我们没有什么理由放弃上述相对收入假说优于绝对收入假说的结论。

以上看似不利于相对收入假说的证据中,第一项很容易由永续收入假说予以说明,因此,也是永续收入假说优于任何其他假说的又一证据。至于不同地区之间的差别,我们无从证明究竟能否由永续收入假说解释。

第七章　永续收入与临时收入的相对重要性：来自收入的证据

永续收入假说的一个显明特点是：它认为，收入分配的某些特征在解释消费行为的经验证据时，起了关键作用。迄今，我们检验假说与可得证据的一致性，只是根据消费与收入的配对数据——可能是很多家庭同一年的数据，也可能是一组家庭的很多年数据——来推定这些特征。不过，如上面多次提到的，亦可单独根据收入数据确定这些特征。[①] P_y，即收入方差中由永续收入引起的比例，可以根据同一组家庭在不同年份的收入数据，算出其估计值。[②] 这种可能性为检验我们的假说提供了一种独立方法；而且这样一来，可用假说解释的数据更加广泛，假说也就更有用武之地。

考虑一组家庭，已知他们连续两年的量度收入。假设家庭之间的收入差别完全属于永续收入差别，两年皆然；而且，"年龄老化"的问题可以忽略（或者假定所有家庭都受到年龄老化问题的同等影响）。那么，在某种尚须准确界定的意义上，家庭的相对量度收入地位两年中没有变化，两年的收入是完全相关的关系。另一

---

① 如第三章第三节、第六章第三节等。——译者注
② 同样，P_c，即消费支出总方差中由永续消费引起的比例，也可以根据同一组家庭在不同年份的消费支出数据算出估计值。下面关于 P_y 的讨论，经过适当变化，同样适用于 P_c。

个极端，假设至少有一年，家庭之间的收入差别全部来自临时因素，这些临时因素的影响仅限于当年。这样，第二年的收入就与第一年无关。因此，我们可以用连续两年的收入之间的相关性大小来表示永续收入在导致量度收入差别上的重要程度。

第一节 P_y 的估计方法

以 $\bar{y}_i$ 代表第 i 年平均量度收入；s_i 代表第 i 年量度收入的标准差；r_{ij} 代表第 i、j 两年量度收入的积矩（product moment）的相关系数；b_{ji} 代表第 j 年量度收入对第 i 年量度收入的回归斜率；b_{ij} 代表第 i 年量度收入对第 j 年量度收入的回归斜率；P_i 代表第 i 年量度收入总方差中由永续收入引起的比例。我在其他地方已经提出 P_i 的两种统计估计方法，两种方法关于永续收入稳定性的确切含义彼此不同。① 其中一种得出我所谓的平均假定（mean assumption），即：假设永续收入与群体平均收入之比不同年份保持不变，②从而永续收入的相对变化也保持不变。在这种假设下，③

---

① 以下部分基本上是弗里德曼和库兹涅茨《自由职业的收入》一书的重述与概括，见该书第 325—338、352—364 页，其中包含了下列公式的完整证明。
② 如果假定群体临时收入平均为零，则永续收入等于群体平均收入。这里假设比例不变，是假定条件放宽。——译者注
③ 在对数形式下，平均假定可以进一步扩展而不影响结果。如果永续部分绝对值有共同比值——不管是算术平均的共同比值，还是其他共同比值—— P_Y 的估计值均由下式给出：
$$\begin{cases} P_{Yi} = B_{ji}, \\ P_{Yj} = B_{ij}, \end{cases} \quad (7.1')$$
其中 B_{ji} 是第 j 年收入对数之于第 i 年收入对数的回归线的回归系数，相反，B_{ij} 则是第 i 年收入对数之于第 j 年收入对数的回归线的回归系数。

第七章　永续收入与临时收入的相对重要性：……

$$\begin{cases} P_i = b_{ji} \dfrac{\bar{x}_i}{\bar{x}_j} = r_{ij} \dfrac{s_j}{s_i} \dfrac{\bar{x}_i}{\bar{x}_j}, \\ p_j = b_{ij} \dfrac{\bar{x}_j}{\bar{x}_i} = r_{ij} \dfrac{s_i}{s_j} \dfrac{\bar{x}_j}{\bar{x}_i} \circ \end{cases} \qquad (7.1)^{①}$$

另一种得出我所谓的变化假定（variability assumption），即：假设量度收入的变化总量中，由永续收入引起的比例连续几年保持不变，也即第 i 年与第 j 年的 P_y 一样。我们以 P' 代表共同的 P_y 值。那么，在这种假设下，②

$$P' = \sqrt{P_i P_j} = r_{ij} \circ \qquad (7.2)$$

由上式可知，根据变化假定估计的永续部分的贡献，是根据平均假定估计的两年永续部分贡献的几何平均。尽管变化假定有着数学上更简单的结果，但理论上的吸引力还是平均假定更胜一筹。而且，玛格丽特·里德所作的一些统计检验表明，平均假定在解释消费数据上效果更好。③ 这些公式都是针对收入绝对值而言，但当数据表示为对数形式时，也有很类似的公式可用，而且，对数形式往往更加符合经验证据。

现在来看连续三年的情况。假设 P_3 的两个估计值由（7.1）式

---

① 式中 $\bar{x}$ 是何意思，上文没有说明。可能就是 $\bar{y}$，即平均量度收入。——译者注

② 在对数形式下，如果变化假定是指对数方差中由永续部分引起的比例连续几年保持不变，那么，公式本质上是一样的，即

$$P'_Y = \sqrt{P_{Y_i} P_{Y_j}} = r_{Y_i Y_j} \circ \qquad (7.2')$$

③ 这些结果见于玛格丽特·里德的一篇未刊稿，标题为"群体内部的临时收入与家庭支出的收入弹性之间的关系"（The Relation of the Within-Group Transitory Component of Incomes to the income Elasticity of Family Expenditures）。

算出：第一个估计值以第二和第三年的数据计算，称之为 $P_{3.2}$；第二个估计值以第一和第三年的数据计算，称之为 $P_{3.1}$。显然，两者不一定相同。通常估计 $P_{3.2}$ 要大于 $P_{3.1}$，因为，连续两年的收入相关性，应高于间隔一年的不连续两年的相关性。这种数量上的差别，反映了永续收入定义的一个隐性分歧——这一点我们曾经多次提到，但一直没有机会细加评述。当我们把 $P_{3.2}$ 当作 P_3——第三年的收入方差中，由永续部分引起的比例——的估计值时，实际上是把永续部分界定为在连续两年或更长时间内同等影响收入的因素所带来的收入部分；相应地，一年内并且仅在一年内影响收入的因素所带来的部分，界定为临时部分。而当我们把 $P_{3.1}$ 当作 P_3 的估计值时，实际上是把永续部分界定为在连续三年或更长时间内同等影响收入的因素所带来的收入部分；相应地，一年或两年，但不是连续三年影响收入的因素所带来的部分，界定为临时部分。

更一般地，我们可以把收入想象为一系列子项的加总。这些子项根据相应因素影响收入的时间长度和这些因素首次出现的时间点来分割。简单地，可以把这个序列三分为永续部分、准永续部分和临时部分。其中"真正的"永续部分，来自最长期地影响收入的因素；"真正的"临时部分，来自仅在一个时间单位内影响收入的因素；准永续部分，来自影响收入时限超过一个时间单位，又非全部时间跨度的其他因素。如果有连续几年的收入数据，我们就可以估计出收入总方差中来自以上三个部分的各自比例。[①]

---

① 见弗里德曼和库兹涅茨，上引书，第 352—364 页。

当我们用永续收入假说解释经验数据时,可能有必要通过分析准永续部分,乃至进一步细分子项的各别影响等,详细讨论永续收入假说。① 但现阶段,最好还是坚持仅包含永续与临时两部分的简单表述;同时,在永续部分的准确定义上,仍然留下很大余地,即像前面提到的,所谓永续部分,应该根据经验确定,而不是先验给定。②

这种分析收入数据的方法,可用来估计各部分对整个群体收入方差的贡献;也可用来估计各部分对"一个特定阶层的平均收入之与整个群体平均收入之离差"的贡献。我们把全部收入分为永续、临时两部分,如果在第 i 年,这个离差中由永续部分引起的比例在所有收入阶层都一样的话,那么,第 j 年收入对第 i 年收入的回归就会是直线;否则,就不是直线。根据我们的假说,这也是第 i 年的消费-收入回归为直线的条件。

请注意,这种分析只适用于收入上的差别,对任何一个群体都没有给出有关平均临时收入的证据。但是,如果我们把相同的分析运用于很多群体的平均收入数据,比如说,一组城市连续两年的平均收入,还是可以得到平均临时收入的某些证据的。

第二节　P_y 的经验证据

表 18 列举了不同年度的收入之间的相关系数。③ 在变化假

---

① 这相对于考虑了不同"短期""长期"的边际消费倾向。
② 见本书第三章第一节(原书第 23—25 页)、第四章第三节(第 92—93 页)、第五章第三节第二小节(第 142、150—151 页)。
③ 表 18 囊括了尽我所能而得到的全部相关系数。表中缺少 1930—1931 年内科医生的相关系数,是因为原始资料缺失。

定下，这些系数可以当作是相应年度永续部分的贡献的估计值；在平均假定下，可以当作是相应年份的平均贡献的估计值。正如所料，当两年之间间隔年份增加，这些系数会下降。但总体上，下降程度不大；因此，"永续部分"具体采用什么定义，对结果影响不会太大。

表 18 最明显的特征，是这些不同群体、不同时期的相关系数之间的一致性——只有农户是属例外。表 19 汇总了三组主要非农户数据的相关系数，强调了这种一致性。

各群体之间差别很小，完全可以归咎于抽样变化。由表 19 的数据可见，对于非农家庭而言，永续部分基于最宽泛的定义，对收入方差的贡献也不会高于 0.85；基于较精密的定义，也不会低于 0.70。对于跨度为三年（即中间间隔一年）的永续部分，相应 P_y 值约为 0.80。农户的相关系数，像我们通常预料的一样，明显小于城市家庭。就表 18 中几个非典型的小样本而言（可惜我们有的仅此而已），连续年份的系数在 0.4—0.5，间隔一年的不连续年份在 0.3—0.5。

农户与非农户之间的系数差别，一部分可能是因为，在计算农户的相关性时，用的是对数；而计算非农户的相关性时，用的是绝对收入。有证据表明，对于这样的数据，根据对数算出的相关系数，通常小于根据绝对值算出的相关系数。但是，这最多只能解释差别的一小部分而已。[1]

---

[1] 针对门德休斯算出的 1929—1933 年的 14 项相关系数，玛格丽特·里德计算了相应的对数相关系数。每一项都是对数相关系数较小，对数相关系数平均为 0.64，原始值的相关系数平均为 0.74。

表 18　相同家庭、不同年份的收入之间的相关系数

群体	收入的定义	相关年份	中间间隔的年数	相关系数
1. 内科医生	自由职业的收入	a	0	0.93
		b	1	0.91
		1929&1932	2	0.88
2. 牙医	自由职业的收入	a	0	0.92
		b	1	0.88
		1929&1932	2	0.76
3. 律师	自由职业的收入	c	0	0.84
		1932&1934	1	0.80
4. 执业会计师	自由职业的收入	d	0	0.88
		e	1	0.78
		1929&1932	2	0.82
5. 顾问工程师	自由职业的收入	1929&1930	0	0.67
		1929&1931	1	0.63
		1929&1932	2	0.52
6. 33座城市的家庭	家庭总收入	1929&1933	3	0.74[f]
				(0.63 到 0.86)
7. 威斯康星州的纳税人家庭	家庭的"经济收入"	g	0	0.84
		h	1	0.78
		i	2	0.76
		j	3	0.71
		k	4	0.70
		1929&1935	5	0.69

续表

8. 城市家庭	总收入	1947&1948	0	0.83
9. 农业实验站报告的农户家庭	家庭净现金收入的对数	^{l} 1940&1942	0 1	0.41 0.33^m
10. 农业安全局报告的家庭①	家庭净现金收入的对数	^{l} 1940&1942	0 1	0.48 0.46^m
11. 第 9 项和第 10 项合并	家庭净现金收入的对数	^{l} 1940&1942	0 1	0.52 0.47^m

^{a} 1929—1930 年系数、1932—1933 年系数和 1933—1934 年系数的平均。
^{b} 1929—1931 年系数、1932—1934 年系数和 1934—1936 年系数的平均。
^{c} 1932—1933 年系数和 1933—1934 年系数的平均。
^{d} 1929—1930 年系数、1932—1933 年系数、1933—1934 年系数、1934—1935 年系数和 1935—1936 年系数的平均。
^{e} 1929—1931 年系数、1932—1934 年系数和 1934—1936 年系数的平均。
^{f} 33 个不同城市的系数平均。个别系数的变化范围从 0.63 到 0.86,其中 5 座城市小于 0.7,12 个在 0.7 到 0.75,12 个在 0.75 到 0.8,4 个在 0.8 到 0.86。
^{g} 1929—1935 年所有连续两年的系数(共 6 个)的平均。
^{h} 1929—1931 年系数和 1933—1935 年系数的平均。
^{i} 1929—1932 年系数和 1932—1935 年系数的平均。
^{j} 1929—1933 年系数和 1931—1935 年系数的平均。
^{k} 1929—1934 年系数和 1930—1935 年系数的平均。
^{l} 6 个系数的平均:1940—1941 年和 1941—1942 年,伊利诺伊州、艾奥瓦州和明尼苏达州三个不同地区群体。
^{m} 伊利诺伊州、艾奥瓦州和明尼苏达州三个不同地区群体的系数平均。

资料来源:
第 1 至 5 项
  米尔顿·弗里德曼和西蒙·库兹涅茨,《自由职业的收入》(国家经济研究局,1945

---

① 根据表格原注 l、m 判断,9、10 两项数据来源应与第六章第四节第一小节相同,分别来自农业实验站和农业安全局(the Farm Security Administration)。但这里原文为 FHA families,应有误,故改之。——译者注

年),第 305 页表 56。

第 6 项

豪斯特·门德休斯,"大萧条时期的收入分配变化",《收入与财富研究》第Ⅶ卷(国家经济研究局,1946 年),第 90 页表 30。

第 7 项

弗兰克·A. 汉纳、约瑟夫·A. 佩奇曼、西德尼·M. 勒纳,"威斯康星州的收入分析",《收入与财富研究》第Ⅸ卷(国家经济研究局,1948 年),第三部分即弗兰克·A. 汉纳,"会计周期与收入分配",第 232 页表 15。

第 8 项

根据密歇根调查研究中心为联邦储备委员会收集的、消费者财务状况调查的回访样本的资料。系数来自玛格丽特·里德"群体内部的临时收入与家庭支出的收入弹性之间的关系",未刊稿。

第 9 至 11 项

同前。①

表 19　表 18 三组主要非农户数据的相关系数摘要

中间间隔的年数	平均相关系数		
	不同职业的平均相关系数	威斯康星州纳税人的平均相关系数	城市家庭的平均相关系数
0	0.85	0.83	0.83
1	0.80	0.78	
2	0.74	0.76	
3		0.71	0.74
4		0.70	
5		0.69	

---

① 是指威拉德·W. 科克伦和玛丽·D. 吉尔格,《玉米种植区部分农户群体的家庭预算构成的变化》,见第四章第四节及第一小节。——译者注

第三节 P_y 估计值与消费的收入弹性估计值的比较

根据我们的假说，由预算数据算出的消费的量度收入弹性也等于 P_y，因此，表 18 与表 19 中的相关系数，可以看作是相应收入弹性的估计值。① 显然，表中数值的大小可用来估计消费的收入弹性。按照表 1 所示，美国的各种非农户群体直接由消费-收入数据算出的弹性在 0.70—0.87，合理的代表值约为 0.83；两组农户样本的弹性是 0.65 和 0.69。就非农户群体而言，这些特征值同样很好地概括了表 18 与 19 的相关系数。至于农户，表 18 的相关系数确实小于表 3 的弹性；但像下面将要看到的，针对表 18 的特定农户群体算出的弹性也小于表 3 的弹性，因此一致性也很强。

单独根据收入数据估计的 P_y 值与根据消费支出-量度收入回归估计的 P_y 值两者若能一致，则将是支持我们假说的有力证据。有两点使这种一致性显得特别引人注目：第一，表 18 用到的大部分数据完全独立于计算表 1 弹性用到的数据；第二，我们仅仅是基于永续收入假说来比较这两组数据，而不是因为事先注意到两者相似才作比较的。就我所知，迄今没有人做过这样的比较，或两组数据之间的任何其他比较。需要特别注意的是，算出这种一致性，数学上一点也不难。相关系数限于 -1 到 +1 的范围之内；弹性可

---

① 对于算术线性回归，这种表述只有在中位点（mean point）上且临时部分平均为零时，才是正确的；而对于对数线性回归，在更大范围内正确。

以是 $-\infty$ 到 $+\infty$ 的任何值——尽管我们知道,实际上它们都是小于 $+1$ 的。

到目前为止,我们的比较都没有考虑界定永续部分的期限长短问题。如上所述,之所以能够忽略这一点,是因为期限长度对 P_y 影响不大。对非农户群体而言,大约只是引起 P_y 从 0.70 到 0.85 的变化。因此,置之不议可以给出的数值范围仍足够精密,可以很好地检验我们理论预测的两组 P_y 估计值之间的一致性。而有了这个一般的一致性,我们就可以利用这些数据估计合适的期限长度。对于非农户群体,两年期的连续年份,通常是相关系数略高于由预算数据算出的收入弹性。一个相关系数是 0.67,另外六个在 0.83—0.93 变动,七个值的平均是 0.84。非农户群体的弹性在 0.70—0.87,1944 年是 0.70。第一次世界大战后的另外四个弹性在 0.80—0.87。全部八个值的平均为 0.80,第一次世界大战后五个值的平均为 0.81。间隔一年的非连续年份(对应于三年期),相关系数与弹性匹配得更好:其中一个相关系数是 0.63,另外五个在 0.78—0.91 变动,六个值的平均为 0.80。据此可见,"三年期",是令这些数据拟合最好的永续部分的定义。[①]

玛格丽特·里德更精密、更详细地检验了单独根据收入数据算出的 P_y 估计值(严格说来是 P_Y,因为她所用的始终是对数)与

[①] 这项比较有一个前提条件,即弹性是根据对数回归以图解方法估计出来的,而相关系数是由数据算出的。这些不同的综合影响如何并不清楚:使用对数,可能降低相关性(见上一节脚注);另一方面,根据所有数据计算弹性,而不是由图形估计,也可能降低弹性估计值(见第四章第二节第一小节脚注,原书第 51 页)。因此,这两种影响可能相互抵消,或至少抵消一部分。

根据消费-收入回归算出的弹性之间的关系。① 针对很多不同的家庭群体——这些家庭连续多年的收入数据和其中一年或几年的支出数据都是可得的——她比较了根据预算数据算出的收入弹性,和根据不同年份的收入算出的 P_Y 的估计值。对相同家庭同时进行以上两种估计排除了一个导致不可比的因素,这个因素曾经影响上述表 1 的弹性和表 18 的相关系数之间的比较。而且,她可以根据平均假定,由收入数据估计 P_Y,从而得到每一年的估计值。

里德的很多数据都是针对农户的,托宾也分析过这些农户的数据(见上面第六章第四节),我们在第四章中也曾将其用于分析收入变化的影响。如上所述,这些数据的典型性与准确性很值得怀疑。尽管这些缺陷会以大致相同的方式影响 P_Y 和收入弹性的直接估计,从而不致破坏数据对于当前目标的价值,但是,它们确实可能给结果带来很多变数。

图 15 来自里德小姐的上述未刊论文,概括了这些结果。无论收入弹性,还是根据收入数据估计的 P_Y 值,都是由原始观测值的对数算出。对于这些数据,我们的假说认为,如果恰当界定"永续部分",观测到的消费的收入弹性应该等于 P_Y。如果数据严格符合这种推测的话,观测值应该全部落在小图的对角线上。

在小图 1 中,P_Y 由连续两年的收入数据估计得到——"连续两年",代表了最宽泛的永续部分定义。得到的结果应该是恰当 P_Y 值或收入弹性的上限估计。实际情况正好符合这种推测:各点

---

① 见里德,"群体内部的临时收入与家庭支出的收入弹性之间的关系"。

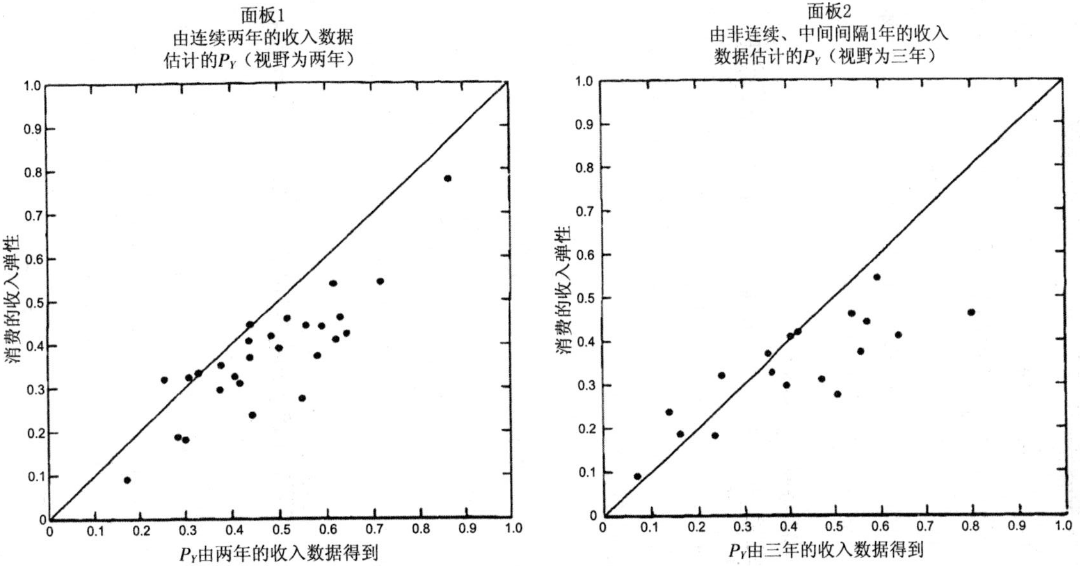

图15 消费的收入弹性与收入永续部分的重要性之间的关系

面板1：由连续两年的收入数据估计的 P_Y（视野为两年）

面板2：由非连续、中间间隔1年的收入数据估计的 P_Y（视野为三年）

资料来源：玛格丽特·里德，"群体内部的临时收入与家庭支出的收入弹性之间的关系"，未刊稿。

依傍对角线分布,但一般在对角线右边,这正是高估 P_Y 值的影响。在评判这幅图时,请注意以下几点:(1)各点都是针对农户的,除了一点,即对应于 P_Y 最大值的点例外——它针对的是密歇根调查研究中心收集的城市样本;(2)各点对应的年份在 1937—1948 年;(3)针对农户的各点,都来自相对较小的样本,样本量在 60—229 户;(4)如上所述,这些农户样本,至少一部分,甚至很多,可能都没有什么代表性。

一些样本可以取得连续三年的数据。对此,里德根据头尾两年的数据估计了 P_Y——"头尾两年",代表了较严格的永续部分定义。结果见于小图 2。正如所料,以三年期的永续部分替代两年期的永续部分,会使各点左移,其中 1/3 移到了对角线之上。而小图 1 中,只有 1/7 在对角线之上。小图 2 各点并不像小图 1 那样很整齐地排列成一条直线;就表面数值来看,这些点似乎拟合于一条比对角线平坦的直线。不过,这个差别并不重要。各点分布平坦,完全是因为有一些点代表了更不可靠的农户样本;实际上,这些点在小图 1 中也呈现了相同倾向,只不过在那里,被图中更多的其他点掩盖了。[①]

由小图 2 可知,永续部分的恰当定义,应该是指三年或再略长一点的期限。它与前面主要来自城市家庭的结论很一致——那些城市家庭数据,没有一个用在小图 2 上。这个共同结果还得到时序数据的证据支持。在第五章,我们计算的预期收入函数——反映实际人均消费与当期及以往收入的加权平均值之间的回归关

[①] 所有各点都是针对托宾明确分析过的农业安全局的样本,上面业已讨论。

系,给出了平均时滞为 2½ 年,或有效期限为五年的估计,[①]比横截面预算数据给出的期限要长。这应该是合理的,因为那些会缩短个体有效期限的反常因素,在平均时序数据中往往会相互抵消。三种独立的数据给出的"永续部分"的确切定义如此一致,令人鼓舞。

在本节以上部分业已完稿并油印流传之后,联邦储备委员会的约翰·弗雷希特林(John Frechtling)给了我另外一些资料,内容是关于 P_y 与消费的收入弹性之间关系的。其中 P_y 根据收入数据单独估计,消费的收入弹性根据收入、消费数据估计(见表20)。这些资料来自 1953 年消费者财务状况调查的回访样本,包括了少数家庭在 1951、1952 及 1953 年早期的收入及一些财富项目。就我们的目的而言,这些资料最关键的问题可能是:(1)收入是税前而非税后的。(2)各种形式的储蓄数据均不可得,因此,储蓄只能根据流动资产变化与短期债务变化作近似估计。这样,遗漏的主要有房地产及其他契约形式的储蓄。(3)就像我们所用的大部分其他数据一样,耐用消费品的支出,都没有被当作储蓄。表 20 中的所谓"消费",是指收入减去储蓄近似值的差额。这意味着其中包含个人税负、一些正值或负值的储蓄项目,以及耐用消费品支出等。

这些储蓄定义缺陷,可能足以说明独立经营家庭的平均消费倾向为什么比其他数据高出很多;另外两个群体的平均倾向大小也合乎同样逻辑。第四行消费的收入弹性,特别是两个非农户群

---

① 见第五章第三节第二小节。——译者注

体的弹性,比我们检验过的其他大部分研究都大。这不仅反映了被缩小的储蓄定义,也反映了把个人税负当作消费的事实。表中后三行给出的 P_y 值的另一种直接估计,结果与收入弹性非常近似,尤其是第五行——这一行的相关系数是变化假定下的 P_y 的估计值。而平均假定下的 P_y 的估计值,特别是第七行 1952 年的值,相似性要弱得多。而我们至少要同等重视后一种比较,因为已有少量证据认为,我们可能应该选择平均假定,而非变化假定。

这项证据尽管与上面其他证据一样,都认为根据消费-收入数据算出的收入弹性,与直接根据两年收入算出的 P_y 估计值密切相关,但这项证据还是有一点重要不同。这里的弹性,是连续几年地等于或者大于相关系数;而在其他比较中,总是小于相关系数。我倾向于认为,这种分歧是因为这里高估了弹性;高估弹性又是因为储蓄的定义被缩小,个人税负被当作消费等等。但是,我没有独立证据检验这种猜测。

表 20　　P_y 及其他数据的另一种估计
——来自消费者财务状况调查,1953 年的回访样本,三种职业群体

	非农的独立 经营者	农业 经营者	职员和 营业员
1. 案例数量	83[a]	99	132
基于 1952 年的收入与消费数据的量度:			
2. 平均消费倾向	0.99	0.89	0.95
3. 边际消费倾向[b]	0.83	0.62	0.85
4. 消费的收入弹性[c]	0.83	0.69	0.90

续表

基于 1951 和 1952 年收入数据的量度：			
5. 相关系数（即 P' 的估计值）	0.83	0.68	0.88
6. P_{1951} 的估计值[d]	0.85	0.52	0.94
7. P_{1952} 的估计值[d]	0.81	0.91	0.83

[a] 删除了一个 1951 年和 1952 年收入特别高的案例。
[b] 消费-收入的算术线性回归线的斜率。
[c] 边际倾向除以平均倾向，即平均收入上的弹性。
[d] 根据(7.1)式算出。

资料来源：
根据约翰·弗雷希特林提供的观测值的总和、平方、叉积算出（当时他任职于联邦储备委员会）。所有计算都是非加权的，因此，较高收入阶层占据了过多的比重。

第四节 连续几年的储蓄率的相关性

卡托纳主要根据 1947—1948 年消费者财务状况调查的回访样本（即表 18 中第八行相关系数的来源），讨论了消费行为的变化问题。他给出了一张相关性表格，展示 655 户城市家庭 1947 年储蓄率和 1948 年储蓄率之间的关系。① 这张表格可说是永续收入假说的另一项证据，或更直接地说，是有关适当期限长度的另一项证据。

我们假设，这些数据针对的是一群有着相同 k 值的家庭。假定每户家庭的临时消费与临时收入均为零，那么，根据我们的假

---

① 乔治·卡托纳，"消费行为变化和调查方法"（George Katona, "Variability of Consumer Behavior and Survey Method"），见卡托纳、克莱因、兰辛和摩根的《经济学调查方法文稿》第二章，第 71 页。

说,消费-收入比也是所有家庭都一样,都等于 k(储蓄-收入比则都等于 $1-k$)。因此,一旦 k 值确定,家庭之间消费-收入比的差别,就只是反映临时部分的影响。如果相关期限为两年,那么,只有那些仅在一年内影响收入与消费的因素才被视为临时因素,从而连续几年的临时部分就彼此不相关。因此,像本章附录将要证明的一样,这两年的消费-收入比也不相关。① 如果期限为三年,那么,一些因素即便连续两年影响收入,也会被当作是临时的;虽然间隔一年的临时部分彼此不相关,连续两年的临时部分却是相关的。结果,连续两年的消费-收入比会彼此相关,但间隔一年的前后两年的消费-收入比仍然不相关。一般来说,期限越长,连续几年的消费-收入比之间相关性就越高,存在相关性的年限跨度也越长。

上面的讨论虽然简短,但我想已经说清楚:根据永续收入假说,连续或间断的两年之间收入的相关程度,以及这两年的间距长度,决定了连续两年的消费-收入比的相关程度。至于一般假设下这样的信息是否足以确定相关系数的值,目前尚不明确。本章附录将证实这一点。按照这种方法估计,卡托纳表格中三年期的相关系数为 0.25,计算得到的相关系数是 0.26。② 因此,这一点也许可以视为"适当期限为三年"的第四项证据。

卡托纳试图根据这张表格确定储蓄率的高低是否与家庭的其

---

① 请注意,两年的消费-收入比的相关性,与储蓄-收入比的相关性,是相同的值。
② 两者如此接近,应被视为偶然。但无论如何,这并不是说,在附录中,我们是特意挑选运算的假设,以便拟合观测值;实际情况是,在计算实际相关性之前,我就已估计相关系数为 0.25。

他特征系统相关,以及是否并且如何与特定的储蓄形式相联系,等等。毋庸赘言,除了一些算术上的必然性,答案几乎全部是否定的。[①] 如果我们对这张表格的理解不错的话,他的做法相当于把一堆正常的硬币各投掷两次,然后依照结果把它们分为三组:(1)两次都是正面朝上的,(2)一次正面朝上,一次背面朝上的,(3)两次都是背面朝上的;再检查这三组硬币,看它们为什么表现不同。这个类比中,唯一不够准确的是:表中各家庭的 k 值之间,可能存在某些系统性差别。但是,根据前面的定量结果判断,这些差别应远小于临时部分带来的差别。这就好像那一堆硬币,虽然不是完全无瑕疵,但每枚正面朝上的概率变化很小;或者,大部分无瑕疵,但内含少数几枚有瑕疵。为了有把握地根据正面朝上的概率区分硬币,或是挑出少数瑕疵硬币,我们需要把每枚硬币投掷更多次。

附录:连续两年的储蓄率之间的相关性

我们应该一直讨论消费-收入比,而不是转向储蓄-收入比。不过,这样做只是变换一下坐标而已,不会影响对相关性的判断。

假定我们运用假说的对数形式,完整写出等式如下:

[①] 例如,他认为这张表格揭示了"一个更重要的事实:重复不断的储蓄(一般是正储蓄而非负储蓄),主要由那些只积蓄收入的很小部分的人们做出的"(上引书,第70页)。正值重复储蓄比负值的更常见,这只是说明,每一年分别而言,正储蓄的人要多于负储蓄的人。假定每一年,正储蓄的人大约占 2/3,另外 1/3 为零储蓄或负储蓄,那么,在毫无关系的两年中,会有 4/9 的人两年都是正储蓄,只有 1/9 的人都是零或负储蓄。重复储蓄主要由那些只积蓄收入的很小部分的人们做出——这一点也基于相同原因:每一年都是小量储蓄者居多,因此,重复储蓄的人们中间,一定也是小量储蓄者居多。

$$\log c = \log c_p + \log c_t, \tag{7.3}$$

$$\log y = \log y_p + \log y_t \text{。} \tag{7.4}$$

(7.3)式减去(7.4)式,并以算术形式表示:

$$\frac{c}{y} = \frac{c_p}{y_p} \frac{c_t}{y_t} = k \frac{c_t}{y_t} \text{。} \tag{7.5}$$

假设所有家庭的 k 值相同。那么,两年之间 c/y 的相关性与 c_t/y_t 的相关性完全是一回事,因为两者唯一的差别是量度单位。这样,我们的问题就归结为 c_{t1}/y_{t1} 与 c_{t2}/y_{t2} 之间的相关性——其中下标表示相应年份。如果以对数形式表示,问题就是确定 $\log c_{t1} - \log y_{t1}$ 与 $\log c_{t2} - \log y_{t2}$ 之间的相关性,或曰 $C_{t1} - Y_{t1}$ 与 $C_{t2} - Y_{t2}$ 之间的相关性。为了简化,假设每一年的临时消费与临时收入平均都为零。从而:

$$r_{(C_{t1}-Y_{t1})(C_{t2}-Y_{t2})} = \frac{E(C_{t1}-Y_{t1})(C_{t2}-Y_{t2})}{[E(C_{t1}-Y_{t1})^2 E(C_{t2}-Y_{t2})^2]^{\frac{1}{2}}} \text{。} \tag{7.6}$$

根据我们的假说,

$$r_{C_{t1}Y_{t1}} = r_{C_{t2}Y_{t2}} = r_{C_{t1}Y_{t2}} = r_{C_{t2}Y_{t1}} = 0 \text{。} \tag{7.7}$$

为了简化,进一步假设:

$$\begin{cases} \sigma^2_{C_{t1}} = \sigma^2_{C_{t2}} = \sigma^2_{C_t}, \\ \sigma^2_{Y_{t1}} = \sigma^2_{Y_{t2}} = \sigma^2_{Y_t} \text{。} \end{cases} \tag{7.8}$$

扩展(7.6)式,并运用(7.7)和(7.8)式,可以得到:

$$r_{(C_{t1}-Y_{t1})(C_{t2}-Y_{t2})} = \frac{r_{C_{t1}C_{t2}}\sigma^2_{C_t} + r_{Y_{t1}Y_{t2}}\sigma^2_{Y_t}}{\sigma^2_{C_t} + \sigma^2_{Y_t}} \text{。} \tag{7.9}$$

假设:

$$r_{C_{t1}C_{t2}} = r_{Y_{t1}Y_{t2}}, \tag{7.10}$$

因此：

$$r_{(C_{t1}-Y_{t1})(C_{t2}-Y_{t2})} = r_{Y_{t1}Y_{t2}} \text{。} \quad (7.11)$$

如果永续部分期限界定为两年,那么,两年的临时消费与临时收入都会不相关——实际上,这可以看作是两年期的定义。这时,(7.9)式及其特例(7.11)式都等于零。

根据《自由职业的收入》一书第七章的附录第二节的分析,我们可以算出 $r_{Y_{t1}Y_{t2}}$ 的估计值。在那里,"临时因素"是指只在一年之内影响收入的部分,"准永续因素"则是指在超过一年的时间内影响收入的部分。以那些三年期的符号表示,我们有 $Y_{t1} = t'_1 + q'_{11} + q'_{12}$,$Y_{t2} = t'_2 + q'_{22} + q'_{23}$。其中,$t'_1$ 和 t'_2 是只影响第一年和第二年的临时部分；q'_{11} 和 q'_{12} 是两年期准永续部分:影响第一年收入,并且影响分别止于第一年和第二年；q'_{22} 和 q'_{23} 也是两年期准永续部分:影响第二年收入,并且影响分别止于第二年和第三年(上引书,第 353 页)。如果把(7.8)式扩展运用于 Y_{t1} 和 Y_{t2} 的每一部分,我们就可以做一个转换,使 $q'_{12} = q'_{22}$,因为它们都是由两年共有的因素所产生的准永续部分；其他部分在两年之间都完全不相关。因此,Y_{t1} 与 Y_{t2} 之间的相关系数,就是共同项的方差除以共同总方差,即

$$r_{Y_{t1}Y_{t2}} = \frac{\sigma^2_{q'_{22}}}{\sigma^2_{t'_2} + \sigma^2_{q'_{22}} + \sigma^2_{q'_{12}}} \text{。} \quad (7.12)$$

如果分子、分母都除以 σ^2_Y,并记住我们的假定是指变化假定,则该式可简化为：

$$r_{Y_{t1}Y_{t2}} = \frac{Q^*_{22}}{1-P^*} = \frac{r_{12} - r_{13}}{1 - r_{13}}, \quad (7.13)$$

其中 Q_{22}^* 是 q_{22} 的相应贡献, P^* 是在变化假定下估算的、持续超过两年的永续部分的相应贡献; r_{12} 是连续两年——第一年与第二年收入之间的相关系数; r_{13} 是间隔一年的不连续两年——第一年与第三年收入之间的相关系数。根据表 18 与表 19, 对于城市家庭（卡托纳的表格指的就是城市家庭）, r_{12} 约为 0.85, r_{13} 约为 0.80。代入(7.13)式, 得到:

$$r_{Y_{t1}Y_{t2}} = \frac{0.85 - 0.80}{1 - 0.80} = \frac{0.5}{0.20} = 0.25。 \qquad (7.14)$$

根据(7.11)式, 这也是两年储蓄率的相关系数估计值。

这显然只是非常粗略的估计, 不仅因为从(7.9)式到(7.11)式的推导只是近似, 而且, 我们是以算术值之间的相关性, 估计对数的相关性。

第八章 其他相关问题

　　这一章讨论几个不宜纳入上述各章,但又值得一提的问题。下面几节,主要都是可能进一步研究的推测性意见,而不是已完成研究的报告。因此之故,我没有把这些问题置于上述各章,但又觉得对其应有所讨论。这些问题包括:(1)收入对消费的回归;(2)永续收入假说在某些消费品支出问题上的运用;(3)假说之于收入分配分析的意义;(4)假说与观测到的财富分布之间的关系;(5)假说的其他检验。

第一节　收入对消费的回归

　　前面几章,我们几乎全部讨论量度消费-量度收入的回归,而很少注意量度收入-量度消费回归。但是就像在理论分析中多次提到,这两种回归是对称的;关于其一的每种说法,都存在另一的相应说法。我们之所以集中讨论消费-收入回归,是因为这种回归是消费研究中主要考虑的一种回归,也是唯一可以根据大部分公开出版的预算研究数据算出的回归。公开出版的报表,几乎都是以量度收入阶层划分家庭,并给出这些阶层的平均收入、总消费支出及其他指标；很少有以量度消费阶层划分的相应数据。

缺少这些数据令人扼腕；它们本可以大大提高我们对消费行为的认识，为永续收入假说提供更多证据。根据我们的假说，消费的量度收入弹性，可以视为 P_y——收入方差中由永续收入引起的比例——的一种量度；同样，收入的量度消费弹性，也可以看作是 P_c——消费方差中由永续消费引起的比例——的一种量度。① 这种解释要求消费的量度收入弹性小于1，一旦观测到的弹性大于1，就不能成立；同样，也要求收入的量度消费弹性小于1，一旦观测到的弹性大于1，也不能成立。② 换一种可能更清楚的说法，这种解释要求消费的收入弹性在根据消费-收入回归计算时小于1，在根据收入-消费回归计算时则大于1。③ 以消费-收入回归估计的 P_y 值与观测到的收入变化相结合，可以用来估计永续收入和临时收入的离差；同样，以收入-消费回归估计的 P_c 值与观测到的消费变化相结合，也可以用来估计永续消费和临时消费的离差。相同家庭在不同年度的收入之间的相关性，可以用来独立估计 P_y 值；同样，相同家庭在不同年度的消费之间的相关性，也可以用来

---

① 两种情况下，为使这些说法成立，必须满足相同的条件：对于算术线性回归，必须是平均值上计算的弹性，临时部分平均必须为零；对于对数线性回归，等式则更一般地成立。

② 就算术线性回归而言，我们假说中这一点的含义是两条回归线的截距都为正。

③ 尽管我们有充分、直接的证据证明第一个条件几乎总是能够满足；但我们拥有的收入-消费回归估计值太少，不足以同样有把握地、直接地断言第二个条件也能满足。若干直接证据将在本节后面于正文和脚注中提到。

独立估计 P_c 值。

前几章讨论过的各种资料中,只有一种可以方便地估计出收入-量度消费的回归,即摩根分析的1947—1948年消费者财务状况调查数据。我们曾在第四章第四节中用以证明收入变化的影响。根据这组数据得到的收入与消费方面的一些比较汇于表21。这些比较很有启示性。第一行显示,根据收入-消费回归估算的 P_c,[①]虽然如假说所言小于1,但明显大于由消费-收入回归估算出的 P_y。临时因素只能解释量度消费方差的约2%,但解释了量度收入方差的约18%。临时消费的标准差估计值,只是平均消费的9%;而临时收入的标准差估计值,是平均收入的30%以上。后者非常接近表4中1935—1936年和1941年所有城市或非农家庭的相应估计值。表21中,永续消费和永续收入的相对离差,只有一个共同的估计值。因为永续收入假说本身就意味着两者有共同的相对离差:假说认为,永续消费只是永续收入的一个公倍数(k),因此两者相对离差必定相同;这个要求贯穿于求表21估计

[①] 按照表21中弹性的计算方法,我们可以算出各收入变化小组的收入的消费弹性。但是,这些弹性不能当作 P_c 的估计值,因为其中平均临时部分为零的条件能不成立。在计算表11的收入弹性时,我们通过以图示确定消费-收入对数回归线的斜率的办法,回避了这个问题。但现在没有数据,可用以确定相应收入-消费回归线的斜率。各收入变化小组(下降大于25%、下降25%—5%、下降5%至上升5%、上升5%—25%、上升大于25%等)收入的消费弹性分别是 0.849、0.961、0.998、0.952、0.995,所有值都小于1;但是,针对平均临时部分不为零的修正,可能会使其中一个或更多的值大于1。另外,还可以针对123户收入变化情况未知的家庭计算收入的消费弹性,结果是1.152。这一点与假说的矛盾之处不宜太过大惊小怪:一是因为这种情况很少见,二是因为,收入变化的数据不得而知,很可能意味着其他方面也存在异常。

另见下一段的脚注。

值的计算过程。①

表 21　量度收入与量度消费及其永续部分、临时部分的相对离差
——基于 1947—1948 年消费者财务状况调查数据

	收入	消费
1. 由永续部分引起的方差的比例	0.82	0.98
相对离差：		
2. 永续部分的相对离差	0.68	
3. 临时部分的相对离差	0.32	0.09
4. 总的相对离差	0.75	0.69

资料来源：
　　根据密歇根调查研究中心的詹姆斯·摩根提供的收入与储蓄观测值的总和、平方、叉积算出。

推导方法：
第 1 行
　　收入＝消费的收入弹性：根据平均收入点上，量度消费-量度收入的最小二乘算术线性回归线算出。
　　消费＝收入的消费弹性：根据平均消费点上，量度收入-量度消费的最小二乘算术线性回归线算出。

---

① 表 21 中 P_y 和 P_c 的估计值来自：
$$P_y = r_{cy} \cdot \frac{\sigma_c}{\sigma_y} \cdot \frac{\bar{y}}{\bar{c}},$$
$$P_c = r_{cy} \frac{\sigma_y}{\sigma_c} \cdot \frac{\bar{c}}{\bar{y}},$$

其中 r_{cy} 是收入与消费的相关系数，σ_y 和 σ_c 分别是收入与消费的标准差，$\bar{y}$ 和 $\bar{c}$ 分别是收入和消费的算术平均值。永续收入与永续消费的相对离差估计值为：
$$\frac{\sigma_{y_p}}{\bar{y}} = \frac{1}{\bar{y}} \sqrt{P_y \cdot \sigma_y^2} = \sqrt{r_{cy} \cdot \frac{\sigma_c \cdot \sigma_y}{\bar{c} \cdot \bar{y}}},$$
$$\frac{\sigma_{c_p}}{\bar{c}} = \frac{1}{\bar{c}} \sqrt{P_c \cdot \sigma_c^2} = \sqrt{r_{cy} \cdot \frac{\sigma_c \cdot \sigma_y}{\bar{c} \cdot \bar{y}}}.$$

第 2 行

第 1 行乘以原始观测值相应方差,其乘积的平方根与相应平均值之比。文中脚注的等式表明,收入与消费的结果是一样的。

第 3 行

第 1 行的补数,乘以原始观测值相应方差,其乘积的平方根与相应平均值之比。

第 4 行

原始观测值的标准差与平均值之比。

显然,临时因素影响总消费支出的程度,远小于影响收入的程度。总量度消费是很多个别消费项目的支出总和。一些临时因素,如决定在海外生活一年,确实会同时影响全部或很多消费项目,但也有一些临时因素对不同消费项目影响方向相反,例如,生病增加了医疗支出,却减少了置装或娱乐支出。还有一些临时因素可能是最重要的,它们一般单独影响个别消费项目,如各种消费品存货的偶然状况、气候变化、相对物价波动等。这第三类因素常会相互抵消,其总影响的方差是各自方差的总和,因此总影响的相对离差小于各自相对离差的(加权)平均——这是所谓"平均数法则"或"大数法则"。第二类因素会更大程度地缩小相对离差:这些因素会系统地相互抵消影响,从而总影响的方差小于各自方差的总和。只有第一类因素完整地把影响传递到总消费。同样,量度收入也是很多收入项目的总和;但是,其中可视为受到临时因素独立的或相抵的影响的收入来源,数量上远小于消费方面,而且,通常家庭量度收入的主要来源是家庭主要收入者的收入这一项,它不能分割成若干份,说每一份受到临时因素的独立影响。简言之,影响量度收入的偶然因素,不像影响量度消费的因素,其作用很少有机会或有可能相互抵消。①

---

① 收入-消费回归方面的证据,还可以从另外两项研究中得到:一是1934—1936年劳动统计局的工薪阶层研究,二是1941年的研究。这个证据之所以只放在脚注里,是因为在这两项研究中,根据消费划分家庭的影响,被按照家庭规模作调整的影响混淆了。按消费层级制作的表格,其不同层级是根据标准成人的人均消费划分的。这样做对于把不同规模家庭分开的目的而言可能很有好处;但我认为,把数据表示为标准人均值,会降低这些数据的价值。因为根据这样的标准,大户家庭会被纳入较低收入与支出的阶层,小户家庭会纳入较高阶层,由此带来的影响很大;家庭收入固然会随家庭规模而增加,并对原始数据有相反的影响,但影响程度相对小得多。只要大户家庭比小户家庭有更大的 k 值,结果,在不同的收入或消费层级之间,就会产生 k 值的系统差别。

1934—1936年研究中,消费的收入弹性是 0.89——该值是根据未经家庭规模调整的数据用图解方法估计的;量度收入的相对离差是 0.34;永续收入的相对离差是 0.32;临时收入的相对离差是 0.11。而收入的消费弹性是 0.94——该值是根据各小组的平均家庭收入与支出用图解方法,各小组则是按照"单位支出"即标准成人的人均支出划分。如果我们假设按照家庭支出划分的各小组都有相同的弹性,那就意味着临时消费的相对离差约为 0.08。但是,上段提到的 k 值的系统差别表明,根据家庭支出划分的小组,与根据标准人均支出划分的小组相比,前者的弹性应该较小,因此,0.08 一定是低估值。如果不做这样的调整,临时消费的相对离差会接近表21的 0.09。家庭总支出的相对离差,按照以"单位支出"划分的各小组的平均值计算,是 0.20,这意味着永续消费的相对离差为 0.20,临时消费的相对离差为 0.05。可以预计,这样划分的离差比其他划分的离差要小得多。因为,我们根据(1)消费量,或(2)其他变量划分小组,再由各小组的平均消费算出方差,一定是后一种情况算出的方差较小。总体上,这些结果显然很符合我们的假说,给出的量化结果,很接近表21中1947—1948年的数据。上述计算所用的数据,见威廉姆斯和汉森的《工薪阶层与职员的货币支出》,第12、22、52、56页。

1941年研究的证据,来自威廉·维克提供的特殊图表。这些图表结合了劳动统计局关于城市群体的数据和家庭经济局关于农村非农户群体的数据,两者权重是2:1。这些数据以交叉表的形式给出,分类的变量是标准人均收入和标准人均支出。根据图形估计,标准人均消费的标准人均收入弹性是 0.87;标准人均收入的标准人均消费弹性是 1.00;标准人均收入的相对离差是 0.93,其中永续部分的相对离差是 0.87,临时部分的相对离差是 0.33。标准人均支出的变化系数是 0.78。显然,这些数据无论是与我们的假说,还是与表21的结果,都不很相符。根据我们的假说,收入的消费弹性应小于1,永续消费与永续收入的相对离差应该相等。换言之,上述数据意味着临时消费的相对离差应该为零或负值,而这断无可能。我不知道这些结果应被看作是对假说的重创,还是仅仅反映了用来划分家庭的变量选取不当。如上所述,我们推测,根据未经临时消费的离差较小——如果这一点得到其他证据证实的话,就在经验上支持了威廉·维克的一个意见,即:在把家庭预算研究数据制成图表时,应以量度消费而非量度收入作为划分家庭的主要指标。① 根据我们的假说,这种方法带来的问题与根据量度收入划分家庭带来的问题原则上是一样的,只是临时消费的干扰取代了临时收入的干扰而已。消费-收入回归的比较,不仅反映消费行为之不同,也反映临时因素影响收入分配的强度不同;同样,收入-消费回归的比较,不仅反映消费行为之不同,也反映临时因素影响消费分布的强度不同。不过,这些影响都有程度大小的问题。如果临时消费足够小,干扰可能就不严重;这时,量度消费在尽可能根据自然增长情况作出调整后,就可以作为永续消费的有效近似值。

当然,如果所费不够,最好还是消除临时部分的干扰,或针对干扰作出调整。但有时这样做很困难,或代价高昂,或根本不可能。这时,与消费行为不同本身更加休戚相关的,可能是收入-消费回归之间的比较,而不是消费-收入回归的比较。

家庭规模调整的数据算出的收入的消费弹性,要小于根据标准人均数据算出的弹性。这个差别可以解释上述结果与推测的分歧。至于这一点的影响可能有多大,就不得而知了。上述计算所用的数据,见威廉·维克"资源分配模式和家庭分类",载《收入与财富研究》(*William Vickrey, "Resource Distribution Patterns and the Classification of Families", Studies in Income and Wealth*),第五卷(纽约:国家经济研究局,1947 年),第 276—277 页。

① 上引书,第 266—297 页;还见于爱丽丝·C. 汉森、玛格丽特·G. 里德、多萝西·S. 贝蒂和杰罗姆·康菲尔德的评论,第 305—324 页,以及维克的回复,第 324—329 页。

第二节　永续收入假说在个别消费上的应用

永续收入假说除了可应用于总消费支出之外，显然也适用于个别消费。例如，一个家庭在饮食方面的计划支出，在其品味与偏好的影响下，与计划购买的食物及其他项目的价格有关，也与预计可获得的收入即永续收入有关。饮食上的量度支出之所以不同于计划支出，是因为有临时支出的缘故；同样，量度收入之不同于永续收入，也是因为临时收入。当食品上的量度支出与量度收入的回归线（即所谓"恩格尔曲线"[1]）根据一组家庭的预算数据计算时，饮食上的临时支出会相互抵消，但是临时收入不会，其理由在上文中已经申之再三。因此，饮食上的量度支出的量度收入弹性，不仅体现家庭的品味与偏好，也反映临时收入的重要性。

令 c_f 代表有一定量度收入的一组家庭在饮食上的平均观测消费；假设饮食上的临时支出与永续收入、临时收入都不相关，并且全组平均为零，从而 c_f 可以看作是饮食上的平均永续支出。c_f 的量度收入弹性是：

$$\eta_{c_f y} = \frac{\mathrm{d}c_f}{\mathrm{d}y} \cdot \frac{y}{c_f} = \frac{\mathrm{d}c_f}{\mathrm{d}y_p} \frac{\mathrm{d}y_p}{\mathrm{d}y} \cdot \frac{y}{y_p} \cdot \frac{y_p}{c_f} \qquad (8.1)$$

$$= \frac{\mathrm{d}c_f}{\mathrm{d}y_p} \cdot \frac{y_p}{c_f} \cdot \frac{\mathrm{d}y_p}{\mathrm{d}y} \cdot \frac{y}{y_p} = \eta_{c_f y_p} \eta_{y_p y}.$$

但是根据我们的假说，$y_p = c_p/k$，这意味着：

---

[1] 恩格尔曲线是指家庭的饮食开支与家庭收入水平的统计关系线。恩格尔发现，收入越高的家庭，用于食物支出的预算占比越低。——译者注

$$\eta_{y_p y} = \frac{\mathrm{d}y_p}{\mathrm{d}y} \cdot \frac{y}{y_p} = \frac{1}{k} \frac{\mathrm{d}c_p}{\mathrm{d}y} \cdot \frac{ky}{c_p} = \frac{\mathrm{d}c_p}{\mathrm{d}y} \cdot \frac{y}{c_p} = \eta_{c_p y}, \quad (8.2)$$

从而

$$\eta_{c_f y} = \eta_{c_f y_p} \cdot \eta_{c_p y}\text{。} \quad (8.3)$$

等式右边的第一个弹性,即永续饮食支出(c_f)的永续收入弹性,反映了品味与偏好本身的影响;第二个弹性,反映了影响收入的临时因素的影响。

因此,不同家庭群体在一些消费项目上的收入弹性不同,不能看作只是反映了品味不同的影响,或者物价(及其他影响际遇的类似因素)不同的影响;它们也可能反映第三种因素,即收入分配的具体特征、临时收入的重要性等方面之不同。

如果永续收入假说成立,而且,无论是对各种不同消费、还是对总消费而言,永续收入都代表相同对象的话,这第三种因素的影响就很容易排除掉。根据(8.3)式,某一项支出的量度收入弹性与总消费的量度收入弹性之比,就是这项支出的永续收入弹性的估计值。另一种方法是根据量度收入划分家庭,算出每个家庭小组在某一项消费上的平均支出和各种消费上的平均总支出。根据相关关系及平均临时消费的有关假设,这些平均值分别是这一项消费和全部消费的平均永续部分的估计值;两者之间的关系,就是永续部分之间关系的估计值。[①]

[①] 请注意,这一点与上节讨论的维克的方法不同,不是以总消费支出划分家庭,然后把个别支出和总支出联系起来。见里德,"收入概念对农户支出曲线的影响",《收入与财富研究》第 XV 卷,第 170—174 页。

问题是，这种方法要求，对于各种不同消费，永续收入所指的必须是相同对象。上面我们已经说明，永续收入的确切含义取决于消费者的视野。没有理由认为，对应各种不同消费，消费者的视野是一样的；相反，应该存在系统的差别才是。例如，住房支出与食物支出相比，显然是着眼于更长期限来计划的，相应的永续收入概念也应该不同。[①] 如果这是看待问题的一种有意义的方法，那么，适用于总消费的永续收入概念，就须看作是适用于每项消费的永续收入概念的平均；前面我们粗略估计的"三年期"，也就是各种不同消费者视野的平均值。

我自己并没有研究过任何个别消费，因此无从判断现实中这个问题是否很严重，或者，如果我们对各种不同消费都采用相同的永续收入概念，结果是否可以接受。

尽管以上讨论说的都是预算数据，但显然也适用于时序数据，可用于根据时序数据估计需求函数，或价格弹性及收入弹性等各种尝试。[②] 人们通常计算的弹性只是关于量度值的弹性，但往往

[①] 这一点主要得益于与玛格丽特·里德的交流，我们讨论了她关于住房支出之决定因素的一项研究。

[②] 盖伊·H. 奥克特，"国际贸易中价格弹性的测量"，载《经济与统计学评论》(Guy H. Orcutt, "Measurement of Price Elasticities in International Trade", *The Review of Economics and Statistics*)，第 XXXII 期（1950 年 5 月），第 117—132 页；阿诺德·C. 哈伯格，"进口需求问题的结构分析方法"，载《美国经济评论》(Arnold C. Harberger, "A Structural Approach to the Problem of Import Demand", *American Economic Review*)，第 XLIII 期（1953 年 5 月），第 148—159 页，两篇论文尽管所用的术语不同，却都讨论了这些估计的偏差。这些偏差可以看作是反映了临时部分的影响，以及直接把量度价格或量度收入当作"永续价格"或"永续收入"的影响等。

被理解为永续部分的弹性,结果导致了估计值与结论上的系统偏差。

前面第五章第二节第三小节,我们已经讨论了现行需求研究的另一个特点,即把根据预算数据算出的弹性直接运用于时序数据,从而把预算与时序数据结合在一起——永续收入假说对此提出了异议。上述讨论给出了一种可以正确结合两种数据的方法:首先,按照诸如(8.3)式,由预算数据算出永续部分的弹性;其次,根据时序数据,估计出临时部分的相对重要性,估计方法是算出观测值的方差中有多少比例是来自原始观测值的三年或四年移动平均值的离差;然后,据此把预算弹性转换为时序弹性。这种方法看似没有偏颇,但更可取的可能是再进一步,按照永续与临时部分重新计算需求函数。这样做除了可以直接运用预算数据之外,还有一个很大优势,即:计算结果与所依据的特定时间序列的长度无关,除非抽样波动,否则结果不会因为序列长度而变化。

第三节 假说之于收入分配分析的意义

永续收入假说使收入分配研究的结果对消费行为分析有其用处。显然,两者关系是相互的:假说也使消费行为研究的结果对收入分配分析有所裨益。

我们可用一个例子说明,把两种原本不同的问题与数据结合在一起,可以给出这方面丰富的可能性。通常,收入的规模分配针对的是各个家庭在一个时期(如一年)内的量度收入。这些分配反映了家庭之间两方面差别的影响:一是所谓永续收入,二是所谓临时收入。但是，这两方面差别并非同等重要：前者体现了深层的、长期的不平等，后者反映了动态变化的、游移的不平等。因此，不同国家或不同时期之间，如果永续与临时差别的相对重要性不一样，比较其收入分配，就可能谬以千里。这个问题已经激发了关于相同家庭在不同时期的收入研究（见第七章）。

根据我们的假说，消费支出的收入弹性量度的正是收入总方差中由永续部分引起的比例。因此，很多针对不同国家、不同时期的预算研究，就可用于补充与扩展相同家庭在不同年度的收入数据。但这类时序数据远没有家庭预算数据那么丰富。

一个典型例子是英、美收入不平等的相对程度。随意观察即可发现，英国与美国相比，家庭相对收入地位的变动要小得多，即临时收入次要得多；因此，年收入分配状况不能用以评判两国基本的不平等程度。但是，对此需要作出多大的修正呢？根据我们的假说，比较两国消费的收入弹性（见第四章第二节第二小节），就给出了所需修正的幅度：比较显示，在英国，量度收入方差中大约13％来自临时部分，而美国大约是18％。这个比较只是针对两项研究；尽管这两项研究非常支持比较的初衷，但得到的估计一定还是很粗略的。不过，很多其他资料肯定可用于进一步改进这些估计。

第四节 永续收入假说与财富分布的关系

财富分布（这里仅指非人力财富）比量度收入的分布要分散得

第八章 其他相关问题

多。乍看起来，这一点似乎与永续收入假说相矛盾。[①] 如果在各永续收入水平上，计划储蓄（同样仅指非人力财富的储蓄）都是永续收入的同等份额，那不就意味着，财富分布与收入分布会趋向一致吗？即便在某个初始点上，财富分布与收入分布之间可能存在差异，但如果储蓄按照永续收入的一个固定比例累积，不是会逐步消除这个差异吗？各个收入水平上，财产性收入占全部收入的比例，不是会趋于相同吗？

我们说假说与上述事实之间没有矛盾，或至少应该没有矛盾，一个次要理由，是各群体的 k 值不同——这不同可能不是由永续收入差别造成的，但应与之相关。例如，非农经营者与工薪阶层相比，有较高的平均收入和较低的 k 值。这种 k 值不同，其影响是累积的。

假说与事实应没有矛盾的主要理由是：量度收入与假说的核心概念——永续收入彼此大相径庭。假说认为，在各收入水平上，计划储蓄都占了永续收入的相同比重，且有与永续收入相同的相对离差。但它同时认为，任何家庭的实际储蓄，等于计划储蓄加上正的或负的临时收入，减去正的或负的临时消费。结果，量度储蓄的绝对离差，一定高于计划储蓄的绝对离差；而只要临时收入相互抵消，平均储蓄就不受影响，从而量度储蓄的相对离差也较高。我们可以用少量一些数据作定量的说明。假定一组家庭，其各种相对离差如表 21 所示，每户的 k 值都为 0.9；并假设整组家庭的临时收入、临时消费相互抵消为零。这样，我们就可以把决定量度储

[①] 西蒙·库兹涅茨提醒我注意这个问题，谨致谢忱。

蓄之相对离差的要素概括如下：

永续储蓄的相对离差（等于永续收入或永续消费的相对离差）	0.68
临时收入的离差与平均储蓄之比（10乘以临时收入的相对离差，因为储蓄平均是收入的1/10）	3.20
临时消费的离差与平均储蓄之比（9乘以临时消费的相对离差，因为储蓄平均是消费的1/9）	0.81
量度储蓄的相对离差估计值（上述三个值的平方之和的平方根，因为我们假设各部分彼此不相关）	3.37
对比表21的量度收入的相对离差估计值	0.75

根据以上估计，我们的假说表明，量度储蓄的相对离差大约是量度收入相对离差的 $4\frac{1}{2}$ 倍，即337％之与75％。①

财富是储蓄的积累。积累过程中，平均数法则会起作用，从而缩小财富的相对离差，使之低于储蓄的相对离差。影响大小关键取决于连续几年临时部分的相关性。如果某一年临时部分很大，总是跟随着第二年的临时部分也很大，那么显然，这两年的相抵程度，会远小于没有这种相关性的连续两年。我们在上面第七章第四节已经看到，假设某一年收入（或消费）的临时部分与永续部分不相关，并不表示连续几年的临时部分之间不相关；年度之间的相

---

① 为了避免混淆，我们应该明确说明一个乍看起来违背了"平均数法则"的结果，即总储蓄的离差何以会大于每个部分的离差。其原因是：临时收入和临时消费的平均值均为零，因此，临时部分增加对相对离差的分母没有影响，却加大了分子（即标准差）。临时部分的相对离差，并不是临时部分自身的变化系数（在假设条件下，临时部分的变化系数无穷大），而是临时部分的标准差与第一项（永续部分）的平均值之比。这是本例与下例的区别所在。下例中，不同年份积累的储蓄，同时增加了变化系数的分母与分子。

关性程度,取决于消费者的视野——视野越长,相关性越大。

但是,积累过程还有另一种倾向于加剧整个社会财富分化的效应,即:不同年龄的家庭之间,由于多年的积累都有差别,就会产生一些在单独一年的储蓄分布中不会出现的分歧。年龄差别既是永续收入离差的来源,又是临时部分之间相关性的来源,更是非人力财富差别的重要来源。无情地说,一个具体人力资本消耗的过程,大体上就是非人力财富替代人力资本的过程。

为了说明这些效应,来看一个简单的假定例子。我们假设临时收入的唯一来源是收入的年龄周期,临时消费为零,并以个人为基本消费单位。为了避免财富为负值,假设每个人都是在20岁时才进入我们的视线,这时他已经开始有收入,例如每年4,500美元。假设每个人从20岁到60岁,每年都获得相同的收入,然后进入半退休状态,每年获得2,000美元并花光积蓄,并在70岁上去世;假设所有人都遵循这种相同的模式,全部人口均等地分布在每个年龄上。为了避免冗长乏味的计算,我们假设利率为零。假设个人的视野①是自己的一生——这在上述奇特的假设条件下应是合理的,于是,他每年的永续收入是4,000美元;40年中每年储蓄500美元,从而一共积累了20,000美元,为在半退休的10年中每年2,000美元的收入提供补充,以支持每年4,000美元的消费。这种情况下,永续收入、量度收入以及财富的相应分布与离差各是

---

① horizon。消费者的视野,决定了消费者据以划分临时与永续的时间期限。因此,下文中也将 horizon 译为期限,因其是视野的对应物。本书中 horizon 一词,根据语境不同,译为视野、眼界或期限、跨度等。——译者注

什么？永续收入的离差为零,每人都有 4,000 美元的永续收入。量度收入的分布是：

$$80\%的人口获得 \quad \$4,500$$
$$20\%的人口获得 \quad 2,000$$

即平均量度收入为 4,000 美元,标准差为 1,000 美元,变异系数为 0.25。某一会计年末（包括当年去世者、但不含新进者）的财富分布是：

对于在该年中有储蓄的 80% 的人：

$$2\%有 \quad \$500$$
$$2\%有 \quad 1,000$$
$$\cdots\cdots \quad \cdots\cdots$$
$$2\%有 \quad 20,000$$

对于在该年中为负储蓄的 20% 的人：

$$2\%有 \quad 18,000$$
$$2\%有 \quad 16,000$$
$$\cdots\cdots \quad \cdots\cdots$$
$$2\%有 \quad 0$$

平均财富为 10,000 美元；财富的标准差为 5,788 美元；变化系数为 0.579,是收入变化系数的 2 倍有余。亟需说明的是,这个结果取决于特定的数值假设；如果另选数值,使收入离差大于财富离差,也是有可能的。① 不过,这个例子确实说明,在我们的假说中,

---

① 对于这类例子,令 p 为收入较高年份的占比, q 为收入较低年份的占比, r 为较低收入与较高收入之比,并假设人们在年龄上连续分布。那么,在上述特定的假设条件下,财富的变化系数总是 0.578,量度收入的变化系数是 $(1-r)\sqrt{pq}/(p+qr)$,对于 0—1 的 r 值,该系数可以在 0—∞变化。

量度收入分布与财富分布的关系是很复杂的。

该例没有明示的一种可能更加隐蔽的复杂性,尽管已隐含于前面的一般讨论中,但还是值得专门指出。这个例子假定,每个人分别而言,一生的临时收入相互抵消而为零。之所以如此,只是因为我们把收入的年龄周期当作临时收入的唯一来源。更一般地说,每个人一生的临时收入,无须也不会相互抵消为零。这一点很重要,因为它容易混淆我们的假说与另一种截然不同的假说——后者认为,研究消费行为的合适时间单位是因人而异的,可能终其一生,也可能是较短时期,个人在该时期内制订并成功落实相关计划,因此,可称之为"计划周期"假说。我们的假说则不然,认为期限只决定个人把什么视为临时因素;而永续收入的估计值,不是针对确定时期,乃是针对一个时点——这个值不断修正,但可能从未与实际契合。这好比估计一个硬币是完好无瑕的。我们可以根据这个估计,推断比方说投掷100次硬币的结果。但这并不是说,我们认为,在特定的某一组100次投掷中,头朝上的次数正好等于背朝上的次数;而是说,如果投掷100次有52次头朝上,那么其中50次是永续部分,2次是临时部分。我们假说中的所谓"永续部分",正是与此相同的概念。我们并不要求每个人或每个群体的临时部分相互抵消为零;没有相互抵消为零,正是持有财富发生变化的一个来源——这一点在上例中没有考虑进去。

第五节 永续收入假说的其他检验

上面关于永续收入假说的各种检验,显然可以推广运用于更多数据，并在细节与精度上加以多方面的改进。有两种检验做这样的推广运用可能最有意义：一是第四章第四节关于收入变化影响的检验；二是第七章运用不同年份收入数据的检验。因为，这两种检验在某些方面是最敏感、最精确的，而已有能够用于这两种检验的数据又如此不全。

关于这两种检验以及我们做过的其他检验，有三点改进很重要、很普遍，值得专为一提。其中最重要的，应是明确考虑收入与消费之生命周期的影响。我们有时明说有时暗示地一再假设，一年到下一年的永续收入或相对收入地位的变化可以忽略。根据结果判断，这似乎是一种不错的近似。但是，如果我们针对的是处于相同人生阶段的家庭群体，从而"年龄老化"的影响不是简单忽略，而是可以明确纳入分析，那显然是一种更好的近似，一种在更长时间跨度内可以信赖的近似。另一种同样的改进，是更合理地处理耐用消费品。我们的理论分析要求把耐用消费品购买当作资本项下的活动，只把其用值包含在消费中；但基本上，特别是对于预算数据，我们运用的消费概念只能把除了住房之外的其他耐用消费品购买都当作当期消费支出。第三种改进，是更合理地处理抽样误差。上面，我屡次凭直觉判断某项差别能否被看作是抽样波动引起的。更可取的做法，当然是尽可能用统计意义上的正式检验支撑这些判断。

这类检验直接来自前面的讨论，无需再详加考虑。此外，还有一些检验，应该作进一步的分析。

在我们的假说中，一个关键点是假定临时收入与临时消费不相关。下列检验中，前两项检验好像对这一点假定是否成立特别敏感。其他几项则不是那么明确。

1. 1950年,政府为退伍军人购买了一份特殊的人身保险。[①]这项政策很出人意料,可以目之为"意外之财",或典型的临时性因素。政策只针对一部分退伍军人,且在得到与未得到这份保险的老兵之间,似乎也没有系统的差别。劳动统计局曾广泛开展了1950年的预算研究,涵盖很多家庭。如果可以把退伍军人与其他家庭分开,并进一步把退伍军人家庭分为得到与未得到这份保险的两组,那么,比较他们的消费-收入行为,就算是一项受控实验了。根据我们的假说,"意外之财"只有在增加永续收入时才会影响消费;除此之外,应视为临时部分。如果这里的消费不包括主要耐用品,我们的假说推测,消费的收入弹性(指不含这份保险的收入),无论对于得到与未得到这份保险的老兵,都是一样的;只是,得到保险的老兵的回归线要高于其他老兵,高出程度是平均保险费的一个较小份额——根据时限大约三年的估计,高出程度小于平均保险费的1/3。如果不同退伍军人的这项保险彼此一样,检验就到此为止。如果彼此差别较大,还可以有进一步的检验。上述回归线的差距与保险费的多少有关;但相关性不高,回归系数不大,大约0.3左右。

2. 到目前为止,我们只是简单地把永续收入视为当然,而没有探究永续收入大小的决定因素。很显然,永续收入本身由很多因素引起,其中一些是可列举、可观测的,例如区位、年龄、职业、教育

[①] 感谢欧文·弗伦德(Irwin Friend)提供了这个富有启示性的检验。

等等。①

假设有一条回归线及相应的估计弹性,是针对一个广泛的家庭群体(比方说所有美国家庭的一个样本)算出的。再假设,这个广泛的家庭群体,根据各自居住的地区,被划分为多个子群,并分别算出每个子群的回归线。这样,各子群的弹性的适当加权平均,应小于整个群体的弹性,并且,根据各个地区的收入数据,可以算出具体小多少。按照地区划分,排除了永续部分变化的一个来源,从而会降低永续部分的方差以及弹性。

这种做法可以继续下去。每个地区内,可以再根据职业划分;相同职业内,再根据教育程度划分;相同教育程度内,又根据年龄和家庭规模划分,如此等等。在每一个层级上,不同群体的弹性的平均值都会小于所属上一级群体的弹性。当群体被界定得越来越细,弹性会接近于零。

3. 上面各章引用的资料,所涉时间单位都是一年。假设可以得到更短时段的数据,比如说季度数据。运用这种数据,会增加临时部分的方差,但不会影响永续部分的方差;而根据我们的假说,这样会降低消费的量度收入弹性。相反,如果运用更长时段比如说两年期的数据,则有相反的影响。可以预计,这些结果既适用于家庭预算数据,也适用于时间序列数据。

这方面的一项检验证据——克莱因关于消费者财务状况数据分析给出的证据,已见于上面第四章第二节第六小节。另一项证

---

① 参见弗里德曼和库兹涅茨,《自由职业的收入》,第 361—362 页,我们试图估计其中一些因素的定量影响。

据来自里德所作的比较。① 前面几章引用的 1941 年预算研究,包含 1941 年和 1942 年第一季度。里德计算了城市家庭、农村非农家庭和农户家庭 1941 年和 1942 年第一季度的弹性。每组家庭中都是年度的弹性明显较高。这两项证据都来自预算数据,如果有来自时序数据的类似证据当然更好。

4. 上面第二节给出了一项检验,用的是某些消费项目上的支出数据。这项检验是把一项预算研究所涉的家庭划分为多个群体,比如说同一地区的不同职业群体,例如工薪阶层与自主经营阶层,或者农户与非农户群体等。这些群体可以有很一致的品味与偏好,面临相同的物价,但在临时收入的相对重要性上彼此不同。针对每个群体,计算各消费项目的量度收入弹性,并一一除以总消费支出的相应量度收入弹性;依据(8.3)式,结果就是各项消费的永续收入弹性的估计值。我们的假说认为,不同群体之间这种永续收入弹性的差别,要小于量度收入弹性的差别。

就如第二节所言,不同消费项目可能需要不同的"永续"概念。这时,一项消费的量度收入弹性与总消费的量度收入弹性之比,就不能恰当估计消费的永续收入弹性。不过,这样算出的弹性在不同群体之间的差别,还是应该小于量度收入弹性。理由很简单:永续部分的定义改变了,方差中由永续部分引起的比重也随之改变;不同群体之间这个比重的差别,与"永续"的不同定义密切相关。举例来说,如果当"永续"指三年期时,方差中由永续部分引起的比

---

① 见玛格丽特·里德的未刊稿,"群体内部的临时收入与家庭支出的收入弹性之间的关系"。

重是企业家群体小于其他群体;那么,当"永续"指十年期时,结果应该亦然。当然,即便如此,也不能保证调整后的弹性一定比原来的弹性更等齐划一;"矫枉过正"的情况可能出现,可能使弹性更加参差不齐。

5. 上一项检验所说的家庭群体数据,也可以换一种方法运用。挑选一些群体,其临时收入的相对重要性彼此不同,但临时消费的相对重要性大体一样。根据消费-收入的回归估计 P_y 值;再根据收入-消费的回归估计 P_c 值。我们的假说认为,不同群体之间,P_c 的估计值应比 P_y 的估计值更加一致。

6. 估计 P_c 的另一种方法,是运用相同家庭在不同年份的消费数据。如果可以得到这种消费数据,并且有这些家庭至少一年的收入数据,就可以像第七章中比较 P_y 的不同估计值一样,在 P_c 的不同估计值之间做出比较。而且,如果有两年的收入数据,就可以根据跨年相关(interyear correlation)数据,估计出相同群体的 P_y 和 P_c 值。于是,临时部分的隐含比值 $(1-P_c)\sigma_c^2/(1-P_y)\sigma_y^2$,就是需要逐年计算所谓"相互回归"(mutual regression)的信息。这里的"相互回归",是指永续部分之间的关系。如果用算术形式的数据计算这些回归的话,需要加入一个常数项;如果用对数形式的话,回归系数就不限于1。根据我们的假说,如果临时收入与临时消费平均都为零,算术关系的常数项就不会明显偏离于零,对数关系的斜率也不会明显偏离于1。而且,根据算出的"误差项"的方差,可以独立估计 P_y 和 P_c 值。

7. 按照上面第6点的方法,还可以算出一些家庭群体的 k 的估计值。其他群体,如果平均临时支出与平均临时收入确定为零,我们就可以根据平均收入-平均支出之比计算 k 值。根据我们的假说,这样算出的 k 值与利率、财富-收入比、临时收入的重要性等变量有关。可以预料,后面两个变量在不同群体之间差别最大,因此也是最有可能展开调查的变量。

8. 作为上一检验的特例,还有一项检验,即:针对某一组家庭,以消费的量度收入弹性的补数乘以观测到的收入方差,来估算临时收入的方差。这样算出的临时收入的相对离差越大,应急储备等的需求就越大,k 值也就越小。一个家庭群体,如果临时收入与临时消费平均都为零,k 值就由平均消费-平均收入之比给出。因此,我们的假说认为,如上算出的临时部分的相对离差,与平均消费倾向(即群体平均的消费-收入比)之间,会呈反相关关系。

如果可以针对很多群体算出这些参数,那么,尽管平均临时收入与临时支出可能不为零,尽管群体之间的其他差别也可能影响 k 值,根据我们的假说,这些参数还是会呈反相关关系。因为群体的这些特征本身与临时部分的大小应无关系,因此,这些特征除了降低相关的紧密度之外,应不会有其他影响。

以上这些,无疑只是我们的假说与运用假说过程中涉及的经验证据之间各种交锋的一部分。把它们罗列于此,并称之为"检验",主要是想让读者体会到假说的证据可以如此之广;而不是因为我认为,完成这些检验是把假说运用于大量实证研究的前提。相反,在我看来,我们的假说已经得到了足够多的数据的充分检验,并且结果很好,尽可以当作有效假说来运用。在运用假说的过程中,我们还会得到假说的更多证据,提出改进假说的意见,附带地,也可以完成上述各项检验。

由此看来，上述当作"检验"的数据分析，也可以看作是运用假说去发现经验规律、描述消费行为基本特征、有效归纳大量详尽证据的方法。其中二、四和七项检验尤是如此，其他各项某种程度上亦不例外。

第九章 总结与推论

本书主旨可以由一个简单的假设例子来说明。考虑这样一群人：每人每周赚取 100 美元，并在当期消费上花掉 100 美元。假设他们一周一次获得薪酬，领薪的日子都是错开的，1/7 在周日领薪，1/7 在周一领薪，等等。我们在这群人中抽取一组样本，收集这组样本在任意一天的预算数据，把收入定义为当天收到的现金收入，把消费定义为当天的现金支出。这样，1/7 人会被记录为得到 100 美元的收入，6/7 被记录为没有收入。人们在领薪日很可能比平日花销得多一些，但平日也要支出，因此，1/7 领薪的人会被记录为正储蓄，其他 6/7 被记录为负储蓄。消费可能随收入而增加，但不会增加与收入一样多，因此，储蓄部分也会随收入增加。这些结果并没有就消费行为给出什么有意义的信息，只是反映了所用的收入与消费概念是不恰当的。人们不是根据现金收入调节消费上的现金支出；而且，消费上的现金支出，也不能很好地代表真正的消费值——在这个简单的例子中，周日的消费支出很可能为零。

上例中，把观测期由一天延至一周，就可以完全消除由于使用不恰当的收入与消费概念而出现的差错。本书主旨则是：观测期延长至一年，并不能使实际数据上的差错小到可以忽略，更遑论完全消除。由年度数据得出的结果与上述简单例子的结果大体相符：当记录的收入为零时，记录的消费一般为正；储蓄随收入的增加而增加。如果本书观点正确，这些结果就都可以相同的方式作解释，即都反映了所用的收入与消费概念是不恰当的。

因此，我们的分析明确区分了两种收入：一是记录的收入，称之为量度收入；二是消费者据以调整消费行为的收入，称之为永续收入。同样，消费也区分为量度消费与永续消费两种。永续收入的概念，作这样的一般表述固然容易，但准确界定却很困难。永续收入不能直接观测到，而必须根据消费者的行为推断。永续消费，以及永续消费与永续收入的关系等，亦复如此。

我们已经证明，本书检讨过的种种经验资料，都契合由纯粹理论分析得到的永续消费与永续收入之间的简单关系，即：永续消费-永续收入比在所有永续收入水平上都一样，它取决于其他变量，如利率、财富-收入比等等。大家普遍认同的"消费-收入比随收入增加而下降"的观点，完全可以由上例中强调的一些因素来解释。

我们关于永续收入之含义的结论，不能表述得如此简单。可以设想，影响家庭收入的因素，都有一个时间范畴：一些因素只影响一天的收入，另一些因素则影响一周、一年、两年等等。我们对这组时间系列作了粗略的两分。影响的持续时间小于某个期限的，被视为临时因素；超过这个期限的，则视为永续因素。这个期限的长度，我们称为消费者的视野（the consumer unit's horizon）。很多不同的证据支持这样一种高度推测性的结论，即：这样界定的消费者视野大约是三年。

按照我们对证据的解释，一个家庭的临时收入，如果影响周期不超出消费者的视野,就不会影响家庭消费。家庭的消费由长期收入因素和直接影响消费的临时因素共同决定,临时收入则主要体现为家庭资产与负债的变化,亦即量度储蓄的变化。

这种解释消费数据的方法,以及由此得出的具体假说,有着深远的意义。本章以下部分将更加正式地表述这个假说,总结支持假说的证据,列举由假说得出的消费行为一般规律,并点出假说对于调查研究、经济理解与经济政策的一些含义。

第一节 假说的概述

关于单个家庭的永续收入假说,可以由下列三个简单等式组成的方程组来概括:

$$c_p = k(i, w, u) y_p, \quad (\alpha)$$

$$y = y_p + y_t, \quad (\beta)$$

$$c = c_p + c_t \, 。 \quad (\gamma)$$

等式(α)表示,计划或永续消费(c_p)是计划或永续收入(y_p)的一部分(k)。其中k不取决于永续收入的大小,而取决于其他因素,特别是利率(i)、非人力财富与收入之比(w),以及影响家庭在当期消费与财富积累之间抉择的其他因素(u),如收入的不确定程度、家庭成员的年龄与构成、文化因素(如种族或国籍)的客观指标等。这是与第二章消费行为纯理论相符的最简单的等式。

等式(β)和(γ)表示,量度收入(y)和量度消费(c)都可以看作是两部分的加总:一是列在(α)式中的永续部分;二是临时部分,反映家庭认为是属偶然或随机因素的影响,以及量度误差的影响等。照这个样子,这些等式并没有实质性的内容,纯粹只是定义性的。

单个家庭的永续收入与永续消费从来不能直接观测到;我们只能事后观测到家庭的支出与收入。但是,如果我们接受永续与临时部分之关系的某些假设,根据观测的数据,即可推断各组家庭的永续部分。我的假设是:消费与收入的临时部分与相应的永续部分无关,并且临时消费与临时收入彼此也无关——这些正是本书给出的假说所必需的。此外,我有时还假设,平均临时消费与平均临时收入为零。这一点并非假说之所必需,只是为了具体运用时的方便与简化。

正是这些假设,赋予等式(β)和(γ)实质性的内容。于是,上述方程组包括了(1)一条量度消费-量度收入的观测回归线,如本章开头的简单例子所言,当量度收入增加,消费-收入比会下降,原因亦如上述;(2)一个量度消费的量度收入弹性,其大小与群体收入总方差中由永续部分引起的比重(P_y)成比例;(3)回归线的一个高度,它取决于永续收入、永续消费、临时收入、临时消费的平均值,以及影响 k 值的其他变量,如果平均永续收入上升,k 值增加,回归线就会上移。因此,无论是观测回归线的弹性变化还是高度变化,都不意味着消费者关于是当期消费还是财富积累的品味、偏好,或者相互替换的条件,一定发生了变化。相反,它们可能只是反映了收入分配的某些特征发生变化。消费行为变化的表象,可能只是收入结构变化的一种虚假反映。

为便于说明,上面我们把假说表述为算术形式。另一种形式是保持(α)式不变,而把(β)与(γ)式中各项替换为类似的对数

第九章 总结与推论

表示式,并假定对数的临时收入与对数的临时消费之间,以及它们与相应的永续部分之间都不相关。这种对数形式好像比算术形式更加符合经验证据,而且,上面各章的大部分实证研究,用的都是这种形式。本质上,对数形式的含义等同于算术形式,因为它们可视为彼此的最优近似,且有关含义的大部分文字表述都同样适用于两者。对数形式的优势,是其含义在更广范围内成立。

总消费与总收入之间的关系,不仅取决于各个家庭的消费函数,还取决于根据影响消费行为之因素划分的家庭的分布情况。不过,在简化的假设下,总量函数与个体函数的形式是一样的,也可由等式(α)(β)和(γ)描述,只是其中决定永续消费-永续收入比(在总量函数中记为 k^*)的变量有所不同。在总量函数中,这些变量变成为家庭在 i、w 和 u 等因素上的分布情况,或分布的简明量度,如均值、方差等。如果我们同样假定收入、消费的临时部分与永续部分无关,临时消费与临时收入无关,那么,对于两种消费-收入回归(一种根据总量数据算出,另一种根据个别家庭数据算出),假说就具有相同的含义。两种情况下,人们当期消费与当期储蓄行为的稳定,都不必然导致观测回归线的稳定。

除了上述量度消费-量度收入回归的含义之外,我们的假说还有很多其他实证含义。例如,它可用于把量度收入和量度消费的离差,都分解为由临时部分引起的和由永续部分引起的两部分。它认为,如果很多家庭根据两年间的收入变化情况分组,在合理条件下,各组的消费-收入回归线会相互平行,高度上的差距也可事先确定;各组回归线的共同斜率,比所有家庭合在一起的回归线斜率要陡——至于陡多少,可根据整个群体的收入分布特征算出。

假说还可用于推测相同家庭在不同年份的量度储蓄-量度收入比的关系。对于像美国这样经历长期增长的国家,假说意味着:(1) 总量数据的时间跨度越长,观测的基本时间单位越长,那么由时间序列算出的消费的量度收入弹性就越大;(2) 按照消费、收入的总量数据计算,与按照人均数计算相比,消费的量度收入弹性是前者更大;(3) 按照当期物价计算与按照不变物价计算相比,消费的量度收入弹性也是前者更大。

第二节 永续收入假说之可接受的证据

永续收入假说解释了一些重要的看似异常的现象。如果我们像通常所做的那样,把观测到的量度消费-量度收入回归理解为永续部分之间的稳定关系(当然,这里所谓"永续"不是即指量度值),就会出现这些异常现象。根据通常的理解,一个家庭群体观测到的消费-收入回归意味着:(1) 收入不均等性会随时间而增加,因为低收入家庭消费超过收入,高收入家庭消费低于收入,从而似乎穷者愈穷,富者愈富;(2) 在美国及类似国家,储蓄占收入的比重一定越来越大,因为实际收入总是基本稳定地增长;(3) 间隔时间很长的几项预算研究,各自算出的回归线不会有系统的差别。但是,有充分证据表明,实际情况是:(1) 美国的收入不均等性,如果说有变化的话,倒是逐渐下降的;(2) 美国的储蓄率长期保持大体稳定的水平,(3) 越晚近的预算研究,算出的回归线总是越高。这三点与本书提出的永续收入假说完全一致。

假说与这些普遍事实的一致性,只是支持假说的一小部分证据。此外,假说还与有关消费行为的很多细节发现相一致,这些发现来自个体家庭的预算数据分析,消费、收入总量的时序数据分析等等。特别是上一节所列的每种含义,都与观测结果作了对照,发现无论在定性还是在定量上,都没有大的矛盾。假说最显著的两项证据可能是:(1)它成功地在定量细节上推测出,把家庭按照量度收入的跨年变化进行分类,会有什么影响;(2)它与个体家庭连续多年的量度收入数据相契合——这套数据此前从未用于消费行为分析,甚至从不被认为与消费行为有关。有了这些数据,我们就可以按照我在先前为着另一目的(即分析相对收入地位稳定性)而提出的方法,估计量度收入方差中由永续部分引起的比例(P_y)。根据永续收入假说,消费的量度收入弹性也是这个比例的一种估计。① 两种估计来自两组大体相互独立的数据。针对各种家庭群体比较这两种估计,可以发现它们高度相关,并且大小基本一致。

假说中关于永续收入的确切含义,还有讨论的余地。最宽泛的永续收入定义,是指影响周期超过一个基本时间单位(通常是一年)的因素所带来的收入。精密一点的定义,只把影响周期为三年或更长的因素所带来的收入当作永续收入;然后是四年或更长周期,如此等等;最精密的定义,是把永续收入等同于一生的预期收入。上一段所说的各种比较以及其他很多证据都认为,经验上,最好是把影响周期为三年或更长的因素所带来的收入定义为永续收入。但是,这也只是高度推测性的结论。

---

① 如果是根据算术线性回归计算,这里"消费的量度收入弹性"是指平均收入水平上的弹性,并且临时收入与临时消费平均都为零。

近年来，人们提出了很多假说，以解释上述"消费支出占绝对收入的固定比例"的假设与可得证据之间的矛盾问题。其中一些主要假说可以看作是永续收入假说在特定条件下的特例。永续收入假说同意，一个家庭的消费-收入比，取决于它的相对收入地位——这里的相对收入地位由家庭收入与所属群体的平均收入之比，或者家庭在收入分布中的百分比位置来量度。假说也同意，总消费不仅取决于当期总收入，还取决于最高以往收入——这一点被当作相对收入假说的特例。相对收入假说，作为可选择的另一种理论，其实证含义不如永续收入假说多，因此，也不像后者那么有用。而且，当两种假说的含义不同时，我检验过的经验证据，都支持永续收入假说，而不是相对收入假说。

第三节　假说得出的消费行为的一般规律

本书的研究中，关于经验证据，我们主要考虑它与永续收入假说的一致性，而不是考虑它对理解消费行为的贡献。但在运用证据检验假说的过程中，我们必定也会根据假说，从证据中归纳出消费行为的一般规律。这好比一枚硬币有正面必有反面。尽管永续收入假说与有关证据之间的一致性已足以让我们暂且接受之，但对这些一般规律作一番总结，可能还是有助于进一步阐明这些检验与证据。需要强调的是：下列一般规律都是针对个人消费和个人储蓄，而不包含法人或政府的储蓄。

1.我们发现，美国家庭的消费与储蓄行为，至少在过去60年间，没有发生什么结构性变化。这个时期的数据，都符合永续收入假说确定的模型,包括一般等式(α)(β)与(γ),也包括更特殊的假定——临时收入与临时消费之间,以及临时部分与相应的永续部分之间都不相关。这种相符,不仅体现为一般函数关系是适用的,还体现为关系参数在相应时期内始终没有什么变化。大约三年的永续期限刻画了一般家庭的看法,但上述结果对这个期限的长短并不很敏感。

2. 这个时期,工薪家庭的永续消费-永续收入比,即 k 值,远高于经营性家庭。前者是 0.90 至 0.95,后者是 0.80 至 0.90,其中,非农经营性家庭可能在这个区间的低端附近,农户在这个区间的中高端附近。

经营性与非经营性家庭之间的 k 值差别,在我们检验过的各组比较中,应是最大、最明确的。黑人家庭的 k 值可能比白人家庭略高一点,但差别很小,不很明确,且方向与通常数据分析得到的结果相反。大家庭与小家庭相比,k 值也可能较高,但同样不很明确。

3. 经营性家庭的 k 值比非经营性家庭低,至少部分原因是:前者的收入前景具有更大的不确定性,从而需要更多的应急储备。

生活在中等及以上城市的非经营性家庭,临时收入的离差约为平均收入的 20%—25%;也就是说,任何一年,大约 2/3 家庭的实际收入地位,会在其永续地位的上下 20% 或 25% 范围之内。

生活在小城市和农村的非经营性家庭,临时部分的离差可能更小,不过关于这一点的证据很有限。

经营性家庭,无论农户还是非农户,临时收入的相对离差一般都在平均收入的 40% 以上,甚至 50%,即大约是非经营性家庭的两倍。

包括经营性与非经营性家庭的各种非农群体合在一起,临时收入的平均相对离差约为 30%。

4. 经营性家庭的 k 值比非经营性家庭低,另一部分原因可能是:前者累积的财富可以有更高的回报率;非农经营性家庭的 k 值比农户低,可能也是类似原因。不过,这个结论只是推测,不可认为已确凿无疑。

5. 农户永续收入地位的分散程度比非农户整体要小,可能与其中的工薪阶层与职员差不多。非农经营性家庭的永续收入地位的分散程度,比农户和其他非农家庭都要大。我们估计,农户的永续收入离差大约在 60%—70%,非农经营性家庭在 80%—90%。

6. 在美国,广大非农群体的年量度收入变化,大约 80%—85% 是由永续收入地位变化引起的;农户群体,该比重则小得多。而英国和瑞典,该比重显然比美国更大。这表明,年度收入分布对长期收入地位不平等的夸大程度,是农户甚于非农户,美国甚于英国或瑞典。

7. 有限证据显示,临时消费的重要性,远远没有临时收入那么大,临时消费有一个大约 10% 的相对离差,而不像临时收入是大约 30%。

8. 我们说,消费者是根据长期收入状况(以永续收入量度)调节支出,而不是根据一时所得。现实中确无证据显示,消费者根据环境变化调节支出的时滞有逾于此的。量度收入变化对消费者支出的影响,都可依此作解释。

9. 美国的总消费-总收入之比(k^*),在不止半个世纪的时间里,大致保持 0.88 的水平不变——这里的消费,不包括大宗耐用消费品支出,但包括它们的估计用值。耐用品积累在储蓄中所占的比重越来越大,因此,如果把耐用品支出也当作消费的话,消费-收入比会略微更高一些,并表现出温和上升的长期趋势。预算数据与时序数据都支持这些结论。

10. k^* 值稳定,符合永续收入假说,但非假说之所必需。即使没有结构性变化,即使等式(α)(β)(γ)描述的总量函数的条件都成立,假说也不要求 k^* 值必须稳定。k^* 值稳定,说明 k 的决定变量以及根据这些变量划分的家庭分布或者不变,或者影响相互抵消。其中,两个相互抵消影响的主要因素可能是:(1)农业的相对重要性下降——这会使 k^* 值上升,(2)家庭规模下降——这会使 k^* 值下降。第三个主要因素,政府在提供社会保障上的角色变化,根据可得的统计资料判断,本身对 k^* 值就有自相抵消的影响。

11. 整个社会的永续收入,可以看作是当前与以往量度收入的加权平均——量度收入以一个稳定的长期趋势上升,并且时间上溯越远,权重越小。在用来加权平均的量度收入和当期永续收入之间,平均时间跨度大约是 2½ 年。

相应的总消费函数是:

$$c^*(T) = k^* \beta \int_{-\infty}^{T} e^{(\beta-\alpha)(t-T)} y^*(t) \mathrm{d}t$$

其中,c^* 是总量或人均消费,y^* 是总量或人均收入,T 表示讨论中的时点,t 表示一般的时间单位(只是一个不会出现在最终函数中的积分变量)。k^*、α 和 β 是函数的参数,k^* 是永续消费-永续收入之比；α 是收入的长期增长率；β 是衰减系数（阻尼系数），描述了根据当期和以往量度收入估计预期或永续收入的过程。β 越大，随着时间上溯，权重下降越快，永续收入与用来加权平均的收入之间的平均间隔越短。根据雷蒙德·戈德史密斯收集的经过物价平减的人均储蓄和人均收入数据，1905—1951 年，各参数的估计值为：

$$k^* = 0.88$$
$$\alpha = 0.02$$
$$\beta = 0.40$$

其中，α 与 β 值对所用的确切数据并不敏感，k^* 值则相当敏感。相应的消费概念只包含主要耐用消费品的用值，而把耐用消费品存量的积累当作储蓄；同时，把社会保障储备的增加视同个人储蓄与收入包含在内。

第四节　假说之于调查研究的含义

接受永续收入假说，还会影响到人们在两个截然不同领域的成就：一是有关消费行为与收入结构的研究；二是理解经济并制定经济政策。

人们研究消费行为，无论是总消费还是个别消费，主要工作都是确定消费与收入的回归关系。这一点说明，大家相信当期收入是当期消费支出的主要决定因素，通过比较回归关系，可以排除收入的影响，而把其他因素对消费行为的影响单列出来。人们主要就是依据这种局部相关方法收集与描述数据的。因此之故，消费

第九章 总结与推论

者购买行为研究（那可能是曾经做过的规模最大、设计最周全的预算研究），是从限定的样本中采集支出数据，而不是从有代表性的样本中采集；也因此，在预算数据表中，量度收入是主要的且往往是唯一用以划分家庭的变量。关于消费行为的大部分研究，从著名的恩格尔法则的初始表达（该法则使恩格尔的大名与消费-收入回归问题联系在一起），到当前故弄玄虚的计量经济研究；从针对一小组家庭的数据检验，到根据整个国家和各种商品的时序数据与预算数据的组合计算需求函数等等，用的都是这种局部相关的方法。问题的复杂性无非是变量不断增多，用以估计变量之影响、顾及抽样与量度误差的统计方法日益精细而已；研究的基本定位或方向则始终没有变化。

接受永续收入假说，意味着这些研究很多或大部分都错了。因为在这些研究中，保持不变的不是与消费行为相关的收入，而是这种意义上的收入与一些偶然因素的多少有些任意的组合。以前所作的统计量度，说是反映消费行为不同的影响，实际上反映了收入分配的特征。因此，人们发现的消费行为规律已不能成立，原因是消费行为与那些不相干但非不重要的收入分布特征被混为一谈了。结果，试图以同一框架解释相关数据的分析，变得越来越复杂。

业内人士还把这种复杂化当作自己分析精辟的证据，自诩不迭。他们往往情愿认为：消费者是非常复杂的，会受到普天下所有事物的影响，只有囊括了很多变量的分析，才有可能根据消费者的行为给出统一的模式。实际上，必须引入很多变量，乃是失败而非成功的标志，表明分析者根本没有找到解释或理解主题的真正有效的途径。一种有效的理论本质上总是简单的,而分析消费行为的人士,好像一贯以能够绕上更多圈子为豪。当然,可以不绕圈子,并不意味着他们的经验所见就是错的,或者,他们发现与消费行为相关的变量,其实与之无关。这就好比,人们接受哥白尼的天文学观点,并不会得出天体运动不存在的结论,也不一定就得绕上另外的圈子来解释天文现象。其真正意思是:这些经验关系,都可由一种简单得多的架构推导出来,即都可以看作是一组单一、简略的因素的不同表现,而不是各种大多不可化约的最终变量的结果。

接受永续收入假说,表明我们对消费-收入回归不再那么强调,尤其在分析总消费与总储蓄时是如此。就我们目前的知识水平而言,消费函数研究的首要任务,是找出决定 k 值的主要因素,并测量这些因素的影响。为此,至少在刚开始处理这个问题时,所需的数据是那些临时部分大体可以相抵的家庭群体的平均消费和平均收入,例如社区群体、职业基本相同的城市群体等。据我所知,只有多萝西·贝蒂的一项研究是把社区当作观测单位,分析平均消费-平均收入之间的关系。[①] 我们需要确定平均消费-平均收入比(称为平均消费倾向),与我们假说认为最重要的变量,如利率、临时收入与临时消费的相对离差、财富-收入比、家庭成员的年龄与构成等,是否相关,以及如何相关。就现有数据而言,尽管由于定位不同,社区平均值或者大多数不可得,或者计算太复杂,但在这些方面还是有很多分析可做。至于以后的数据收集,如果我们接受这种方法,就可在很多方面简化问题,因为我们可以重点收

[①] 见"家庭储蓄之与收入水平、收入分配变化的关系"一文。

集那些容易估计平均值的样本。这一点由一个较小的样本和更简单的抽样设计即可做到,而无须像准确估计多重相关性(以家庭当期收入为主要变量)那样复杂。

在永续收入假说看来,消费-收入回归不但在消费研究中不再那么重要,而且有了不同的功用——主要是提供一种方法,把总的收入变化分解成永续收入变化和临时收入变化两部分。就消费研究而言,这种分解结果可用来估计一个可能影响 k 值的变量,即临时部分的相对离差。不过,消费-收入回归的主要作用根本不在消费研究上,而在于收入分配分析。它使大量的消费预算数据可以用来解释收入分配数据,并把收入分配数据转换为对永续收入地位分布的估计。

新奇的是,永续收入假说在把消费-收入回归当作一种收入分配分析工具的同时,还赋予了收入-消费回归以消费研究上的意义——这种回归此前几乎完全被忽略了。根据收入-消费回归,我们可以把总的消费变化分解成永续消费变化和临时消费变化两部分,进而可以估计临时消费的相对离差。对于现有数据,只要有可能,我们总是尽量算出收入-消费回归;在未来的研究中,两种回归应该同等对待。

假说之于调查研究的含义,还有一点值得一提,即:该假说特别重视相同家庭在不同年份的消费或收入数据,尤其是既有消费额、又有收入额的家庭数据。现有的这一类数据可能还没有很好利用;在将来的数据采集中,这类数据是最应优先收集的消费数据之一。

第五节　假说的实际含义

接受永续收入假说,一定会影响经济理解或经济政策的问题,因为在经济理解与经济政策上,储蓄的决定因素扮演了重要角色。至少在最近几年,这方面主要有两类问题:其一与经济发展过程相关,特别是所谓欠发达经济体的经济发展问题;其二与经济波动相关。

1. 经济发展

发展经济学者一般认为,形成资本的资源在经济发展中起重要作用。这种资源的来源之一,当然就是国内储蓄。而国内储蓄能有多少,又主要取决于实际收入水平和收入的不平等程度。

人们认为,实际收入水平扮演双重角色。首先,它决定消费与储蓄的可能总量;如果依照某种标准看来,这个总量偏低,那么,随便哪方面的潜在数量都不会高。当然,这只是一个算术上不证自明的道理,无论假设什么因素决定总收入在消费与储蓄之间的分配,这一点都成立。其次,如果我们接受绝对收入假说,那就等于相信:低收入不利于储蓄,还因为低收入会降低储蓄-收入比。

近年越来越被认同的相对收入假说,否认低收入与低储蓄率之间有直接联系,只承认间接联系。准确地说,它认为在一个孤立社会中,实际收入水平不会影响储蓄率;但在一个与外界相联系的社会中,又会有影响。根据相对收入假说最广为接受的理论(即杜森贝利的理论),相对收入在一个社会中之所以重要,是因为人们

第九章 总结与推论

在获取与使用富裕物品上会相互仿效和示范。在多个社会之间，也会有这些效应。人们认为，高收入国家的消费水准的"示范效应"，或者其公民居留在欠发达国家引起的"示范效应"，会使欠发达国家的公民将其低收入的过多部分用于当期消费，特别是将全部收入增量都用于当期消费。

如果我们接受永续收入假说，那么，低收入与低储蓄率之间，既没有直接联系，也没有上述这种特殊的间接联系。根据永续收入假说，储蓄率是独立于收入水平的。但从量度结果来看，一国的相对收入与储蓄率确有关系。可这不是因为仿效或示范效应，而是因为，相对量度收入是相对永续收入地位的一个有偏指标。如果一个社会内尚且不存在仿效与示范效应，那就没有理由认为多个社会之间会有这些效应。实际收入相对较低的国家或群体，总的储蓄-收入比可能较低，也可能较高；无论哪种情况，原因都不在收入水平，而在其他方面。

根据永续收入假说，虽然较低实际收入不会导致较低储蓄率；但较快的收入增长，无论在哪个收入水平上，都会导致较低储蓄率。因为一个预期可持续的收入增长会提高永续收入相对量度收入的水平，从而提高消费相对于量度收入的水平。我推测，这种效应是否呈现，主要可能取决于实际收入增长从何而来。如果实际收入增长反映这样一种发展：由于国内资本的回报率提高，发展所需的金融支持至少部分来自国内资本；那么，储蓄的高回报率，会抵消永续收入-当期收入比提高对储蓄率的影响，乃至超过。另一方面，如果收入增长主要来自外部刺激，与国内资本很少或根本无关，那就不会有这种抵消作用，储蓄率就会下降。后者有一案例：

234

冲绳被开发为美国军事基地之后,当地居民收入大增。但其细节我知之甚少,不能确信情况是否如此。不管怎样,如果能够找到这两种发展模式的一些例子,我们就可以对目前的分析,对永续收入假说在不同国家的适用性,作出更精细的检验。

由于人们普遍接受绝对收入假说,而且是假说的一种非常特殊的形式,[1]因此,收入分配不平等成了解释总储蓄率的主要因素。[2] 一般认为,收入越不平等,储蓄率就越高;收入趋于平等,则储蓄率下降。这种看法经常成为那些在其他方面主张平等的人士支持收入不平等的主要理由。他们认为,欠发达国家的不平等,是一种无可避免的不幸,因为若不如此,便无法形成经济发展所需的储蓄。

根据永续收入假说,收入不平等有何影响,关键取决于它的起源。如果收入不平等是因为永续收入地位不同,那就不会影响储蓄率;如果收入不平等是因为临时收入不同,那就会影响储蓄率,因为这时不平等意味着收入前景不确定,从而增加了应急储备的需要。真正抬高储蓄率的,不是不平等本身,而是不确定性——当然,降低平均资本回报率的不确定性不在此列。财产安全的不确定性增加,例如担心财产会被政府没收或严格管制等,显然也不利于储蓄。

在我看来,区分不平等的起源非常重要。如果容我大胆猜想

---

[1] 即第一章所说的凯恩斯的消费函数:实际收入增加,储蓄率上升。——译者注
[2] 如果消费是绝对收入的线性函数,那么,总储蓄率只取决于平均收入,而与收入分配无关;当然,只要消费函数的截距为正,则收入越大,储蓄占比就越大。而如果这里所说的关系成立,一般来说,消费函数一定是凸向下,而非线性。

第九章 总结与推论

的话(希望这猜想能激发更胜任的学者作进一步研究),我敢说,很多欠发达国家的不平等,恰恰是与储蓄率无关的不平等。这些国家往往社会体制僵化,阶层之间鸿沟重重,世代内部和世代更迭中,阶层分野牢不可破;简言之,永续收入地位存在很大的不平等。工业化发展进程打破了这些僵化的等级差别;历史地看,它不仅会缩小量度收入的不平等程度,还会以临时的不平等替代永续收入地位的不平等——后者对我们的目的更重要。永续收入地位的不平等下降,尽管在其他方面关系重大,却不会影响储蓄率。这种不平等通常正是平等主义者深恶痛绝的,却不能说是形成储蓄之所必需而善加保护。另一方面,相对收入地位的流动性增加、跨阶层迁徙的新机会涌现、短期内有了大盈大亏的可能等,这些变化即使带来不平等的结果,还是会被平等主义者当作增加了机会平等而受到欢迎——它们又都是有利于提高储蓄率的。

如果可以继续大胆猜想,我觉得,人们可能过于关注储蓄率的大小,而忽略了储蓄的形式。中世纪的储蓄率很可能不比现代低;但是,那时候的主要储蓄形式是捐建大教堂。这种储蓄形式尽管有利于人们的终极福祉和多重意义上的社会保障,但对世俗商品生产却一无是处。照我理解,印度的预算研究,尽管乍看起来与美国的研究结果迥异,但是如果我们把"饰品"当作储蓄,或用预算研究的术语来说,当作"资产与负债净变化"的话,就会发现,印度的预算研究基本上就是美国的翻版。长期以来,东方被视为贵金属的"渊薮"。确实,东方有大量储蓄积累,并采取了这种特殊的储蓄形式。某种程度上,经济发展中的关键角色也许不应赋予储蓄率,而应赋予决定财富积累形式的因素;应赋予投资过程,而非储蓄过程。

2. 经济波动

关于经济波动,近年来广为接受的解释认为,它主要是不稳定的投资与稳定的消费率相抵牾的结果。尽管我自己并不以为这种收入-支出理论是对实际情况正确的、经过检验的解释,但接受永续收入假说,对于这种理论显然具有值得一说的重要含义。

依据这种解释,兼之相信投资机会不足、储蓄-收入比随实际收入增加而上升等,人们产生了"长期停滞"的担忧,特别是对1930年代后期的美国。这种观点认为,在充分就业状态下,"成熟"经济体的投资机会有限,但储蓄率高企。而接受永续收入假说完全清除了这种"长期停滞"论的一个基础,即没有理由认为实际收入的长期增长会导致储蓄率上升。此外,永续收入假说也否定了人们提出的救治长期停滞的办法。人们认为,为了防止长期停滞的危险,在充分就业的收入状况下,需要不断提高平均消费倾向。根据一种绝对收入假说的意见,降低收入的不平等程度是提高平均消费倾向的一种方法。因此,对长期停滞的担忧,成为支持收入再分配的一个理由。但我们如果接受永续收入假说,就可以说:不管消费比例提高是好是坏,改变收入不平等,至少是永续收入的不平等,不会有此结果。显然,永续收入假说是中立的——它认为,不平等并不是为了储蓄而必须忍受的不幸,减少不平等也不会引起储蓄下降。

战后扩张和出现广泛的投资机会,有时又令一些收入-支出理论的支持者担心"长期亢奋"的问题。按照同样的逻辑,他们应该支持加剧收入不平等的措施，因为收入不平等程度提高，会降低充分就业状态下的消费-收入比，从而降低通货膨胀的危险。但据我所知，没有人这么说过。而在永续收入假说看来，这些结论都不能成立。

如第一章所言，永续收入假说不仅与这些基于特定经验判断的、关于不平等问题的争论相关，而且与凯恩斯理论的基本体系相关，包括理论的长期或结构性方面，也包括短期或周期性方面。

长期方面，凯恩斯理论体系的中心命题，是否认自由经济体[①]的长期均衡状态一定是充分就业状态。该理论认为，如果没有引入某种"解围之神"（deus ex machina），如刚性的名义工资等，长期内可能根本不会有货币均衡，而"实际"均衡可能不会达到充分就业的状态。接受最一般的永续收入假说并不能推翻这些命题，因为这些命题并非基于储蓄率随收入增加而上升的说法；即使储蓄率固定不变，这些命题也能成立。真正使这些分析命题无效的，是永续收入假说的这一点：财富-收入比 w 是影响永续消费-永续收入比 k 的一个重要变量，w 值增长，会使 k 值上升。

短期方面，在解释周期性波动的收入-支出理论中，消费与当期收入的关系扮演了主要角色。在我看来，关于周期性波动的这种解释，经验上是否正确，或是否可取，永续收入假说并未置喙，而须通过比较这种解释与其他解释的预测力才能确定。但是，永续收入假说对于消费函数的形式确有重要含义，并因此，对于可用收

[①] free enterprise economy，是 free enterprise money exchange economy（自由厂商-货币交换经济）的简称。——译者注

入-支出理论解释其波动的经济体的周期性特征,也有重要含义。永续收入假说给出了像本章第三节第 11 点所说的总量消费函数,其中当期消费主要取决于以往收入。我们不一定要接受这种特殊的消费函数,一般结论只是说,当期消费取决于相对长期的收入状态的某种量度,而不是取决于当期所得。结果,与消费只取决于当期收入的函数相比,这种函数对当期收入的边际消费倾向的估计必定小得多。换言之,这种函数意味着当期消费中更大一部分被认为是自发的,只有很小一部分取决于当期收入,并通过乘数过程取决于投资,结果是一个较小的投资乘数和一个内在周期性的更稳定的系统。就由数据估计得到的具体消费函数而言,个人可支配收入之于自发消费支出的乘数,大约只有 1.4——这里不考虑累进的个人所得税制、企业税赋与储蓄等因素的稳定效应。[①] 为避免误解,我得马上重申一句:我不是想把以上这些说法都当作我们的经济的实际经验特征的论断;它们只是一些有条件的结论,正确与否,取决于一个前提,即:我们是否把收入-支出理论作为经济波动的一种解释。

接受一种新的假说有何含义,从来都不能枚举穷尽。其实,最主要的含义之一,是激励人们在一些不可能事先指定的新的方向上,以新的方式展开思考。尽管在这一节中,我已经越过经验证据和自身能力的范围,作了一些冒险的论断,但毫无疑问,关于接受

[①] 关于这一点的进一步讨论,见米尔顿·弗里德曼和加里·贝克尔,"凯恩斯模型评价中的一种统计假象",载《政治经济学杂志》("A Statistical Illusion in Judging Keynesian Models", *Journal of Political Economy*),1957 年 2 月。

永续收入假说的最终影响,还是挂一漏百。因此,我们把自己的工作谬赞为"纯理论"研究,这既是知所不足,自作辩解;又是抛砖引玉,以待后贤。

索引[①]

（所标页码为原书页码，即本书边码）

关键词索引

Age, and consumption-income ratios,年龄,～与消费-收入比的关系,90-97

Average propensity to consume (see Consumption-income ratios),平均消费倾向(见消费-收入比)

Budget data on consumption-income ratios,消费-收入比的预算数据：

and age,～与年龄,90-97

and changes in income,～与收入变化,100-114,170-173

and changes in inequality of income,～与收入不均的变化,39-40,224

changes over time in,～随时间的变化,40-54

characteristics of studies,～的研究特征,41-43,50-53,55,59-61,73-75

country differences in,～的国家之间的差别,40-43,54-59

as evidence on permanent income hypothesis,作为永续收入证据的～,38-114

farm and nonfarm,农户与非农户的～,59-69,165-166

occupational group and,职业群体与～,69-81,227-228

race differences in,～的种族之间的差别,79-85,166

And the relative income hypothesis,～与相对收入假说,162-163,165-167,168,170-182

Changes in income, and consump-

[①] 原书索引合在一起,译文拆分为关键词索引、人名索引两种。——译者注

tion- income ratios,收入变化,～与消费-收入比,100－114,170－173

Consumption function (see Budget data on consumption-income ratios, Consumption-income ratios, Income elasticity of consumption, Marginal propensity to consume, and Permanent income hypothesis),消费函数(见消费-收入比的预算数据,消费-收入比,消费的收入弹性,边际消费倾向和永续收入假说)

Consumption-income ratios (see also Budget data on —),消费-收入比(亦见消费-收入比的预算数据):

cyclical factors in,～的周期性因素,118－119,152

historical stability of,～的历史稳定性,3－4,119－124

and interest rates,～与利率,8－14,17,78,120

related to current and past income,～与当期收入、以往收入的关系,4－5,137－152

relation between individual and aggregate,个体与总体～之关系,18－19,115

and size of family,～与家庭大小,121－123

and social insurance and assistance,～与社会保障与救助,123

theoretical analysis,～的理论分析,3－17

and wealth-income ratios,～与财富-收入比,5,16－17,28,86－87,120,170,237－238

Cyclical stage and consumption-income ratios,周期性阶段与消费-收入比,118－119,152

Durable goods purchases, treatment as capital expenditures,耐用消费品购买,作为资本开支,20,28,40,43,116,214,236

Income distribution and the consumption function,收入分配与消费函数,17,19,39－40,224,234－236

Income elasticity of consumption,消费的收入弹性:

estimated from budget data,根据预算数据估计的～,41－45,51－57,59－60,63,65－66,68,71－72,74－76,80－81,106,215－216

estimated from time series data,根据时序数据估计的～,125－129,131

relation between budget and time series elasticities, 预算弹性与时序弹性的关系, 134-137

under permanent income hypothesis, 永续收入假说下的~, 33-34

Interest rate, and consumption-income ratio, 利率, 与消费-收入比, 8-14, 17, 78, 120

Liquid assets (see Wealth-income ratios and consumption-income ratios), 流动资产(见财富-收入比和消费-收入比)

Marginal propensity to consume, 边际消费倾向, 41-44, 59, 63, 65, 87 注, 125, 126, 131-134

Measured income, relation to permanent income, (see also Permanent income, hypothesis and Permanent and transitory components of income), 量度收入, 与永续收入的关系, 9-10, 21-25, 49(亦见永续收入, 假说, 与永续收入、临时收入)

Modigliani-Brumberg hypothesis, 莫迪利亚尼-布鲁博格假说, 6 注, 29 注

Occupational group, and consumption-income ratios, 职业群体, 与消费-收入比, 69-81, 227-228

Permanent income hypothesis (see also Consumption-income ratios and Permanent and transitory components of income), 永续收入假说(亦见消费-收入比, 与永续收入、临时收入):

  budget study evidence on, ~的预算研究证据, 38-114

  definition, ~的定义, 6, 20-31, 220-224

  and the distribution of wealth, ~与财富分布, 210-214

  and individual categories of consumption, ~与个别消费, 206-209, 216-217

  implications for relation of measured consumption to measured income, ~之于量度消费-量度收入关系的含义, 31-37, 85-90, 222-223

  time series evidence on, ~的时序证据, 115-156

Permanent and transitory components of consumption, relative importance of, 永续消费与临时消费, ~的相对重要性, 201-206, 217-218, 232

Permanent and transitory components of income, 永续收入与临时收入:

assumed relationship between,～之间的假设关系,26-27

estimates of relative importance, from consumption-income data,根据消费-收入数据,估计～的相对重要性,51-53,54,56-59,65-69,71-72,74-80,84,91-93,106-108,125-129,163,165-167,171-173,190-195

estimates of relative importance, from income data,根据收入数据,估计～的相对重要性,187-195

and income distribution,～与收入分配,209-210

measurement of relative importance,～的相对重要性量度,125-131,137-152,183-186,218-219,232

relative importance of, and consumption-income ratios,～的相对重要性,和消费-收入比,32-37

Race differences in consumption-income ratios,消费-收入比的种族差别,79-85,166

Relative income hypothesis,相对收入假说,4-5,157-182,233-236

Sampling and response errors in income-consumption studies,收入-消费研究的抽样与回应误差,49-51,52,175-176,189,214-215

Size of family, and consumption-income ratios,家庭的大小,与消费-收入比,121-123

Social insurance and assistance, and consumption-income ratios,社会保障与援助,与消费-收入比,123

Survey of Consumer Finances data,消费者财务状况调查数据,59-61,70-71,87 注,41-42,55-56,104-108

Time series data, evidence on permanent income hypothesis,时序数据,永续收入假说的证据,115-156

Transitory components of income and consumption, independent of,临时收入与临时消费,～的相互独立,26,27-30

Transitory income,临时收入：

definition (see Permanent income hypothesis),～的定义(见永续收入假说)

relation to consumption,～与消费的关系,9-11,27-30,215

Wealth, motives for holding,财富,持有～的动机,7,16-17

Wealth-income ratios and consumption-income ratios,财富-收入比和消费-收入比,5,16-17,28,86-87,120,170,237-238

人名索引

Becker,Gary S.,贝克尔,加里·S.,85注,238注

Boulding,Kenneth E.,博尔丁,肯尼思·E.,7注

Brady,Dorothy S.,贝蒂,多萝西·S.,4,37,42注,62各注,63注,79注,93及下页,122,123注,157,162,163注,165及下页,205注,232

Brumberg,Richard,布鲁博格,理查德,6注,29注

Cagan,Philip,卡甘,菲利普,143,145,149注,150及下页

Cochrane,Willard W.,科克伦,威拉德·W.,100注,102注,170注

Cornfield,Jerome,康菲尔德,杰罗姆,205注

Douglas,Paul H.,道格拉斯,保罗·H.,50注,52注

Duesenberry,James S.,杜森贝利,詹姆斯·S.,4,14注,37,137-142各处,144及以下诸页,157,166及下页,173-177各处,233

Epstein,Lenore A.,爱泼斯坦,丽诺·A.,79注

Ferber,Robert,费博,罗伯特,125,126注,132注,134,139-142,各处

Fisher,Irving,费雪,欧文,7注

Fisher,Janet A.,费雪,珍妮特·A.,90,91注,96注

Frechtling,John,弗雷希特林,约翰,95注,194及下页

Friedman,Milton,弗里德曼,米尔顿,6注,9注,21注,49注,93注,186注,188注,216注,238注

Friedman,Rose D.,弗里德曼,露丝·D.,4,37,63注,79注,157,162,163注,165及下页

Friend,Irwin,弗伦德,欧文,215注

Girgg,Mary D.,吉尔格,玛丽·D.,100注,102注,170注

Goldsmith,Raymond W.,戈德史密斯,雷蒙德·W,40,42注,63注,73注,116,117注,120注,122,123注,124,125,126注,132注,134,135,142,145,229

Goldsmith,Selma,戈德史密斯,塞尔玛,40注

Haberler,Gottfried,哈伯勒,戈特弗

索 引

里德,5

Hamburger, William,威廉·汉博格, 5

Hanna, Frank A.,汉纳,弗兰克·A.,49注,188注

Hanson, Alice C.,汉森,爱丽丝·C.,53注,79注,204注,205注

Harberger, Arnold C.,哈伯格,阿诺德·C.,208注

Hickman, W. Braddock,希克曼,W·布拉多克,120注

Hicks, J. R.,希克斯,J. R.,10注

Houthakker, H. S.,霍萨克,H. S.,42注

Jaszi, George,嘉西,乔治,40注

Jenks, Elizabeth,詹克斯,伊丽莎白,40注

Jureen, Lars,尤林,拉尔斯,43注

Kaitz, Hyman,凯茨,海曼,40注

Katona, George,卡托纳,乔治,5注,196及下页,199

Keynes, J. M.,凯恩斯,J. M.,3,5,237及下页

Klein, Lawrence R.,克莱因,劳伦斯·R.,5,6注,70注,72注,80注,85注,86

Kurihara, Kenneth K.,栗原,肯尼思·K.,6注

Kuznets, Simon,库兹涅茨,西蒙,3及下页,6注,21注,40注,49注,93注,186注,188注,210注,216注

Lansing, John B.,兰辛,约翰·B.,6注

Lerner, Sidney M.,勒纳,西德尼·M.,49注

Lewis, H. Gregg,刘易斯,H.格雷格,50注,52注

Liebenberg, Maurice,利本伯格,莫里斯,40注

Lydall, Harold F.,莱德尔,哈罗德·F.,42注,43注,57注,94注,95注

Lindley, D. V.,林德利,D. V.,31注,36注

Macaulay, Frederick,麦考利,弗雷德里克,51注

Mack, Ruth P.,麦克,露丝·P.,100及以下诸页,101注,137-142各处,146及以下诸页

Margolis, Julius,马戈利斯,朱利叶斯,70注,72注

Mendershausen, Horst,门德休斯,豪斯特,42注,49注,79注,173-181各处,188注,189注

Modigliani, Franco,莫迪利亚尼,佛朗哥,4及下页,6注,29注,37,137-142各处,146及以下诸页,157

Mooney, W. H.,穆尼,W. H.,80

注,86 注
Morgan, James N., 摩根, 詹姆斯·N., 6 注, 63 注, 85 注, 86 - 90 各处, 104 及以下诸页, 105 注, 210 及下页
Orcutt, Guy H., 奥克特, 盖伊·H., 208 注
Pechman, Joseph A., 佩奇曼, 约瑟夫·A., 49 注
Pennock, Jean L., 彭诺克, 基恩·L., 100 注
Pigou, A. C., 庇古, A. C., 5
Reid, Margaret G., 里德, 玛格丽特·G., 63 注, 171 注, 185, 188 注, 189 注, 191 及以下诸页, 193 注, 205 注, 207 注, 208 注, 216
Solow, Robert, 索洛, 罗伯特, 144
Speer, Elisabeth L., 斯皮尔, 伊丽莎白·L., 100 注
Sterner, Richard, 斯特纳, 理查德, 79 注, 83 注
Stigler, George J., 斯蒂格勒, 乔治·J., 3
Stone, Richard, 斯通, 理查德, 136 注
Tobin, James, 托宾, 詹姆斯, 136 注, 169 - 182 各处, 192 注
Vickrey, William, 维克, 威廉, 205 注, 207 注
Williams, Faith M., 威廉姆斯, 费思·M., 3, 53 注, 79 注, 204 注
Winston, Ellen, 温斯顿, 艾伦, 79 注
Wold, Herman, 沃尔德, 赫尔曼, 43 注, 136 注
Zeman, Morton, 泽曼, 莫顿, 85 注
Zimmerman, Carle C., 齐默尔曼, 卡尔·C., 3

译　后　记

　　《消费函数理论》(1957年)是弗里德曼学术生涯中极重要的一部著作,也是经济学芝加哥学派的代表性论著之一。弗里德曼在回忆录里曾说:"这本书虽然不是我最有影响力的书,却是我对纯科学研究的最大贡献;在我所写的文章和专著中,这本书最忠实地遵循了我在《实证经济学方法论》一文中提出的原则。"[①]我们阅读这本书,不仅要学习生发于当时的思想环境并影响深远的理论观点,更要学习贯穿其中的验证方法及细节。在时逾半个世纪,有关消费函数的讨论大为降温之后,后者显得尤为重要。

　　这本书创作之时,正值凯恩斯主义思潮大行其道。凯恩斯的一个观点认为,随着收入增加,平均消费倾向下降,用于储蓄的比例会越来越高;由此,当一国经济水平发展到某个程度,会出现总需求不足。阿尔文·汉森等进一步论证,美国已经非常富裕,储蓄倾向正在上升,投资机会已经枯竭,美国经济注定要停滞,除非政府增加开支以刺激经济。这种思潮不仅对美国等发达国家的经济前景做出了悲观的预测,也还动摇了自由厂商-货币交换经济体的

[①] 米尔顿·弗里德曼、露丝·弗里德曼:《两个幸运的人》,韩莉、韩晓雯译,中信出版社2004年版,第300页。

合理性,因为它认为这种自由经济体不可能达到充分就业的长期均衡状态,从而强调了政府干预经济的必要性。

人们不久即发现了这种观点与经验数据的矛盾,并提出了多种替代理论。弗里德曼在本书中提出的永续收入假说就是其中一种。永续收入假说的基本观点是:凯恩斯消费函数理论所用的收入与消费概念是不恰当的;人们不是根据一时的收入所得,而是根据预期的长期收入状况决定消费;因此,时序上,平均消费倾向不会随收入增加而下降,收入的不均等性也不会持续扩大;正确反映人们消费行为的应是永续消费与永续收入之比,它取决于市场利率、财富-收入比、家庭特征与偏好等。在本书中,弗里德曼完美地解释了时间序列与预算数据所得结果之间的矛盾,并运用收入分析方法验证了收入与消费支出之间的关系。

弗里德曼还论证说明,其他替代的消费函数理论,如各种相对收入假说、财富-收入假说等,都可以包含在永续收入假说中,视为永续收入假说的特例。但是其他理论的含义不如永续收入假说多,因此不像后者那么有用,而且当各假说之间含义不同时,经验证据总是支持永续收入假说。因此,永续收入假说是各种竞争性理论中胜出的一种,经受住了以简明的观点和较少的概念解释大量事实的严峻考验,捍卫了自由经济体的合理性。并且,本书提出的永续收入概念,后来在应用经济学的很多领域都产生了深远影响,成为考察机会变化和现实世界中人们决策的一种新的方法。

方法论方面,"这本书的伟大贡献之一,是它在总体上为实证经济学提供了一个新的标准"[1]。本书第一章有一句话,既是全书的纲领,又体现了方法论上的追求:"(永续收入假说)直接来自目前公认的纯粹消费行为理论,与现有经验证据相符,并且具有可观测的含义,从而存在被证伪的可能。"纵观全书,正体现了这句话表达的方法论的两个特点:简洁性、可验证性——即可能错,但暂时没有错,你可以继续检验是否有错。

永续收入假说的消费函数理论,其基本思想并不新颖、出奇。正如弗里德曼在回忆录里所说,中心观点"浅显得令人尴尬"。人们藉以调节消费的是他们的长期预期收入,而非一时的收入变化——这个思想,据说在十八世纪伯努利的著作中就可以找到。[2] 简洁性的另一面,体现为整个理论的逻辑推理起点直接来自公认的消费行为分析。第二章讨论的传统经济学的消费行为理论的分析框架,实际上已然包含了永续收入假说的消费函数理论。这样,弗里德曼的消费函数理论,与传统的消费行为理论就成了二而一的关系,使得永续收入假说简明地建立在了牢固的基础之上。

本书更为引人入胜的是验证部分。"由于它对数据的巧妙操作,及对表面上冲突证据的调和,该书可以说是现代计量经济学的杰作之一。"[3] 第四章和第五章,弗里德曼用了整整占全书一半的篇幅,检验永续收入假说与消费行为的预算研究、时序数据等证据

---

[1] 艾伦·沃尔特斯为《新帕尔格雷夫经济学大辞典》写的"米尔顿·弗里德曼"词条,郭建青译。约翰·伊特伟尔等编:《新帕尔格雷夫经济学大辞典:第二卷,E-J》,经济科学出版社1996年版。

[2] 艾伦·沃尔特斯,同上。

[3] 马克·布劳格:《现代百名著名经济学家》,转引自刘维奇编著:《米尔顿·弗里德曼》,人民邮电出版社2009年版,第60页。

之间的一致性,"充分体现了本书不可比拟的对经验数据的积累、组织和解释能力"①。在此基础上,弗里德曼还引入针对收入分配数据的分析方法来验证永续收入假说,使消费函数理论的可用验证资料大为扩大。这一点,弗里德曼在本书以及回忆录中都再三提及,认为是永续收入假说的一个鲜明特点,是"科学研究中得到意外收获的绝好实例"——因为所用的收入分析模式,来自他与库兹涅茨的《自由职业的收入》一书。

"用经验资料对理论进行严格检验,是弗里德曼对经济学做出的最重要贡献。"②学界同行们的评价与弗里德曼的自述相呼应,正点出了我们在半个世纪后最应该学习借鉴的地方。国内经济学界,往往观点太多而论证太弱,以观点吸引眼球,以观点自立山头,却没有扎实的论证,根本经不起推敲,甚至自相矛盾。学者姑妄言之,读者姑妄听之,两造都游移不定,成了利益集团的应声虫。另一方面,学术期刊的作者习惯运用复杂的数学模型,但对经验数据的分析、甄别、组织却很马虎,对理论概念与经验数据的联系很少梳理清楚,使经济学论文成了数学技巧的蹩脚展示。这两种情况,都应该从这本书中反躬自省。

本书是纯理论的基础研究,在理论的政策含义上着墨不多,但寥寥数语点出的含义,都意味深远。例如,收入分配不平等是不是经济发展中"无可避免的不幸"?降低收入不平等程度,可否减少经济波动?储蓄过程与投资过程,对于经济发展能否等量齐观等?

---

① 艾伦·沃尔特斯,同前。
② 加里·贝克尔的说法。蓝尼·埃布斯泰因:《米尔顿·弗里德曼传》,刘云鹏译,中信出版社2009年版,第103页。

同时，本书为未来的数据积累、利用新的资料作进一步检验指明了方向。如艾伦·沃尔特斯的评价所说，"这本书并不让人觉得没有什么可补充的，而是不管将来再发现什么，几乎都可以并入这一超级完美的框架中"①。总之，无论在政策立场，还是在方法论上，这本书都是经济学芝加哥学派最具代表性的论著之一，也是现代经济学的经典之一。

我从2011年3月开始翻译这本书，到2013年9月定稿，先后翻译、修改了七遍。很慢，但很享受，因为边是学习，边是创作（如果翻译也是一种创作的话），好像一位专心赶路的司机，不介意自己错过了什么，却有无尽风光扑面而来。翻译之中，拆解作者的一招一式，推敲文意，揣摩思想，斟酌表达，在两种语言之间来回穿梭，与作者的观点、方法、表述（义理、考据、词章）不断碰撞，确是一种愉悦的学习经历。所谓"古之学者为己"，我的翻译工作，首先就是为己的；同时，能为读者提供优质的译本，大家众乐乐，是又一层目的和意义了。翻译用的都是业余时间，这要感谢我的工作单位——中国人民银行温州市中心支行，还有我的家人，因为有良好的工作生活环境，我才可以心无旁骛。

翻译学术著作，有些要求可能不像翻译文艺作品那么高，但要做到位也非易事。我不敢置喙的于"信、达、雅"，只是希望准确透彻地理解原文，通顺到位地表述原意。为此，我尽量使译文的用词、句式等符合中文习惯，断句尽量短一些，并自觉减少一些翻译腔。学术翻译中往往有两种典型的错误：一种只看译文就知道错

---

① 艾伦·沃尔特斯，同上。

了,因为它根本文理不通;另一种译文是通的,但对照原文,意思不一样,理解错了。第一种错误基本上是译者不负责任,瞎猜硬译,使译文不忍卒读,这一点我是力求杜绝的;而第二种错误,我真不敢打保票,是不是都没有了。请读者诸君,不吝赐教。

陈明衡

2013 年 9 月 28 日

附识:2021 年 6 月,东方出版中心有限公司出版了贾拥民先生翻译的《消费函数理论》,而我早在 2013 年 10 月已将译稿交付商务印书馆,因此未及学习借鉴。有心的读者倒是可以对照研读两种译本。

图书在版编目(CIP)数据

消费函数理论/(美)米尔顿·弗里德曼著;陈明衡译.—北京:商务印书馆,2023
(经济学名著译丛)
ISBN 978-7-100-19468-6

Ⅰ.①消… Ⅱ.①米…②陈… Ⅲ.①消费理论 Ⅳ.①F014.5

中国版本图书馆 CIP 数据核字(2021)第 034900 号

权利保留,侵权必究。

经济学名著译丛
消费函数理论
〔美〕米尔顿·弗里德曼 著
陈明衡 译

商 务 印 书 馆 出 版
(北京王府井大街 36 号 邮政编码 100710)
商 务 印 书 馆 发 行
北京艺辉伊航图文有限公司印刷
ISBN 978-7-100-19468-6

2023 年 10 月第 1 版　　开本 850×1168　1/32
2023 年 10 月北京第 1 次印刷　印张 10
定价:75.00 元